Entie
a tu pe
PARA
DUMMIES™
D0731835

Stanley Coren
y Sarah Hodgson

Traducción: Camila Segura

Obra editada en colaboración con Centro Libros PAPF, S.L.U. – España

Edición original en inglés: *Understanding Your Dog For Dummies*
de Stanley Coren y Sarah Hodgson

Edición publicada mediante acuerdo con Wiley Publishing, Inc.

Traducción: Camila Segura
Revisión técnica: Carlos Rodríguez

Grupo Planeta
Avda. Diagonal, 662-664
08034 - Barcelona

Bajo el sello editorial CEAC M.R.
Avenida Presidente Masarik núm. 111, 2o. piso
Colonia Chapultepec Morales
C.P. 11570 México, D. F.
www.editorialplaneta.com.mx

Primera edición impresa en México: mayo de 2011
ISBN: 978-607-07-0751-3

Impreso en los talleres de Litográfica Ingramex, S.A. de C.V.
Centeno núm. 162, colonia Granjas Esmeralda, México, D.F.
Impreso en México – *Printed in Mexico*

¡La fórmula del éxito!

- ✔ Un tema de actualidad
- ✔ Un autor de prestigio
- ✔ Contenido útil
- ✔ Lenguaje sencillo
- ✔ Un diseño agradable, ágil y práctico
- ✔ Un toque de informalidad
- ✔ Una pizca de humor cuando viene al caso
- ✔ Respuestas que satisfacen la curiosidad del lector

¡Este es un libro ...para Dummies!

Los libros de la colección* ...para Dummies *están dirigidos a lectores de todas las edades y niveles del conocimiento interesados en encontrar una manera profesional, directa y a la vez entretenida de aproximarse a la información que necesitan.

Millones de lectores satisfechos en todo el mundo coinciden en afirmar que la colección *...para Dummies* ha revolucionado la forma de aproximarse al conocimiento mediante libros que ofrecen contenido serio y profundo con un toque de informalidad y en lenguaje sencillo.

www.paradummies.com.mx

¡Entra a formar parte de la comunidad Dummies!

El sitio web de la colección *...para Dummies* está pensado para que tengas a mano toda la información que puedas necesitar sobre los libros publicados. También te permite conocer las últimas novedades antes de que se publiquen.

Desde nuestra página web, también, puedes ponerte en contacto con nosotros para resolver las dudas o consultas que te puedan surgir.

Asimismo, en la página web encontrarás muchos contenidos extra, como por ejemplo los audios de los libros de idiomas.

También puedes seguirnos en Facebook (facebook.com/dummies.mx), un espacio donde intercambiar tus impresiones con otros lectores de la colección *... para Dummies.*

10 cosas divertidas que puedes hacer en www.paradummies.com.mx y en nuestra página de Facebook:

1. Consultar la lista completa de libros *...para Dummies.*
2. Descubrir las novedades que vayan publicándose.
3. Ponerte en contacto con la editorial.
4. Recibir noticias acerca de las novedades editoriales.
5. Trabajar con los contenidos extra, como los audios de los libros de idiomas.
6. Ponerte en contacto con otros lectores para intercambiar opiniones.
7. Comprar otros libros de la colección en línea.
8. ¡Publicar tus propias fotos! en la página de Facebook.
9. Conocer otros libros publicados por Grupo Planeta.
10. Informarte sobre promociones, presentaciones de libros, etc.

Los autores

Stanley Coren es conocido por sus populares libros sobre perros y por sus reflexiones sobre cuestiones psicológicas generales. Sin embargo, dentro del mundo científico es también un respetado profesional, profesor de Psicología de la Universidad de British Columbia y miembro de Sociedad Real de Canadá.

Su amena forma de escribir y su amplio conocimiento sobre el comportamiento de los perros y la gente han hecho que sus libros sean muy populares. Entre ellos encontramos: *The Intelligence of Dogs*, *Why We Love the Dogs We Do*, *What Do Dogs Know?*, *How to Speak Dog*, *The Pawprints of History*, *How Dogs Think*, *Why Do Dogs Have Wet Noses?* y *Why Does My Dog Do That?* Roger Caras, presidente de la Asociación Estadounidense de Prevención contra la Crueldad con los Animales (ASPCA) y exitoso autor de libros sobre perros, ha dicho que "Stanley Coren tiene un don increíble: la habilidad de tomar los asuntos más complejos y presentarlos con sencillez y claridad". Tal vez por eso Coren fue nombrado escritor del año por la Asociación Internacional de Entrenamiento Positivo Canino. Asimismo, nuestro autor contribuye de forma asidua en varias revistas estadounidenses tanto caninas como de mascotas en general, entre ellas *Pets Magazine*, *Modern Dog*, *AnimalSense*, *Dog and Puppy Basics* y *AKC Gazatte*.

Muchas asociaciones profesionales han reconocido el trabajo de Coren con los perros de servicio, por lo que ha recibido premios de distintas e importantes organizaciones caninas policiales, incluyendo la Asociación Canina de Narcóticos de California y la Asociación Policial Canina de British Columbia. Su conocimiento sobre los perros y su trabajo con estos a menudo ha llamado la atención de los medios de comunicación, de modo que ha aparecido en artículos presentados en revistas y periódicos tales como *People Magazine*, *USA Today*, *Time Magazine*, *Maclean's*, *US News & World Report*, *New York Times*, *Los Angeles Times*, *San Francisco Chronicle* y *Washington Post*, entre otros. Su amabilidad también lo ha convertido en un popular invitado a numerosos programas de televisión, incluyendo *Oprah*, *Larry King Live*, *Dateline*, *20/20*, *Maurie Povich*, *Good Morning America*, *Charlie Rose* y *Today Show*. Actualmente es el presentador de *Good Dog!*, una serie de televisión canadiense.

Sarah Hodgson, presidenta de *Simple Sarah Incorporated*, ha sido entrenadora de perros y de sus dueños en Westchester, Nueva York, y en el sur de Connecticut durante más de 20 años. Es autora de ocho libros de entrenamiento canino, incluyendo *Puppies For Dummies, Dog Tricks For Dummies, Puppies Raising & Training Diary For*

Dummies, *Teach Yourself Visually Dog Training*, *You and Your Puppy* (con James DeBitetto como coautor), *DogPerfect*, segunda edición, *PuppyPerfect* y *Miss Sarah's Guide to Etiquette for Dogs & Their People*. Además, ha producido dos vídeos, ha patentado una correa de entrenamiento (la llamada correa de aprendizaje) y se ha inventado muchos otros productos para simplificar la vida que comparten los perros y las personas.

Como especialista en entrenamiento canino, aparece de manera frecuente en programas de televisión y de radio y en medios impresos, como *The New York Times*, NBC, CBS, Animal Planet, FOX, CNN, WOR, Hollywood Pets, *Parenthood*, y otros. Ha trabajado con los perros de muchas personas famosas, como la periodista Katie Couric, actores y actrices como Richard Gere, Glenn Close, Chazz Palminteri, Chevy Chase y Lucie Arnaz; magnates como George Soros, Tommy Hilfiger, Tommy Mottola y Michael Fuchs; y gigantes del deporte como Bobby Valentine y Alan Houston.

Además, trabaja en un instituto de adopción de perros llamado Adopt-A-Dog, localizado en Armonk, Nueva York, donde desarrolla programas de entrenamiento y socialización y prepara a cada perro antes de que sea adoptado de manera formal. Para más información sobre la autora, visita su página web: `www.dogperfect.com`.

También escribe una columna semanal y es capaz de compaginar todo con sus dos prioridades principales: ¡su familia y sus mascotas!

El asesor

Carlos Rodríguez es veterinario y miembro de diversos consejos de protección animal. También dirige y presenta programas de radio y televisión tan conocidos como *Como el perro y el gato* (Onda Cero y Antena.Neox), *De mascotas* (Imagenio y Ono), *Jimanji Kanana* y *Waku Waku* (TVE). Entre las muchas revistas que ha tenido a su cargo destacan *Mascotas, como el perro y el gato*, así como varias páginas web.

Su labor divulgadora ha sido reconocida con dos premios periodísticos concedidos por la Real Sociedad Canina de España. Como escritor es autor de más de diez libros sobre animales, entre ellos *Más que amigos* (con Nuria Roca, Plaza y Janés), *Mi perro, sus amigos y yo* (La Esfera de los Libros), *¿Qué le pasa a mi gato?* (con Santiago García Caraballo, Editorial Ateles), *Primer cachorro, primeras preguntas* (Editorial Ateles) y *Los García y compañía, de vacaciones* (Pearson Alhambra).

Dedicatoria

Dedicamos este libro a los perros… a todos los que hemos querido, ayudado y educado y a aquellos a los que estamos deseosos de conocer. Vosotros habéis hecho que nuestra experiencia cobre sentido. ¡Guau!

Agradecimientos de los autores

Hay tanta gente que merece ser mencionada aquí… Nancy Shalek por gobernar el barco, Kelly por sus esfuerzos editoriales, que mejoraron cada página, y Mike, que fue quien encabezó este proyecto desde el comienzo.

Y, como siempre, a nuestros amigos y familiares… Son nuestro equipo de apoyo. No podríamos tener vidas tan encantadoras si no fuese por cada uno de vosotros. ¡Un gran abrazo!

Sumario

Introducción

Prepárate para realizar un viaje por la mente de un perro. No importa por dónde comiences a leer este libro, cada página iluminará alguna faceta de las experiencias vitales de tu perro: desde su personalidad única, hasta cómo y por qué sigue las órdenes que le das. También examinaremos aquello que, por el contrario, puede parecerte un comportamiento negativo: el que a tu perro le guste vagar por ahí de forma independiente.

A pesar de que la información científica es fundamental para comprender el comportamiento de tu perro, nuestro libro no será una lectura aburrida. Está escrito de manera amena y la parte científica está traducida a un lenguaje común, que todos pueden comprender y con el que todos se pueden relacionar. Cuando termines este libro, el comportamiento de tu perro ya no será un misterio, será cosa de sentido común.

Otro aspecto único de este libro es el hecho de que, de manera imperceptible, se entrelazan en él dos escuelas distintas de pensamiento. Estas páginas se deben a dos autores: Stanley Coren, científico del comportamiento, que se especializa en comprender la manera como piensan y actúan los perros; y Sarah Hodgson, entrenadora canina, que se preocupa por modificar el comportamiento de los perros. Esta unión ha sido reveladora, y por eso este libro te ofrece algo único: lo humano visto desde el punto de vista canino. Estas páginas muestran la manera en que la disposición y la gracia que caracteriza a los cachorros puede ser, o bien estimulada para fomentar patrones de comportamiento cooperativos, o bien distorsionada, con lo que acaba por provocar reacciones explosivas, extrema destrucción y otros problemas. Mientras Stanley explica las experiencias y percepciones de un perro, Sarah muestra cómo utilizar este conocimiento para comunicarse mejor con el animal y reconocer, de manera inmediata, la fuente de un conflicto o de alguna confusión.

Ya sea que estés leyendo este libro por el simple amor que les tienes a los perros, porque deseas entender mejor y comunicarte más a fondo con tu perro o porque el cachorro por el cual sientes un cariño que ha superado todas las pruebas está madurando de manera impredecible, te garantizamos que no quedarás defraudado. Además de ver el mundo desde la perspectiva de tu perro, desarrollarás un aprecio mucho mayor por él a medida que vayas acumulando una serie de herramientas y técnicas para adiestrarlo, y para remediar malentendidos. Prepárate para quedar fascinado con todo lo que tiene que ver con los perros y, sobre todo, disfruta del viaje.

Sobre este libro

Como si el resultado estuviera garantizado, todo el mundo vislumbra una gran relación con su perro: paseos tranquilos, juegos interactivos, sentimientos de paz producidos por una mascota que trae armonía a la vida familiar y reduce la angustia de la vida cotidiana. Si sólo fuera tan fácil como desearlo.

Si te estás sintiendo abrumado por la perspectiva de tener un perro o estás nervioso por la responsabilidad que exige el perro que ya tienes, puedes relajarte. Este libro te ayudará a reconocer no sólo por qué tu perro se comporta como lo hace, sino también la forma más positiva de estimular su cooperación.

Convenciones utilizadas

A lo largo del libro seguimos ciertas convenciones:

- Hablamos de "perros" pero nos referimos tanto a machos como a hembras. Con la excepción de un tema que se relacione estrictamente con comportamientos que son masculinos o femeninos, puedes estar seguro de que la información se aplica a tu cachorro, sin importar el género.
- Cada vez que presentemos un término nuevo o científico, lo resaltaremos en cursiva.
- Las palabras clave de las listas aparecen en negrita. A su vez, cuando presentemos una lista de pasos, la acción que debes llevar a cabo también estará en negrita.
- Las direcciones de sitios web y los correos electrónicos aparecerán en esta `tipografía` para que se destaquen mejor en el texto.

Lo que se puede no leer

A pesar de que a lo largo de este libro hemos entretejido mucha información relevante y profunda, no necesitas leer detenidamente cada página para aprender más sobre tu perro. Después de todo,

¿quién tiene tiempo de leer un libro de casi 300 páginas hoy en día? Lee un capítulo cada vez o utilízalo como referencia a lo largo de la vida de tu perro, sabiendo que cada página que asimiles va a aumentar el entendimiento integral que tengas de él y, por ende, ayudará a mejorar tu relación con él.

Durante la lectura puedes saltarte partes si es que no dispones de mucho tiempo. Los recuadros grises con texto incluyen información interesante pero no esencial. Los iconos de información técnica y de datos curiosos también señalan datos reveladores pero no necesariamente cruciales.

Algunas suposiciones

Esto es lo que suponemos de ti, querido lector:

- ✔ Sabes que tu perro tiene cuatro patas y una cola y lo quieres profundamente.
- ✔ O ya tienes un perro, o amas a los perros pero no tienes uno todavía, o estás a punto de conseguir uno.
- ✔ No quieres obtener un doctorado en comportamiento animal, pero deseas desesperadamente saber más acerca de cómo interpreta la vida tu perro.

Cómo está organizado este libro

Este libro está dividido en cinco partes y cada una contiene un tema revelador. Aquí está un pequeño resumen.

Parte I: El fascinante mundo de los perros

En esta primera parte descubrirás cada una de las habilidades comunicativas que tiene tu perro. Como si estuviéramos enseñándote un idioma extranjero, aquí te damos las herramientas necesarias para comprender el comportamiento de tu perro y traducir lo que quieres decir al idioma canino, el lenguaje natural del perro.

Parte II: Acepta la identidad de tu perro

Hasta el momento en que admitas que tu perro, ya sea pura raza o mestizo, tiene una identidad propia, podrás frustrarte con él, y sus caprichos de conducta serán un misterio para ti. El primer paso para comprender a tu perro es respetar la tarea honorable para la que fue criado originalmente e identificar la manera en que los impulsos de su raza influirán en su personalidad y comportamiento. Aquí también señalamos la dramática influencia que tiene en tu perro su experiencia sensorial, como también su vida emocional y las necesidades específicas requeridas por un cachorro en crecimiento. Finalmente, presentamos las necesidades psicológicas de los perros más viejos, desde el choque emocional que le produce a un perro su propio declive sensorial y físico, hasta suplementos dietéticos que pueden ayudar a retrasar el proceso degenerativo.

Parte III: Algunas técnicas de adiestramiento

¡Que empiece el entrenamiento! Esta parte comienza con el examen de muchas herramientas y técnicas positivas que están al alcance de quienes entrenan perros. Destacamos sistemas que son tanto eficaces como alentadores. Si tu objetivo es tener un perro que no sólo te escuche sino que de manera entusiasta "elija" la dirección que le ofreces en vez de seguir otros impulsos, los capítulos de esta parte te mostrarán el camino.

Parte IV: Los perros no se portan mal: malentendidos y soluciones

En esta parte nos centramos en una serie de frustraciones que son bastante comunes para los dueños de perros: desde adiestrar en casa a un cachorro hasta rehabilitar a un perro temeroso o agresivo. Al examinar cada cuestión desde la perspectiva de tu perro, te ayudaremos a ver que lo que puedes considerar como un problema es, muchas veces, cuestión de malentendidos, de falta de ejercicio o de un estrés que es manejable.

Parte V: Los decálogos

Por último, pero no menos importante, aquí recopilamos listas de diez elementos de los mayores malentendidos y de algunas formas de comunicarte con tu perro de manera silenciosa. ¡Disfruta esta parte!

Iconos usados en el libro

A lo largo de este libro encontrarás iconos en el margen izquierdo de las páginas que señalan diferentes tipos de información. Aquí listamos los varios iconos que podrás encontrar:

Este icono destaca fragmentos de información y consejos útiles.

Estos recordatorios amistosos no dejarán que se te escape información importante.

"¡Advertencia, advertencia!" ¿Hace falta decir algo más?

Este icono te alertará sobre hechos o aspectos técnicos que puede que no sean esenciales, pero que serán, de todas maneras, interesantes.

Fíjate en este icono. A pesar de que quizá no señale detalles cruciales, subraya hechos divertidos que es bueno saber.

Adónde ir a partir de aquí

Lo mejor de este libro es que puedes saltar adonde quieras. Es un libro de referencia, sin reglas, para cualquiera que vaya a adquirir un perro o que ya esté conviviendo con uno. Mira el sumario, ve al índice o sencillamente cierra los ojos y abre en cualquier página. Encontrarás interesantes temas que leer y aprenderás cosas nuevas en cada página.

Evidentemente, esto no significa que no debas leer nuestro libro de principio a fin, pero no es obligatorio. No importa por dónde comiences, recuerda que tu perro, como cualquier niño, es un ser único y motivado que, sobre todo, desea estar involucrado en tu vida.

Parte I

El fascinante mundo de los perros

En esta parte...

Todo aquel que adquiere la responsabilidad de tener un perro tiene alguna idea de cómo le gustaría que fuera: educado o protector, sosegado o atlético, interactivo o distante. Sin embargo, entre la imaginación y la realidad a veces hay un abismo. De repente, un cachorro adorable se convierte en un perro que está madurando y que desarrolla conductas que quizá no coincidan con las expectativas de su dueño.

En esta parte empezarás a apreciar a tu perro como un ejemplar único y completamente dotado por siglos de evolución y de crianza selectiva, que posee una serie de instintos propios. Esta parte del libro te ayudará a comprender a tu perro lo suficiente como para poder disfrutar de él y acoplar tu vida a la vida que llevan juntos.

Capítulo 1

Un perro de por vida: comportamiento canino básico

En este capítulo

- Mira la vida a través de los sentidos de tu perro
- Respeta las diferencias y aprecia las similitudes entre ambos
- Identifica los requerimientos de cada edad

Entender a tu perro es el mejor regalo que puedes darle: ver la vida a través de sus ojos. Es cierto que el dinero puede comprar golosinas y juguetes para perros e incluso que unas clases de obediencia van a animar a tu perro a ser más dócil. Sin embargo, tras bambalinas ocurren muchas más cosas que el simple hecho de que tu perro sea capaz de reconocer la orden "Siéntate". Este capítulo es el inicio de un viaje a lo largo del cual podrás descubrir el gran misterio que es tu perro.

¿Es tu perro un lobo vestido de oveja?

Bueno, pues sí y no. A pesar de que más adelante profundizaremos sobre este tema, basta con decir que los perros alcanzaron la domesticidad a su ritmo. No existió ningún momento cósmico en el cual un valiente niño (o niña), tomando en las manos a un lobo recién nacido, se aproximara a su padre y le dijera: "Por favor, papá, ¿podemos quedarnos con él?" La domesticación fue un proceso evolutivo lento que involucró una progresión gradual desde los lobos curiosos que cada vez se acercaban con mayor frecuencia a las fogatas de los campamentos hasta los marcados cambios físicos que caracterizan a los perros que conocemos hoy en día.

La gente y los perros: evolución paralela

Nuestra relación con los perros comenzó en un momento en que sobrevivir era nuestra única prioridad. Concentrados en mantenernos vivos, los perros nos dieron protección y nos ayudaron en la cacería.

A lo largo de los siglos, los perros y el hombre evolucionaron de forma paralela: durante la era agraria modificamos nuestro proceso selectivo y creamos perros que pudieran conducir el ganado y que acabaran con las alimañas. A medida que los países y reinos se fueron expandiendo, muchísimas razas fueron moldeadas a lo largo de un proceso de selección manual para que estos perros pudieran cuidar los castillos y ayudar en las guerras. Y así sucesivamente, hasta hoy, en un mundo que está poblado por más de 400 razas de perros, todas desarrolladas para labores específicas.

Sólo existe un problema: hoy en día, y salvo algunas excepciones, las habilidades particulares de cada raza no nos resultan muy útiles. Pero no se lo digas a tu perro: sería demasiado deprimente. Tu perro todavía cree que sus habilidades son indispensables.

Para conocer a tu perro, sin embargo, es importante que entiendas su crianza original y respetes el hecho de que sus genes todavía guían su comportamiento (para más información sobre este tema, consulta el capítulo 6).

Personalidad

En el capítulo 5 descubrirás cómo identificar el temperamento de tu perro y cómo éste le da forma a la manera en que él entiende el mundo que ambos comparten. Por ejemplo, un perro dominante examina a todo el que entra, mientras que un perro tímido se esconde debajo de la mesa cuando suena el timbre. Aceptar la personalidad de tu perro te ayudará en el esfuerzo por orquestar un programa de entrenamiento que normalice la vida que llevan juntos.

Al contrario de lo que ocurre con las personas, que aprenden al escuchar a los demás, tu perro se ajusta más a la comunicación no verbal que le transmites: desde tu postura corporal (especialmente en los momentos de tensión o estrés) hasta el punto donde fijas la mirada. Además, aprender el lenguaje de tu perro te ayudará a entender mejor su comportamiento, como también ayudará a que él te comprenda a ti.

Si miras constantemente a tu perro, él puede interpretar tu interés como una necesidad de liderazgo. Recuerda esta frase: "Cuanto más mires a un perro, menos te mirará él a ti".

La devoción que sienten los perros por las personas es el resultado de la domesticación. Tu perro es la única especie que mirará y obedecerá a la especie humana como si fuera su propia especie.

Sobrecarga sensorial

Para realmente ser capaz de ver la vida desde la perspectiva de tu perro, necesitarías tener una nariz diferente. Los perros se basan, sobre todo, en su sentido del olfato para interpretar los aspectos más imperceptibles que se producen a su alrededor. Son capaces de oler si otro animal ha pasado por allí, e incluso la hormona del estrés de algún visitante.

En tu perro, el sentido más importante en el hombre, la vista, es limitado y borroso. Como tu perro sólo puede reconocer un rango limitado de colores, está más preparado para detectar un objeto en movimiento que para darse cuenta de sus particularidades. Los perros no reconocen los finos detalles de los objetos, sino que, habiendo nacido para cazar, su instinto les dice: "Si se mueve, debe de ser comida, por lo que voy a correr para atraparlo".

También existe una gran diferencia entre nuestras habilidades auditivas y las suyas. Esto lo sabemos porque podemos rastrear sus capacidades auditivas a lo largo de la línea evolutiva. El hombre está capacitado para escuchar el sonido de otras voces humanas, mientras que los perros son capaces de oír frecuencias más altas y sonidos más tenues. Dado que los perros provienen de una especie cazadora, su capacidad auditiva está perfectamente adaptada para escuchar los sonidos que su presa potencial pueda llegar a emitir.

La agudeza sensitiva de los perros no es muy apreciada en nuestra sociedad actual. Un perro que vive en un apartamento es castigado cada vez que alerta sobre el sonido producido por unos pasos; los sabuesos son regañados por husmear entre la basura y todas las razas son amonestadas por perseguir al gato de la familia. En nuestro mundo, los perros tienen una sobrecarga sensorial y, sin embargo, se espera que lo ignoren todo. En el capítulo 7 podrás experimentar el mundo desde la perspectiva de tu perro, así como descubrir nuevas tareas que se están desarrollando para ciertas razas; de este modo podrás aprovechar al máximo las especiales habilidades sensoriales de tu animal.

La edad influye

Tanto si tienes un cachorro como un perro mayor, podrás apreciar que el tiempo y la experiencia producen diferencias en su comportamiento. Un cachorro, que interpreta muchos de los matices de la vida por primera vez, observa tus actos de manera cuidadosa y se deja influenciar por la manera en que te comportas. Un perro más viejo, sin embargo, habiendo estudiado muchas de las reacciones humanas, puede que no se deje influenciar tanto por ellas, a menos que sean inusuales o inesperadas.

En el capítulo 8, nuestro capítulo sobre cachorros, subrayamos la forma en que se desarrolla la mente de un perro y las lecciones ideales que se deben dar en cada etapa. Además, enfatizamos la decisiva importancia que tiene la socialización temprana y la manera en que conocer diferentes personas y diversos lugares puede cambiar para siempre la vida de tu perro.

Los perros envejecen muy rápidamente. A pesar de que muchos de sus procesos vitales se asemejan a los nuestros, su tiempo en esta vida se acelera a razón de diez veces nuestro ritmo. Cuando tenga tres años, tu perro ya será un adulto maduro; a los siete, la mayoría ya ha llegado a su mediana edad, y, para los diez, muchos se están acercando a sus años crepusculares. Ésta es una realidad que no se puede ignorar.

En el capítulo 9 puedes descubrir cómo funcionan los procesos internos de tu perro a lo largo de la madurez y lo que puedes hacer para amortiguar sus desajustes emocionales. Como ocurre con el hombre, los cambios físicos a veces vienen acompañados por sentimientos de miedo e indefensión.

Cómo influir en el aprendizaje de tu perro

A los perros les encanta aprender y sentirse conectados a actividades de grupo. La forma en que te desarrolles como maestro y traductor determinará de manera directa su entusiasmo hacia el aprendizaje y, en consecuencia, hacia la vida. Piensa en cada lección y en cada palabra que expreses como si le estuvieras enseñando tu idioma a un extranjero. Términos como "Sentado", "Quieto", "Echado" y "Bien" superan el estatus de imperativos y se convierten en indicaciones que le muestran a tu perro cómo comportarse en situaciones cotidianas.

En la parte III exponemos todos los trucos para explorar las respuestas emocionales y las influencias de aprendizaje de tu perro. Asimismo, te ayudamos a darle sentido, según diferentes escuelas de pensamiento, a la forma de enseñarle a tu perro, y comparamos las diferencias entre ellas.

No hay una sola manera de estimular el buen comportamiento de tu perro: cada animal es único y puede responder mejor a una técnica que a otra. En tu intento por educarte a ti mismo y por comprender los diferentes métodos de entrenamiento disponibles, renovarás constantemente tus esfuerzos. También analizamos la manera exacta en que tu perro asimila la información y cómo tú puedes utilizar esto para influir en su comportamiento.

A pesar de que tu perro puede llegar a reconocer hasta 165 instrucciones diferentes, tus objetivos pueden no ser tan amplios. En el capítulo 12 esbozamos seis órdenes útiles para la convivencia juntos (ver la tabla 1-1). Cuando tu perro haya interiorizado estas órdenes, sentarán las bases para controlar su comportamiento. El uso de estas instrucciones reafirmará el lugar que ocupa en la familia y su inclusión vital dentro del mundo. No hay mejor regalo que puedas darle a tu perro.

Tabla 1-1 Seis órdenes que marcan la diferencia

Palabras clave	*Usos diarios*
"Aquí" (y "Sígueme")	Cuando estén caminando por la ciudad o en tu propiedad, o para llamar la atención de tu perro en la casa.
"Bien"	Para hacer que tu perro se detenga y mire antes de entrar o salir de tu casa o de otros sitios, o cuando vayan a cruzar la calle o subir escaleras.
"No" (y otros términos derivados, tales como "Ahora no", "Suelta", "Ni lo pienses")	Para alertar a tu perro de que uno de sus impulsos no es apropiado (por ejemplo, tomar comida, perseguir un objeto o un animal, etc.).
"Quieto"	Para controlar los impulsos; idealmente se usa cuando quieres que tu perro se quede quieto o se relaje.
"Echado" (y "Quieto")	Para hacer que tu perro adopte una posición sumisa y relajada o para indicarle que se vaya a la cama.
"¡Aquí!"	El equivalente de la palabra "Junto".

¡No se está portando mal!

No importa lo enfurecido que te sientas cuando tu perro te desobedece o te daña tus preciadas posesiones: hasta que te sientes y escuches la parte que él tiene que contarte de la historia, no podrás cambiar las rutinas de tu perro. Es verdad, se ha comido la mitad de tus zapatos más finos, pero para él era imposible ignorar el aroma encantador de tus zapatos (es decir, el perfume que expides). En esta sección te vamos a llevar por las frustraciones más comunes: desde el hecho de que tu perro pueda destruir toda tu casa hasta sus comportamientos ansiosos. Guiados por nuestro deseo de que aprendas a responder a tu perro de una manera en que él entienda, nos adentraremos en cuestiones más complejas, tales como la agresión.

¿Por qué a los perros les dan "rabietas"?

Como a mucha gente, a los perros también les dan rabietas cuando se sienten poco comprendidos, cuando están inquietos o necesitan algo. Si andas por ahí diciendo que tu perro reacciona por rencor, cada reacción que éste tenga estará contaminada con esta visión, a pesar de que el "rencor" no es una de las emociones que los perros sienten. Porque, ¿qué opciones tiene él, si cada vez que hace algo malo tú le gritas "Perro tonto"?

A los perros, como a los niños, los motiva cualquier cosa que llame la atención de los demás. Sin embargo, parece que con frecuencia los perros no pueden diferenciar la atención negativa de la positiva. Si una acción produce una reacción (cualquier reacción), la repetirán continuamente.

Además, la atención negativa puede llegar a ser malentendida como confrontación o como si estuvieras jugando de manera brusca. De este modo, un perro que coge algo de un mostrador puede llegar a sentir *envidia del premio* en el momento en que la gente a su alrededor reacciona de manera escandalosa. Un perro inteligente sencillamente esperará a que los demás abandonen la habitación, para después (sin competencia alrededor) llevarse el premio y esconderlo en un lugar apartado.

En el capítulo 13 examinamos la manera en que un perro aprende a comportarse mal y lo que se puede hacer para controlar esta tendencia.

Aprende a analizar las frustraciones diarias

Aunque tengas serios problemas con el comportamiento de tu perro, es muy posible que a él no le pase lo mismo contigo. Mientras que tu presión sanguínea puede alterarse cuando te das cuenta de que tu alfombra está manchada de orina, desde el punto de vista de tu perro, la alfombra es tan absorbente como la hierba. Y aunque este accidente haya sido motivado por necesidad o por distracción, tu perro hizo lo que le resultaba más natural.

Ahora bien, no desesperes. No estamos sugiriendo que convivas con un perro que se orine en tu alfombra, que les salte encima a tus visitas o que se coma tus zapatillas, pero reconocer que el comportamiento de tu perro no se encuentra motivado por rencor, venganza o culpa pueden ayudarte a no frustrarte tanto.

El capítulo 13 esboza la mayoría de las quejas más comunes que tiene la gente que vive con perros. Éstas incluyen ladrar, morder objetos, saltar y orinar o defecar en la casa. Cada comportamiento, aunque sea perjudicial o fastidioso, puede ser una señal perfectamente normal de que el perro ha establecido un vínculo y de que está tratando de llevarse bien con la familia con la que vive. A pesar de que el acto de reorganizar la forma en que el perro ve el mundo puede requerir esfuerzo e intervención, normalmente el proceso requiere menos tiempo y es menos estresante que el de lidiar con continuas frustraciones.

Cuando la realidad muerde: sobre la agresión canina

La agresión es uno de los comportamientos que debe alertarnos en cualquier campo de juego. A pesar de que a veces es comprensible, los perros, sencillamente, no deben morder a ningún ser humano, a menos, claro, que hayan sido entrenados para esto o estén defendiendo de manera legítima su territorio. Los perros que muerden son excluidos de actividades, abandonados en perreras o se les practica la eutanasia. Antes de que tu perro muestre cualquier señal de agresión, es prudente comprender qué lo motiva y qué puedes hacer para prevenirlo, tanto en el caso de tu perro como el de otros que conozcas.

En el capítulo 15 examinamos diferentes tipos de agresión, remarcando que quizás puedes ser tú quien dé pie a estas reacciones.

Aquí también puedes descubrir cómo prevenir la agresión una vez que ésta aparece.

Ningún libro de uso práctico puede abordar las necesidades de un perro que se muestra exageradamente agresivo y que amenaza la seguridad de los miembros de la familia. A pesar de que aquí te damos los medios para ser capaz de reconocer la naturaleza del comportamiento de tu perro, e incluso te sugerimos algunas formas de lidiar con estas conductas, si tu perro ha mordido seriamente a alguien o amenaza con morder, debes buscar consejo profesional.

Capítulo 2

Entiende a tu perro

En este capítulo

- Descubre cómo los perros se convirtieron en la compañía del hombre
- Comprende que los perros no son lobos
- Reconoce que los perros son cachorros perpetuos
- Comprende los instintos de caza y persecución y aprende a lidiar con ellos
- Échale un vistazo a la vida sexual de los perros

El objetivo de este capítulo, como el del libro entero, es ayudarte a mirar la vida desde el punto de vista de tu perro: a descubrir lo que se debe de sentir al ser un perro y a entender que tienes la capacidad de moldear el comportamiento de tu perro una vez que hayas desarrollado empatía por su experiencia.

Tu perro no es una persona de cuatro patas con abrigo de piel. Tampoco es un lobo encubierto. Aunque algunos de los que proponen teorías de psicología canina enfatizan los ancestros compartidos por perros y lobos, tu perro es mucho más que una versión mansa de cualquiera de estos descendientes comunes, ya sea el lobo, el chacal, el zorro, el coyote o el dingo. Tu perro y estas otras especies caninas, en efecto, comparten bastantes características (tanto físicas como de comportamiento). Sin embargo, el hombre comparte también con los simios muchas características físicas y de comportamiento, pero esto no significa que seamos simios (aunque cierta persona que conocemos nos inspire algunas dudas).

Los perros y los lobos forman parte de un grupo más amplio llamado *Carnivora* (animales que comen carne y que viven, más que nada, de cazar). A pesar de que los perros y los lobos forman parte de una segunda clasificación que especifica sus diferencias, ambos son catalogados por los biólogos como *cánidos* y miembros de la misma familia biológica de los *Canidae*.

Cómo los perros llegaron a ser perros

Si colocaras en fila a todos los animales en el orden en que fueron domesticados, te darías cuenta de que los perros irían a la cabeza. Es más, los perros fueron incorporados al círculo humano mucho antes de que el hombre supiera autoabastecerse.

Descubrimientos recientes, basados en el estudio de fósiles, sugieren que los perros empezaron a ser domesticados desde hace, más o menos, 14,000 o 17,000 años. Esto ocurrió hace mucho más tiempo que con las ovejas (hace 11,000 años) o los gatos (hace 7,000 años). Parece que su domesticación sucedió en diferentes lugares y momentos, como en Asia y Rusia y, de manera independiente, en Oriente Medio, Europa y América del Norte.

En el principio

El hecho de que el hombre formara un vínculo eterno con los perros sucedió de manera natural. Las dos especies eran cazadoras y vivían y sobrevivían en un grupo jerárquicamente establecido y, además, muy unido. La verdadera ventaja que tenía el hombre frente a los perros era su capacidad de razonar y aprender. En comparación con otros animales, los perros son intelectualmente mucho más avanzados.

A pesar de que los ancestros salvajes de los perros eran eficientes cazadores, estos animales también rebuscaban su comida cuando se les presentaba una oportunidad. Buscar en los campamentos se volvió eficaz y, ciertamente, era mucho menos peligroso que cazar (especialmente cuando se dedicaban a cazar animales con grandes patas; patas que pueden golpear, provocar heridas y hacer mucho daño).

Cuando se presentaba la oportunidad de comer gratis, la jauría de lobos encontraba una guarida cercana y así podía aprovechar las sobras de la comida.

Muchas veces, esas sobras eran arrojadas fuera del campamento o de la aldea, en lo que los arqueólogos denominan *muladares*. Para los lobos, estos muladares eran verdaderos bufés de comida gratis y, además, cada vez el surtido era distinto.

¿Qué clase de lobo astuto hubiera preferido cazar si podía comer sin esfuerzo? Feliz de cumplir con su parte del trato, el hombre apreciaba el valor de tener quien pudiera usar sus desperdicios y, de paso, mantener su campamento libre de alimañas y malos olores.

Si la relación se hubiera detenido en ese punto, tal vez la domesticación no se hubiera desarrollado. Sin embargo, el hombre y los canes comparten otra importante característica: básicamente, ambas son especies territoriales.

Los canes salvajes llegaron a ver el área que rodeaba el campamento como su territorio. Como resultado, cuando aparecía un animal amenazante o cuando alguien se acercaba al campamento, los canes hacían un escándalo. El alboroto alertaba a los habitantes del campamento, que se podían preparar para defenderse; estos avisos les serían especialmente útiles en las noches. Como resultado de la vigilancia de los canes, la vida de estos hombres se volvió mucho más segura.

Primer paso: los lobos

El acto de domesticar a un perro no significó que un hombre de la Edad de Piedra encontrara a un lobo cachorro y se lo llevara a su casa, donde éste pudiera dormir, ser alimentado y tratado como un perro. Puede que parezca sorprendente, pero las primeras etapas de domesticación fueron motivadas, probablemente, por los lobos mismos.

Los únicos lobos que podían beneficiarse de las sobras de comida eran aquellos que podían coexistir con el hombre. Si un lobo en particular llegaba a resultar agresivo o peligroso para la comunidad, sencillamente era aniquilado por los hombres por pura seguridad. Este proceso originó la eliminación genética de los canes más agresivos. Los animales que eran más amistosos y menos temerosos podían quedarse cerca del campamento. Además de la comida gratis, esta cercanía los protegió de los predadores, que preferían evitar el contacto con el hombre. Cuando se empezaron a reproducir entre ellos, terminaron produciendo una raza mucho más parecida a la del perro y en la que predominaban los genes de mansedumbre.

La domesticación implica mucho más que domar un animal salvaje. Un animal manso permite que el hombre lo cuide y, hasta cierto punto, acepta la presencia y el control humano. Un animal domesticado, sin embargo, ha sido modificado genéticamente. El hombre ejerce control sobre sus patrones genéticos, lo cual produce un animal que es drásticamente diferente de sus ancestros salvajes, tanto físicamente como en su comportamiento. Esto no quiere decir que uno

No trates de amansar a un lobo

Ciertos estudios demuestran que la domesticación instantánea no es posible. De manera frecuente, los investigadores han tratado de alimentar lobeznos desde el momento en que nacen y de ubicarlos en un entorno humano, pero los resultados han estado lejos de ser satisfactorios.

Prácticamente en todos los estudios científicos se ha demostrado que a medida que los lobeznos van madurando empiezan a comportarse más como lobos. Los lobeznos previamente "amansados" comienzan a cazar y a acechar a los animales de las granjas; también persiguen otras mascotas de la casa e incluso niños, volviéndose cada vez más dominantes socialmente y retando el control humano. A pesar de que en un principio un manso lobezno puede aprender imperativos de conducta simples, empieza a dejar de responder a ellos cuando es adulto. Muchos informes confirman que los lobos supuestamente domesticados terminan mordiendo a sus dueños.

pueda llegar a confundir, basándose en el físico y en el comportamiento, a un pequinés o a un bulldog con un lobo.

Lo que sucedió después se explica mejor con la investigación realizada por el genetista ruso Dimitri K. Belyaev, quien estaba tratando de recrear la domesticación de los perros. En su experimento, Belyaev decidió no utilizar lobos ya que, en muchas partes, la evidencia sugería que los perros domesticados se habían cruzado con lobos y cualquier gen de perro contaminaba los datos. En vez de lobos utilizó otras especies caninas, principalmente los llamados "zorros plateados". Como la piel plateada de este zorro era una prenda preciada, había potenciales beneficios económicos adicionales si conseguía domesticar a estos zorros y criarlos en granjas.

La única manipulación genética utilizada por Belyaev era similar a la que ocurrió de manera natural en aldeas prehistóricas. Buscó a los ejemplares más mansos, lo menos agresivos y temerosos, y sólo permitió que estos tuvieran crías durante generaciones. Los animales más mansos y amistosos fueron cruzados con otros animales igual de mansos y amistosos y, después de sólo seis generaciones, se crearon diferencias notables entre los zorros mansos y los salvajes. Después de 35 generaciones, esta investigación produjo animales que actuaban igual que los perros, tanto que se vendían como mascotas. Si vieras a uno de estos animales caminar por la calle, seguramente creerías que se trata de un tipo de raza exótica de algún perro domesticado.

¿Qué ocurrió realmente para que se pasara del zorro al perro? Los cambios genéticos no son gobernados por un proceso sencillo. Por la forma en que nuestros cromosomas están constituidos, si se desea cambiar genéticamente una característica específica, frecuentemente se terminan cambiando también otros rasgos. Exactamente esto sucedió cuando los investigadores empezaron a cruzar a los zorros de una forma en que se estimulaban los genes asociados con la mansedumbre. Lo que sucede es que estas características están ligadas a otros genes; así, el crear una mezcla que buscara mansedumbre provocó que los zorros utilizados por Belyaev cambiaran tanto físicamente como en conducta. Ahora ya sabemos que la mezcla genética que resultó cambió el ritmo del desarrollo físico y comportamental de estos nuevos "perros", por lo que, físicamente, se parecen más al perro que al zorro.

Segundo paso: el hombre

Dado que los canes salvajes que merodeaban el campamento (ver la sección anterior) eran dóciles y amistosos, alguna persona inteligente de la Edad de Piedra se dio cuenta de que si podían proteger una villa entera, uno de ellos podía proteger una sola cabaña. Protección a nivel personal. ¡Ajá!

Este desarrollo terminó siendo afortunado, pues los perros revelaron otros comportamientos que ayudaron a que nuestros ancestros (y sus sucesores) sobrevivieran. Estos comportamientos incluían:

- ✔ Servir como compañeros de caza para observar dónde estaba la presa, espantarla y atraparla.
- ✔ Ayudar a conducir animales en manada.
- ✔ Actuar como guerreros o compañeros de armas.
- ✔ Participar en acciones militares o actuar como verdaderos guardianes en caso de ataques.
- ✔ Encontrar diferentes cosas gracias al olor, incluyendo comida, gente perdida y propiedades.

Existe una expresión en inglés (*It's a three dog night?*) que podría traducirse como "¿Se trata de una noche de tres perros?" Esta expresión viene de la tierra llamada Terranova, donde la gente se metía debajo de las mantas con uno o dos perros para mantenerse caliente. La expresión que usaban era: "¡Está haciendo tanto frío que vas a necesitar dos o tres perros para mantenerte caliente!" Los perros, cuya temperatura corporal es más alta que la del hombre, se han usado en todas partes del mundo como una fuente biológica de calor.

¿Cuáles fueron los canes salvajes que se convirtieron en perros?

Más de 30 especies diferentes de canes salvajes pudieron haber sido el primer animal que el hombre domesticó convirtiéndolo en perro, ¿pero cuál fue la especie que el hombre llevó a su casa para convertir al perro en su compañero más cercano?

Existen evidencias de ADN que sugieren que el primer can salvaje domesticado fue el llamado lobo gris, aunque llegaron a la mezcla otros tipos de lobos, chacales, coyotes, perros salvajes, dingos e incluso ciertas variedades de zorro. Como resultado, cualquier perro puede tener una combinación genética de todos estos miembros de la familia canina. Los investigadores saben esto, pues los perros domesticados se pueden mezclar con cualquiera de estas especies (la excepción a esta regla son algunas especies comunes de zorros, tales como el zorro rojo, pues tiene un número erróneo de cromosomas). Las crías de estos apareamientos se encuentran vivas, sanas y fértiles, lo que normalmente se toma como evidencia de que todos pertenecen a la misma especie o, de acuerdo con la teoría de la evolución, tienen, al menos, un ancestro común relativamente reciente.

Esta investigación sugiere que el perro que está a tu lado puede tener una mezcla aleatoria de genes. Tal vez un 40% de lobo, un 30% de chacal, un 15% de zorro ártico y un 15% de dingo. No es de extrañar, pues, que tantas razas difieran entre ellas no sólo en su aspecto físico, sino también en sus estilos de comportamiento y personalidades.

Cachorros perpetuos

En realidad, lo que logró el proceso de domesticación fue detener el desarrollo del perro en una etapa muy similar a la que tienen los cachorros. Los perros domesticados son básicamente los *Peter Pan* del mundo canino.

La *neotenia* es un término que se refiere a ciertas características que normalmente sólo se han encontrado en los niños y en los jóvenes, pero que en los animales persisten aún en la madurez.

Si te fijas cuidadosamente en la figura 2-1, te darás cuenta de que muchas de las características físicas de un perro adulto domesticado se asemejan mucho más a las de los lobos cachorros que a las de los adultos. La figura 2-1 muestra diferencias físicas comunes entre los lobos y los perros, resultado de la neotenia. A medida que

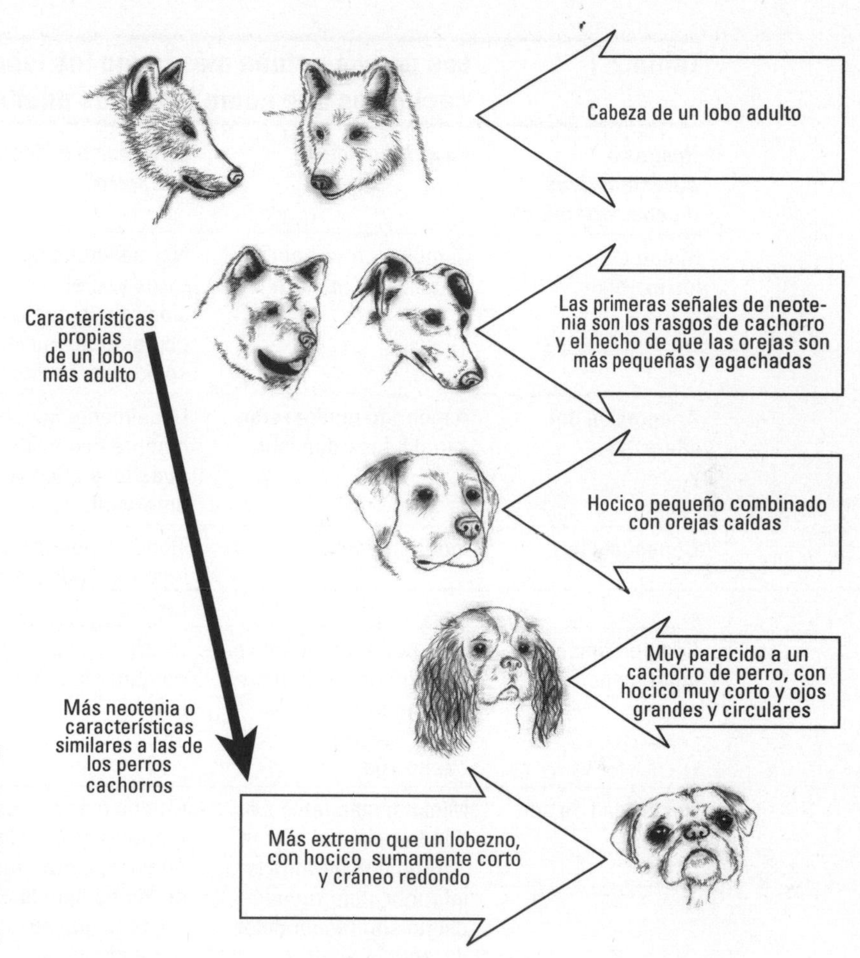

Figura 2-1: Tu perro: ¿lobo adulto o eterno cachorro?

vas siguiendo la flecha hacia abajo, te estás alejando de las características adultas y acercándote a las de los cachorros. Fíjate que en la parte inferior de la figura ves un tipo de cachorro canino cuyas facciones son mucho más inmaduras que las que, en general, se encuentran en los lobos, o al menos en un cachorro recién nacido.

En el ámbito de las relaciones que se crean con los perros, los aspectos conductistas de la neotenia son los más importantes. Mientras que los perros conservan una serie de comportamientos similares a los de los cachorros, los lobos los van perdiendo a medida que maduran. Las conductas propias de los cachorros son las que hacen que los perros sean tan buenos compañeros. El comportamiento de un can adulto, sin embargo, hace que sea prácticamente imposible domesticarlo. La tabla 2-1 compara de manera interesante las características de un lobo adulto y de un lobezno, tan similares a las de los perros.

Tabla 2-1 Los perros actúan más como los lobos cachorros que como los lobos adultos

Rasgos o características de comportamiento	*En el lobo adulto*	*En el perro o "lobo cachorro"*
Miedo a los extraños	Común y no se puede cambiar de manera fácil.	Normalmente son amistosos y, si el perro ha sido criado con adecuado contacto humano, se acercará a los extraños.
Aceptación del liderazgo	A menudo quiere retar, ser el líder y dominar.	Usualmente acepta al hombre como líder y cuestiona poco la autoridad.
Dependencia	Independiente.	Tiende a guiarse por el hombre o por otros perros.
Comportamientos juguetones	Muy poco frecuentes en los adultos y exhibidos únicamente cuando están cerca de cachorros.	La urgencia que sienten por jugar la tendrán toda la vida.
Posibilidad de ser educado	Mínima; mandatos de obediencia que fueron aprendidos durante la infancia, con frecuencia no son respondidos durante la adultez.	Mucho más fáciles de entrenar que los lobos; además, entrenarlos en la obediencia es un proceso que se puede dar en cualquier momento de la vida. Esta capacidad de ser entrenados se mantiene a lo largo de toda la madurez.
Ladridos	Es raro que ladren y cuando lo hacen el ladrido es corto; ladran para advertir o cuando se sorprenden.	Muy común en varias situaciones. Las variaciones de los ladridos sirven para comunicarse.
Aullidos	No aúllan excepto cuando son cachorros.	Común en varias situaciones.

(Continúa...)

Tabla 2-1 *(Continuación)*

Rasgos o características de comportamiento	*En el lobo adulto*	*En el perro o "lobo cachorro"*
Aullidos en grupo	Actividad social común.	Menos común en perros que en cachorros. Cuando ocurre, incluye ladridos además de los aullidos.
Mordiscos e inmovilización de otros canes contra el suelo	Es común como parte del ritual de dominación.	Es raro excepto en las razas más similares a los lobos (como el malamute).
Lamidos como una forma de saludar	Ocurre sólo de manera ocasional y por poco tiempo.	Es bastante frecuente, especialmente en las razas más similares a los cachorros.

Rasgos innatos de conducta

Aunque nadie se preocupa seriamente por la posibilidad de que su perro vaya a perseguir, matar y comerse al vecino, muchos perros todavía son descubiertos robando la comida que sobra del asado, persiguiendo bicicletas o husmeando en cubos de basura. En efecto, aunque los perros han sido domesticados, su herencia genética como cazadores no ha desaparecido del todo. Esta herencia, sin embargo, al igual que muchos otros aspectos del comportamiento canino, se ha modificado tanto en términos de fuerza como en la probabilidad de que ocurra. Como sucede con la neotenia, diferentes razas pueden mostrar diversos niveles y patrones de comportamiento (ver el capítulo 6).

Tanto en lobos como en otros depredadores caninos salvajes, la secuencia de caza, completa y equilibrada, sigue una serie de comportamientos relativamente fijos:

1. **Buscar**
2. **Acechar**
3. **Perseguir**
4. **Morder**
5. **Agarrar**
6. **Matar**

Durante el proceso de domesticación, y después a lo largo del proceso de crianza selectiva, el hombre ha creado razas específicas en las cuales algunos o todos los comportamientos recién descritos han sido modificados, haciéndolos más o menos pronunciados. Muchos de estos perros se encuentran tan dominados por sus instintos predadores que el solo hecho de recrear la conducta cazadora es para ellos una recompensa.

- ✔ Los instintos de rastreo de un perro que se usa para la detección de narcóticos o para trabajar en la búsqueda y rescate de alguien perdido tienen que ser lo suficientemente fuertes como para que pueda buscar durante horas. Un perro que tenga poco instinto de búsqueda o rastreo no resultará exitoso en estas tareas.
- ✔ El instinto de persecución es mucho más fuerte en los perros de vista, como el greyhound, y en los de carreras.
- ✔ Los perros pastores, como el border collie, utilizan los instintos de persecución y de cacería para controlar el movimiento de ovejas y otros animales. A pesar de ello, no tienden a agarrar, morder o matar a sus presas.
- ✔ Los corgis van un poco más allá, hasta la etapa de morder (paso 4), pues, de manera frecuente, mordisquean a diferentes animales para que se muevan. De nuevo, agarrar y matar está prohibido.
- ✔ Normalmente, se espera que a los retrievers les guste buscar, perseguir y atrapar a las presas para poder llevárselas a sus amos. Sin embargo, se deben apaciguar los impulsos de estos perros de morder demasiado duro o matar a sus presas para que no hagan daño a los pájaros que atrapan.
- ✔ En los perros de olfato, como en los beagles y los bloodhounds —conocidos también como san hubertos—, se incrementó el componente de búsqueda de su instinto cazador para asegurarse de que se dedicaran a detectar, perseguir y encontrar la presa.
- ✔ Los terriers de trabajo usados para controlar las ratas y perseguir zorros tienen un bajo instinto de búsqueda. Sin embargo, son excelentes para perseguir, morder y atrapar sus presas.
- ✔ El instinto de atrapar ha sido estimulado en algunos terriers como en los bull terriers de Staffordshire o los pit bull terriers americanos. Estos perros fueron criados originalmente para ser usados en lo que se ha denominado *bull baiting*, un deporte sangriento en el cual los perros eran puestos en un recinto cerrado para que se enfrentaran a unos toros, mordiéndolos y colgándose de su nariz para que los toros se arrodillaran.

Obviamente, no se necesitaba que estos perros buscaran y acecharan a su presa, por lo que estos comportamientos fueron mitigados.

A menudo, fuertes instintos de caza encontrados en un perro van de la mano con altos niveles de energía e intensidad. Una buena forma de usar esta energía es jugar con los perros: lanzar pelotas, *frisbees* u otros juguetes para, además, activar sus instintos naturales de persecución, captura y capacidad de recuperar un objeto en movimiento.

Qué hacer cuando un perro tiene el instinto de persecución demasiado desarrollado

Algunos perros se vuelven problemáticos si su instinto de persecución es muy fuerte. Estos perros lo persiguen todo: coches, bicicletas, patinadores, corredores. Cualquier cosa que se mueva puede ser una presa, por lo que fácilmente se puede desencadenar su instinto cazador. Estos comportamientos no sólo pueden llegar a ser irritantes, sino también peligrosos, pues cuando un perro persigue un coche puede ser atropellado o puede hacer que se caiga alguien que va en bicicleta.

Si tu perro tiene un fuerte instinto de caza, puedes tomar una serie de precauciones para evitar que se meta en problemas:

- ✔ Mantén a tu perro atado a una correa cada vez que estén paseando por sitios donde haya ganado o cerca de parques donde estén jugando niños. También mantenlo con la correa puesta en lugares donde haya automóviles, patinadores, gente en monopatines o cualquier cosa que se mueva de forma veloz, pues estos movimientos pueden estimular sus instintos de persecución.
- ✔ No permitas que tu perro se aleje demasiado cuando salgan a caminar.
- ✔ Nunca dejes a tu perro solo con mascotas pequeñas como conejos o hámsteres, ni tampoco con niños pequeños.

Normalmente, el problema de persecución se soluciona cuando el perro deja de prestarle atención a la situación que está produciendo este comportamiento. Ofrécele una alternativa. Inicialmente, el perro

¿Cómo es de fuerte el instinto de caza de tu perro?

¿Estás viviendo con un depredador? Aquí encontrarás un examen sencillo que te ayudará a juzgar la intensidad instintiva que tu perro tiene para cazar.

Empieza por llamar la atención de tu perro con uno de sus juguetes preferidos. Lanza el juguete a través de la habitación y examina la reacción de tu perro.

El perro ignora el juguete. No pierdas el tiempo buscando al lobo que tu perro lleva dentro. Su instinto de caza es prácticamente inexistente.

Corre hacia el juguete pero no lo recoge. El instinto de persecución se encuentra presente pero no mucho más, lo cual indica que, en general, posee un instinto de caza bastante bajo.

Recoge el juguete y lo lleva hasta donde estás o cerca de donde estás. Los instintos de persecución y el deseo de atrapar están presentes; esto demuestra un nivel moderado de sus instintos de caza.

Se abalanza sobre el juguete, sacudiéndolo y mordisqueándolo. Esta reacción demuestra un instinto cazador fuerte, con todos los comportamientos principales presentes: ¡tu perro todavía es un cazador!

No es necesariamente malo tener un perro con un fuerte instinto cazador. Este instinto se manifiesta en todos los aspectos del entrenamiento de un buen perro de trabajo, ya sea el seguimiento, la obediencia o la protección. Muchos de los juegos que se realizan con los perros, como el *frisbee* y lanzar una pelota, dependen del instinto de caza.

debe aprender imperativos como "¡Quieto!" o "¡Basta!" para dejar de perseguir y volcar la atención hacia ti.

Una decisión importante es el tipo de mandato que utilices con tu perro para que cesen sus persecuciones. Cuando un niño o un ciclista está siendo perseguido por un perro, esta persona, de manera natural, responderá gritando: "¡Quieto!" o "¡No!" Cuando el perro escucha estas palabras, debe entender que ha de detenerse (sin la necesidad de que la persona que está siendo perseguida haya tenido entrenamiento previo).

1. **Comienza con el cese de la persecución.**

   Para este ejercicio de entrenamiento se requieren dos personas y, por lo menos, dos de los juguetes preferidos de tu perro. Puede que sea mejor empezar dentro de la casa, donde hay menos distracciones, o en un área exterior tranquila pero no muy abierta.

2. **Mientras una de las personas detiene al perro, lanza el juguete para que caiga más allá de donde está la otra, como a cinco metros de distancia.**
3. **Al azar, más o menos cada tercer o cuarto lanzamiento, la otra persona debe atrapar el juguete, esconderlo de la vista del perro y, en el momento en que el perro empieza a correr tras el juguete, gritar: "¡No!"**

   Normalmente, cuando el perro se da cuenta de que el juguete ha desaparecido, te mira de nuevo.
4. **En ese momento, muéstrale al perro el segundo juguete, lánzalo en dirección contraria y corre en ese mismo sentido para que, seguramente de manera más entusiasta, el perro salga corriendo a perseguir el juguete.**

   El perro está aprendiendo que pueden llegar a pasarle cosas buenas cuando le hace caso al "¡No!", detiene la búsqueda y te mira.
5. **Después, ponle una correa larga al perro y llévalo a algún lugar donde haya cosas que a él le guste perseguir. Cuando empiece la captura, grita "¡No!" y llámalo para alabarlo y darle algún tipo de premio por su comportamiento.**

   El perro va a ir aprendiendo, de manera gradual, a no perseguir cuando así se le indica.

Para saber cuándo la situación está controlada, haz que una pelota ruede frente a él. Si detiene la persecución cuando se lo indicas, el entrenamiento ha sido todo un éxito.

Entiende la vida sexual de tu perro

Los perros son más promiscuos que sus primos salvajes. Comparados con los lobos, por ejemplo, los perros tienden a llegar a la pubertad (es decir, a la madurez sexual) entre los 7 y los 10 meses. Los lobos, en cambio, son sexualmente inmaduros hasta los 22 o 24 meses.

Los perros más pequeños tienden a llegar más rápido a la pubertad que los perros más grandes.

Los perros son, además, mucho más promiscuos que los lobos. En términos generales, los lobos son medianamente monógamos, pues el líder mismo de la manada se busca sexualmente una compañera con la que mantendrá, de manera casi exclusiva, esta relación.

El perro, por otro lado, es todo un donjuán. Es polígamo y está dispuesto a aceptar múltiples compañeras sexuales. Éste es un atributo intencional, producto de la domesticación, que les permite reproducirse de manera más libre.

Otro ajuste que se dio a lo largo de la domesticación fue el cambio en los ciclos de crianza de los perros. Las lobas están en celo sólo una vez al año, mientras que las perras pueden reproducirse dos veces al año, con algunas excepciones: básicamente, todas aquellas perras que, en términos genéticos, se encuentran más cerca de sus "ancestros salvajes", como ocurre con las perras basenji, están en celo sólo una vez al año.

La mayoría de la gente no sabe que existe un ciclo reproductivo masculino en los canes salvajes. Los lobos salvajes pueden reproducirse sólo durante un corto tiempo cada año. Entre una y otra temporada de celo, los testículos de los machos se encogen y son incapaces de producir semen. Los perros machos, sin embargo, parecen estar en celo todo el tiempo. Son fértiles y están dispuestos a aparearse en cualquier momento en que una hembra se muestre, de una u otra manera, dispuesta.

En las perras se producen grandes cambios hormonales durante los ocho o diez días que preceden la ovulación, como también en los siguientes nueve días de fertilidad. En general, las perras en celo se vuelven más juguetonas con los machos, aunque también se tornan más agresivas con aquellos que quieren rechazar.

En el apareamiento de los perros, las hembras siempre toman la decisión. Ni el perro más dominante puede siempre aparearse con una hembra. Si ella quiere rechazar a un macho dominante, sencillamente se da la vuelta, poniéndose de espaldas o de lado, y no le presta atención. Los perros que son menos dominantes y que son rechazados reciben gruñidos y mordiscos. En esta época de celo, las hembras también pueden volverse más agresivas con otras perras.

La verdad acerca de la esterilización y la castración

Cuando se lleva a los perros al veterinario para ser castrados, la escena normalmente involucra a una esposa que ha estado de acuerdo

Crisis de sobrepoblación doméstica

En términos evolutivos y de números, los perros son mil veces más exitosos que los lobos. Se estima que existen más de 400 millones de perros en el mundo (lo cual equivale a la población conjunta de Estados Unidos, Canadá, Gran Bretaña y Francia), mientras que la población total de lobos en el mundo llega sólo a los 400,000.

Una de las razones por las cuales los perros son un éxito biológico tiene que ver con el hecho de que han disminuido sus ciclos reproductivos. Una perra, en promedio, puede tener su primera camada de cachorros entre los primeros 10 y 12 meses de vida. A las perras les toma entre 58 y 70 días tener sus cachorros. El número de cachorros que tienen puede variar, normalmente, entre 6 y 10. Cada perra puede tener dos camadas al año. Ahora bien, si la mitad de estos cachorros son perras, ellas también pueden parir cuando crezcan. ¡Esto significa que una perra y sus crías pueden producir 4,372 perritos en sólo 7 años!

con el procedimiento, mientras que el esposo, incómodo, se sienta a observar, de piernas cruzadas. A pesar de que la castración se realiza para prevenir el nacimiento de cachorros no deseados, esto afecta al comportamiento de los perros, mejorándolo casi siempre.

Después del procedimiento, los perros tienen una dramática reducción hormonal que disminuye su deseo de marcar el territorio con orina, de ser agresivos con otros machos y de salir a perseguir aromas sexuales.

En las perras los cambios se presentan, básicamente, durante esas dos veces al año en que están en celo, y se identifican gracias a los impulsos protectores que desarrollan hacia los cachorros o los juguetes, sustitutos de sus crías. En ellas, sin embargo, la reducción de la hormona de la progesterona, la cual normalmente tiene efectos calmantes, puede exagerar los comportamientos dominantes en una perra que de por sí ya es dominante.

Al esterilizar a una perra, el beneficio más grande para la sociedad es la reducción de la sobrepoblación de perros indeseados, los cuales, con el tiempo, terminan viviendo en las calles o son sometidos a la eutanasia en las perreras. También se reducen las posibilidades de que cualquier perro del barrio que ande esperanzado con conseguir pareja se presente en tu casa o te moleste cuando salgas a pasear con tu perrita en celo.

La castración no tiene efecto sobre las capacidades de tu perro como guardián de la casa ni evita que muerda por miedo o que sea agresivo por motivos tanto predadores como territoriales.

¿Ahora o después? La mejor edad para esterilizar o castrar a tu perro

La ciencia está bastante segura de que un excelente momento para llevar a cabo cualquiera de estos dos procedimientos es justo antes de la pubertad. Cuando se castra a un perro antes de que llegue a su madurez sexual, su personalidad se congela en el estado actual. Si te gusta la personalidad que tiene tu perro a los seis meses y tu veterinario está de acuerdo, no hay ninguna razón para no castrarlo en ese momento.

Si se castra un perro demasiado temprano (a los dos o tres meses de edad, por ejemplo), se pueden afectar sus patrones de crecimiento y su personalidad. Parece que se necesitan ciertos niveles de hormonas sexuales para que el perro pueda crecer hasta su tamaño normal y para que se desarrollen algunos aspectos del comportamiento adulto. Ya ves, nuestra madre estaba equivocada: no es demasiado sexo lo que no nos deja crecer, sino pocas hormonas sexuales.

El olor de una perra en celo puede viajar hasta 400 metros y atraer perros cercanos. La cercanía a una perra que esté sexualmente receptiva puede excitarlos y volverlos más agresivos con otros perros. También puede causar frustraciones dentro de los confines de una casa: los perros que normalmente son sedentarios pueden comenzar a querer alejarse de la casa.

Capítulo 3

Comunícate con tu perro

En este capítulo

- Aprende a interpretar lo que tu perro te está diciendo
- Descifra el lenguaje corporal de tu perro
- Reconoce algunos de sus sonidos
- Lee las expresiones faciales

Si tu perro pudiera hablar como tú, tendría mucho que decir (tanto malo como bueno) pero, en fin, para bien o para mal, no puede hablar. El cerebro de tu perro, y no su determinación o su voluntad, limita la habilidad que tiene para entender y usar el dialecto humano. A pesar de ello, tu perro sí se puede comunicar, y lo hace en su lenguaje particular, al que nosotros llamamos lenguaje perruno.

Este lenguaje perruno contiene muchos elementos, de los cuales la vocalización es el menos importante. Al contrario que el hombre, los perros observan mucho más de lo que verbalizan. En este capítulo te enseñaremos cómo los perros usan el lenguaje corporal (y, a veces, la voz) para transmitir significados y estados anímicos.

Del lenguaje perruno al español

Imagínate que eres un extranjero en un país donde no entiendes el idioma. A pesar de que quisieras comunicarte con el resto de la gente, todos tus esfuerzos serían truncados por la barrera del idioma. Esto mismo siente tu perro.

Puede que te ayude el pensar que entrenar a tu perro es como enseñarle español como segunda lengua: cuanto mejor conozcas el lenguaje nativo de tu perro, o el lenguaje perruno, más fácil te resultará entender su comportamiento. Físicamente mucho más expresivo que verbalmente, tu perro usa todo el cuerpo para transmitir emociones: desde la punta de sus orejas hasta la punta de su cola. En las siguientes secciones te ayudaremos a reconocer —mediante la simple observación de todos los elementos de su lenguaje corporal— los estados anímicos, las intenciones y los deseos de tu perro.

Asentir o disentir con la mirada

Para tu perro, la interacción en grupo es lo mejor que le pasa en el día, por lo que el contacto visual es una señal segura de reconocimiento. Debido a que tu perro no es capaz de entender el sentimiento de frustración, su contacto visual ante connotaciones negativas puede ser interpretado a veces como una confrontación. ¿El resultado? Muchas situaciones negativas se exacerban.

Por ejemplo, si lo miras ligeramente cuando salta, tu perro saltará de nuevo para llamar tu atención: está garantizado que repetirá cualquier acción que haga que lo mires o le prestes atención. Si se produce una persecución colectiva cada vez que él se apodera de algo, pronto esto se convertirá en el mejor pasatiempo de tu casa, por lo menos desde la perspectiva de tu perro.

Afortunadamente, una vez que te hayas dado cuenta de la forma en que tu perro procesa tu atención visual, tú también podrás usar la mirada para disuadir o estimular ciertos comportamientos.

Aquí están algunas de las cosas que puedes decir con los ojos (siendo o no consciente):

- **Demasiado contacto visual:** Si le clavas la mirada, ya sea para mostrarle cariño o frustración, o simplemente lo haces por costumbre, te mostrarás ante él como uno más de los que él lidera. Los líderes guían; los seguidores miran. Aunque en el tiempo silencioso que compartes con tu perro o en los juegos interactivos que realizan puede que se precise algún tipo de conexión visual, trata de evitar mirarlo fijamente.

  Cuanto más mires a tu perro, menos te mirará él. Afortunadamente lo opuesto también es cierto: cuanto menos lo mires, más te mirará él. Sé un líder, no uno de los que sigue; da órdenes, no las recibas.

- **Mirar fijamente:** Mirar fijamente implica un reto social, por lo que es mejor evitar por completo este tipo de interacción. Usa la técnica “de hacer caso omiso”: si le has dado alguna orden, complétala mientras lo pones en la posición adecuada (si le has dicho “Siéntate”, ayúdale a sentarse, y así sucesivamente).

Pero ignóralo visualmente. Si tu perro se obsesiona con esta actividad, revisa los capítulos 4 y 12.

- **Si el perro te mira fijamente e ignora tu orden:** Tu perro puede estar tratando de retar tu autoridad al mirarte fijamente e ignorar, deliberadamente, tus órdenes. No vayas a creer que esto es algo personal: es sólo un examen. Sin embargo, mirarlo también fijamente te pondrá al nivel del perro. Más bien ignora que te está mirando y acomódalo, según la orden.

  Por otro lado, si tu perro es joven, si las rutinas de entrenamiento son nuevas o si sencillamente es un perro inseguro, él te puede mirar fijamente esperando que le des más información (puedes darte cuenta de las diferentes actitudes si examinas la postura sumisa del cuerpo del perro: las orejas hacia atrás y el cuerpo encorvado hacia abajo). En este caso, acomódalo tranquilamente, usando la técnica descrita en el capítulo 12 para, así, aumentar la seguridad que él tiene en sí mismo.

- **Ignorar a tu perro:** A menudo se pueden corregir malas conductas si, sencillamente, se ignoran. Dado que tu perro repetirá comportamientos que son capaces de llamar tu atención (tanto negativos como positivos), intenta lo opuesto: bloquea la interacción cubriéndote la cara con los brazos. Si tu perro salta, no lo atiendas. Si ladra para que le prestes atención, no hay nadie en casa. Esta respuesta es una señal segura de que el comportamiento de tu perro va a obtener menos atención, nada más.

Si tu perro se vuelve persistente, ésta es una buena señal de que tus esfuerzos están surtiendo efecto. Él está acostumbrado a tu reacción normal, por lo que está determinado a recibir tu atención. Algunos profesionales llaman a esto "conseguir algo por tozudez", pero a nosotros nos gusta pensar que se trata de una señal de la determinación canina.

Mira a tu perro cuando te esté obedeciendo y no cuando le estés dando las instrucciones. Por ejemplo, cuando lo estés llamando, no lo mires fijamente. Puedes mirar hacia el suelo (el perro puede pensar que has encontrado algo interesante) o darte la vuelta cuando vayas a llamarlo por su nombre. Tu voz despertará su curiosidad.

Los perros, como la gente, usan el contacto visual para evaluar y reforzar diversos mensajes (ver la figura 3-1). La tabla 3-1 identifica los pensamientos de tu perro.

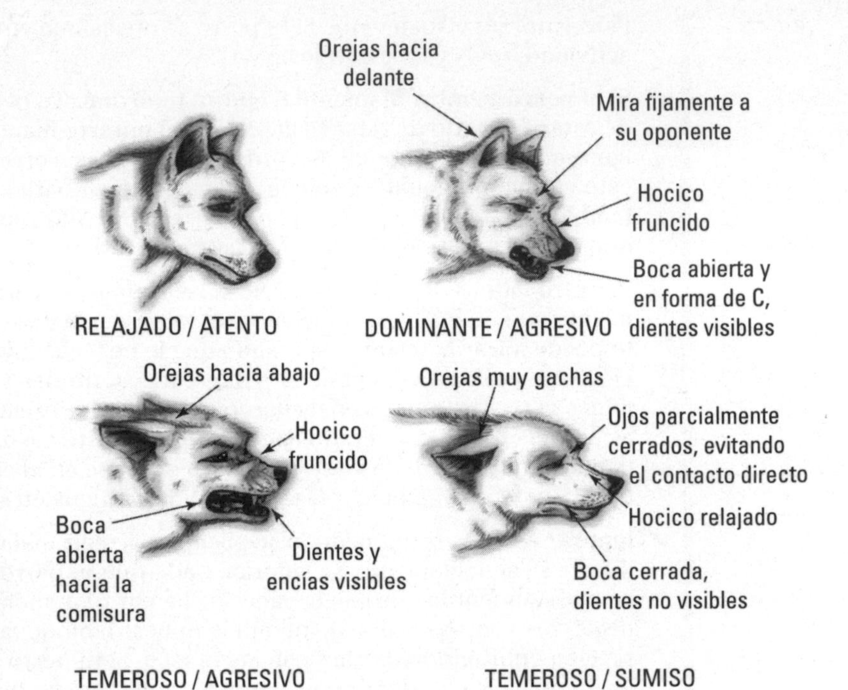

Figura 3-1: Los perros también usan el contacto visual para comunicarse

Tabla 3-1 Traducción del contacto visual

Señal visual	***Traducción***	***Condiciones/Emociones***
Mirada fija, de ojo a ojo	"¡Te reto!" "¡Detente ya!" "¡Yo soy el que manda, así que guarda tus distancias!"	Esta activa señal dominante/agresiva la da un perro seguro de sí mismo cuando está teniendo algún tipo de confrontación social con otro.
Evita el contacto visual directo	"No quiero meterme en problemas". "Acepto el hecho de que tú eres el que manda en esta zona".	Ésta es una señal de sumisión, con algunos tonos leves de miedo o apaciguamiento.
Parpadea	"Bueno, veamos si podemos evitar una confrontación". "No te estoy retando".	El parpadear añade un gesto pacífico a la mirada fija amenazante y disminuye los niveles de confrontación sin hacer demasiadas concesiones.

¿Cómo entiende el perro tu lenguaje?

¿Estás convencido de que tu perro "sabe" que ha hecho algo malo? A pesar de que su postura pueda sugerir que está asumiendo la culpa, la mayoría de los perros, sencillamente, temen al hombre cuando éste los regaña.

Piénsalo. Es posible que los perros interpreten los regaños del hombre como un ladrido. Cuando la vocalización es demasiado alta y excesiva, esto suena frenético y denota locura, no dirección.

Correr hacia tu perro puede resultarle aterrador. Imagínate a un gigante corriendo hacia ti porque reaccionaste de cierta forma, pensando que ésa era la manera correcta de hacerlo. Tu perro, sencillamente, no respeta el valor material de las cosas.

¿Pegarle a un perro? ¡Cualquiera que le pegue a un perro debería estar avergonzado! Pobre criatura indefensa. Si le pegas, la única lección que aprenderá tu perro es a ser agresivo.

Un perro joven o que no haya sido educado todavía no reconoce la diferencia entre lo que está mal y lo que está bien, de la misma manera en que un topo no sabe si cavó su túnel en el huerto erróneo. Afortunadamente, le puedes enseñar a tu perro lo que te guste y a contener impulsos específicos. Sin embargo, debes aprender primero el lenguaje de tu perro y respetar la manera en que piensa.

A pesar de que hasta ahora puede que no te hayas fijado en el tamaño y la forma de la pupila de tu perro, este pequeño disco comunica muchas cosas. Cuanto más grande sea la pupila, más intenso será el estado emocional de tu perro. Un ojo ensanchado y una forma circular pronunciada revelan un ejemplar amenazante o dominante. Por otro lado, un ojo pequeño o una ceja entrecerrada señalan pasividad y sumisión. Consulta en este capítulo los otros componentes de la postura de tu perro para un examen más detallado de cómo la postura corporal, la expresión visual y la posición de la cola transmiten también ciertas emociones.

Observa las cejas de tu perro. Cualquier acción que puedas ver en la región de la frente expresa prácticamente la misma respuesta emocional que podríamos hallar en la frente de una persona.

Interpretar tonos vocales y entonaciones

Los perros no pueden mantener una larga conversación. No pueden hablar, pero pueden comunicarse y responder a las órdenes verbales que se transmiten de forma correcta. La tabla 3-2 esboza lo que nuestros perros escuchan cuando les hablamos.

Tabla 3-2 La interpretación de la voz humana

Su articulación	*Su propósito*	*El perro lo interpreta como...*
El grito humano	Expresar frustración; le estás pidiendo al perro que deje de hacer lo que está haciendo.	Una expresión que comunica agresión o miedo. Puede provocar todo un concierto de ladridos.
Órdenes que se repiten	Querer una respuesta.	Irritante, por lo que el perro aprende o bien a ignorar la orden o sólo a responder a órdenes multisilábicas.
Órdenes que se repiten casi hasta el grito	Asegurarse de que el perro oyó la orden.	Exigencia, por lo que el perro aprende a escuchar sólo una voz alta e ignora todo lo demás.
Tono dulce	Ser amable.	Un quejido sumiso, por lo que asume, de manera automática, que no eres una amenaza y que puede aproximarse.
Órdenes vocalizadas de manera clara y en una sola palabra	Dar una instrucción.	Una exigencia de atención y respeto, pues suena como un ladrido claro, corto y direccional.

El hombre básicamente aprende mediante el reconocimiento auditivo: escuchamos instrucciones. La vista es secundaria. Por el contrario, los perros aprenden viendo a los demás en vez de escuchar o "hablar". Enséñale a tu perro una señal con las manos que acompañe cada instrucción verbal: "Sentado", "Quieto", "Echado" y "Aquí", entre otras (consulta en el capítulo 12 la tabla con las señales de la mano).

Sacar el máximo provecho de lo que dices

Cuando entrenes a tu perro, piensa en lo que haces como si le estuvieras enseñando la respuesta apropiada para cada instrucción. Entrenar a tu perro no significa que puedas dictaminar todo lo que él hace: como sucede con los niños, tu perro es un individuo y toma decisiones propias. Si te muestras seguro y comprensivo, él te respetará y seguirá tus instrucciones alegremente. Si te frustras con facilidad o le exiges demasiado, puede que te empiece a ignorar y salga corriendo cada vez que pueda.

Aquí hay otros consejos para comunicarte con tu perro mediante las palabras:

- **Piensa en las instrucciones como si fueras un maestro o un entrenador del perro.** Vocaliza como si le estuvieras diciendo a un jugador que se mueva hacia la izquierda o a los alumnos de tu clase que se sienten o que alguno venga al pizarrón. No debes decirle nada en un tono demasiado dramático o calmado.
- **Dale instrucciones sólo una vez.** Si tu perro no conoce la instrucción, sencillamente ponlo en la posición adecuada (según la orden), como si no estuviera poniendo atención.
- **No le grites.** Si estás frustrado, puedes hablar con firmeza, pero de manera breve. Palabras como "Inaceptable" o "Tonto", bien pronunciadas y dichas a tiempo, transmiten tu desaprobación sin mayor ostentación o confusión.

- **No te molestes en modificar tu voz.** Puede que hablar en un tono grave no sea habitual para ti, y si estás fingiendo la voz, probablemente tu perro reaccione con una versión perruna de cierta actitud adolescente.

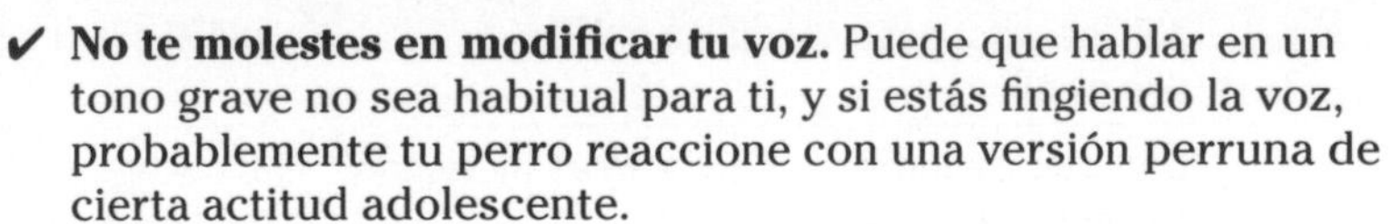

Para ejercicios de entrenamiento básicos, ver el capítulo 12.

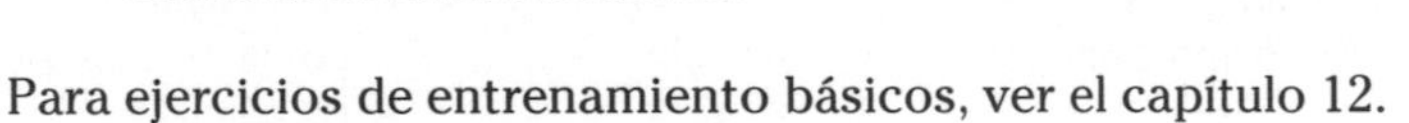

Escuchar la voz de tu perro

A pesar de que tu perro no puede "hablarte" en castellano, puedes interpretar tanto sus intenciones como sus deseos inmediatos si aprendes a escuchar. En la tabla 3-3 esbozamos la gama de sonidos que emiten los perros y la traducción al lenguaje humano y a los estados anímicos que se esconden tras cada expresión. En general, un tono bajo indica un estado más dominante o amenazante, mientras que un tono alto transmite lo opuesto: inseguridad y miedo.

Un perro cuyo tono varíe se encuentra emocionalmente en conflicto: se siente inseguro o incapaz de interpretar apropiadamente una situación y necesita mucha dirección para sentirse seguro (consulta los capítulos 12 y 14 para más información).

Tabla 3-3 Cómo interpretar los ladridos

Señal sonora	*Traducción*	*Condiciones/Emociones*
Serie rápida de tres o cuatro ladridos con pausas entre ellos (tono medio)	"Reunámonos. Sospecho que hay algo que debemos inspeccionar".	Llamada de alerta, que sugiere que la situación despierta más interés que alarma.
Ladridos rápidos y repetitivos (tono medio)	"¡Llamen a la jauría!" "¡Alguien está entrando en nuestro territorio!" "Tal vez necesitemos tomar alguna medida inmediata".	Ladrido básico de alarma. El perro está emocionado pero no ansioso. El ladrido lo provoca la proximidad de un extraño o un suceso inesperado. Es más insistente que el ladrido pausado.
Ladridos continuos (un poco más lentos y en tono más bajo)	"Se ha acercado un intruso (peligro)". "Prepárense para la defensa!"	Un poco más preocupante de lo que denota el ladrido de alarma, lo cual indica que ha percibido una amenaza inmediata.
Larga serie de ladridos solitarios con pausas entre cada uno de ellos	"Estoy solo y necesito compañía". "¿Hay alguien ahí?"	Normalmente desencadenado por el aislamiento social o la reclusión.
Uno o dos ladridos cortos y agudos (tono alto o medio)	"Hola, te estoy viendo".	Señal típica de saludo o reconocimiento, iniciada por la llegada de una persona conocida.
Un solo ladrido corto y agudo (en un tono medio bajo)	"¡Para de hacer eso!" "¡Aléjate!"	Ladrido que señala irritación, como cuando te despiertan o alguien te tira del pelo.
Un solo ladrido corto y agudo (tono más alto)	"¿Qué es esto?"	Señal de sorpresa o sobresalto.

(Continúa...)

Tabla 3-3 *(Continuación)*

Señal sonora	*Traducción*	*Condiciones/Emociones*
Un solo ladrido, no tan agudo ni tan corto como el anterior tono (entre medio y alto)	"¡Ven aquí!"	A menudo se presenta como un intento por comunicarse, y trata de generar una reacción (que le abran la puerta, que le den comida, etc.).
Ladrido entrecortado (por ejemplo un "guuu-guau")	"¡Juguemos!"	Normalmente las ganas de jugar se demuestran cuando el perro extiende las patas en el suelo y levanta la parte trasera del cuerpo.
Un ladrido cada vez más fuerte	"¡Esto es divertido!" "¡Vamos!"	Ladridos de excitación durante el juego o como anticipación de éste, por ejemplo, cuando el dueño está a punto de lanzar una pelota o ya lo ha hecho.
Ladrido suave, de tono bajo (parece que el sonido venga del pecho)	"¡Aléjate!" "¡Cuidado!"	Esta reacción proviene de un perro dominante, que está molesto porque quiere que los demás se alejen de él.
Ladrido-gruñido (un "grrr-guau" de tono bajo)	"¡Estoy molesto y, si me molestan más, voy a pelear!" "Compañeros, rodeenme para que nos defendamos juntos".	Una señal un poco menos dominante, que demuestra que está molesto o está pidiendo ayuda a su manada.
Ladrido-gruñido (tono medio alto)	"Me has asustado, pero me defenderé si es necesario".	Una amenaza con preocupación de un perro que no está seguro de sí mismo, pero que usará la agresión si es forzado a ello.
Gruñido "ondulante"	"Estoy muerto del susto". "Si vienes hacia mí puede que pelee, pero también puedo correr".	Este es el sonido que caracteriza a cualquier perro inseguro y temeroso.
"Yip-yip-yip-joul" con un final prolongado "jouuuuuuuul"	"Estoy solo". "¿Hay alguien aquí?"	Desencadenado por aislamiento de la familia y de otros perros.

(Continúa...)

Tabla 3-3 ***(Continuación)***

Señal sonora	***Traducción***	***Condiciones/Emociones***
Aullido (a menudo sonoro y prolongado)	"¡Estoy aquí!" "Éste es mi territorio". "Oigo tus aullidos".	Los perros usan este sonido para anunciar su presencia, socializarse a distancia y marcar territorio. Aunque puede que suene triste para el hombre, el perro está bastante contento.
Ladrido aullido (por ejemplo, "guau-guau-auuuu")	"Estoy preocupado y solo". "¿Por qué nadie viene a acompañarme?"	Un sonido desconsolado de un perro que está solo y aislado pero teme que nadie vaya a responder a su llamada.
Aullido	"¡Síganme!" "Todos juntos". "Ya he descubierto el olor, así que mantengámonos uno cerca del otro".	Un reclamo de un perro que ha descubierto el aroma de su presa, que la persigue y advierte a su manada para que esté cerca, lo asista y se mantenga alerta.
Quejidos que se vuelven más altos al final del sonido (puede sonar como si estuviera mezclado con chillidos)	"Quiero..." "Necesito..."	Una demanda. Cuanto más dura y más frecuente sea, más encarecida.
Quejidos que, hacia el final del sonido, bajan el tono o se desvanecen sin cambiar de tono	"A ver..." "Vamos". "¡Ya!"	Normalmente indica entusiasmo o previsión, por ejemplo cuando espera que le sirvan la comida o quiere que le lancen la pelota.
Gemidos suaves	"Me hice daño". "Tengo mucho miedo".	Un sonido sumiso o pasivamente temeroso que emiten tanto perros adultos como cachorros.
Quejido-canto tirolés (por ejemplo, "Yowel-wowel-owel-wowel") o aullido-bostezo (por ejemplo, un "ohhhhh ah ohhhhh" exhalado)	"Estoy emocionado". "Hagámoslo". "Esto es fenomenal".	Señales de placer y entusiasmo cuando algo que le gusta está a punto de pasar. Cada perro escoge un sonido propio para expresar esta emoción.

(Continúa...)

Tabla 3-3 *(Continuación)*

Señal sonora	*Traducción*	*Condiciones/Emociones*
Un solo aullido (puede sonar como un ladrido muy corto y muy alto)	"¡Ay!"	Una respuesta a un dolor rápido e inesperado.
Series de aullidos	"Estoy realmente asustado". "Me duele". "Me voy de aquí". "Me rindo".	Una respuesta activa al miedo y al dolor; normalmente se produce cuando el perro se está alejando de una pelea o de un encuentro que ha sido doloroso.
Gritos (puede que suene como un niño que se queja de un dolor combinado con un aullido prolongado)	"¡Ayuda, ayuda!" "Creo que me estoy muriendo".	Una señal de pánico y dolor de un perro que teme por su vida.
Jadeos	"Estoy listo". "¿Cuándo empezamos?" "¡Esto es increíble!" "Esto es intenso". "¿Está todo bien?"	Simple sonido de estrés, excitación o previsión tensa.
Suspiros	"Estoy contento y me voy a quedar aquí quieto un rato". "Me voy a rendir ya y sencillamente estaré deprimido".	Una sencilla señal emocional que acaba una acción. Si la acción ha sido gratificante, señala que está contento. De otra manera, señala el fin de un esfuerzo.

Leer el lenguaje corporal

Tu perro comunica muchas cosas con el cuerpo pero también está pendiente, más de lo que puedas imaginarte, de tu lenguaje corporal. Es posible desarrollar entre ambos un diálogo fluido si regulas tu postura y reconoces el lenguaje corporal de tu perro. Las figuras 3-2 y 3-3 ilustran posturas caninas comunes y la tabla 3-4 aporta algunas traducciones del lenguaje canino al humano.

Recuerda que si el perro se muestra encogido y agachado, se está sintiendo inseguro o tiene miedo. Si se inclina hacia delante, se está sintiendo seguro, está alerta o en posición de defensa. Si la cabeza del perro cuelga hacia abajo, pero el cuerpo está relajado, el mensaje es claro y fuerte: "Estoy exhausto".

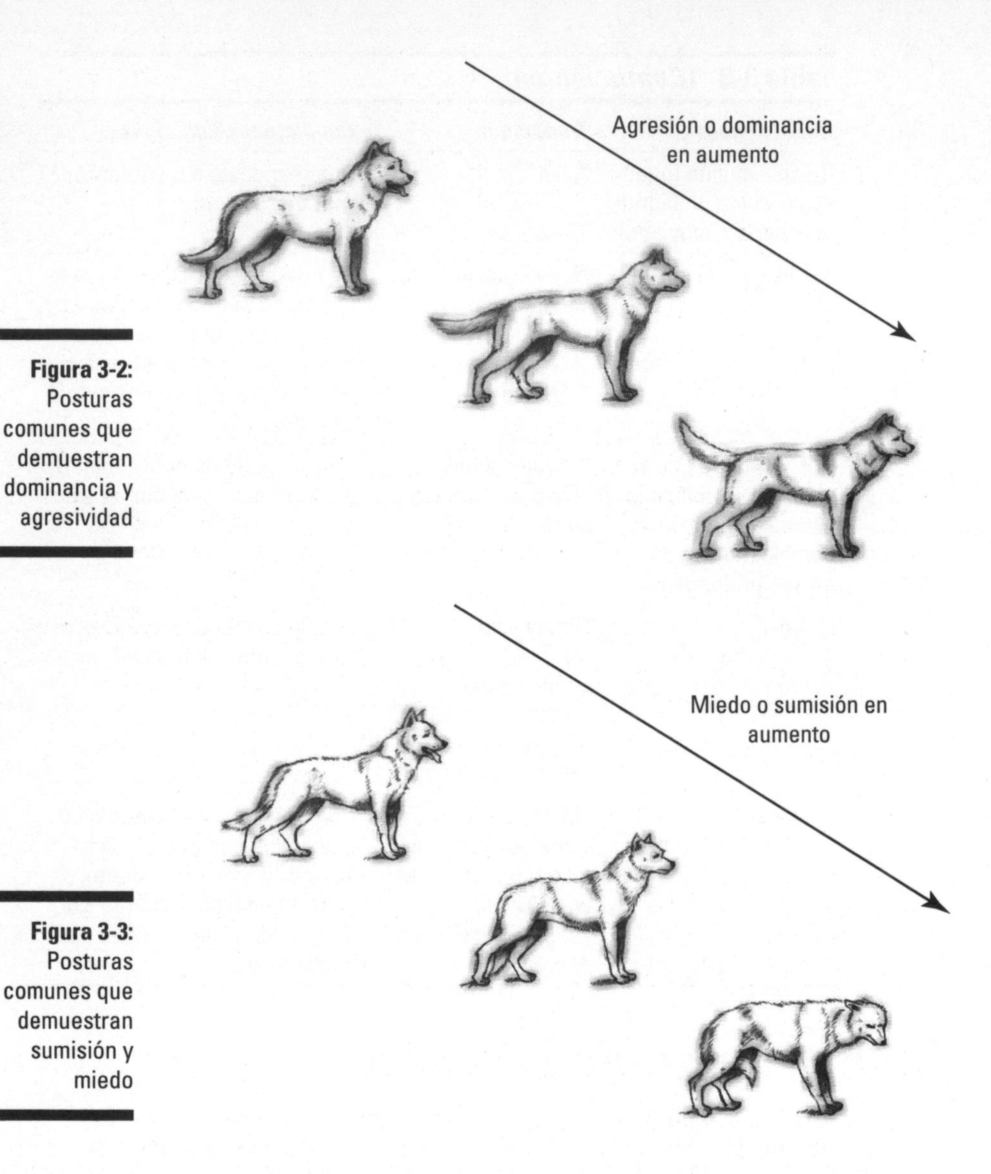

Figura 3-2: Posturas comunes que demuestran dominancia y agresividad

Figura 3-3: Posturas comunes que demuestran sumisión y miedo

Hay reglas generales de postura corporal que se aplican a ambas especies. Una postura erguida y alerta transmite confianza. Con frecuencia, levantarse subraya la necesidad de adquirir control o dominar a otros. Un cuerpo completamente erguido comunica, por lo general, una amenaza (a pesar de que los perros jóvenes o sumisos adoptan esa posición para provocar compasión o un juego). Cuando los perros que han sido socializados se encuentran con otros perros en un área abierta, se aproximan entre sí, de lado, lo cual es pacífico y transmite el deseo de saludarse y llevarse bien.

En nuestra profesión, a menudo nos preguntan la razón por la cual un perro que normalmente es sociable se vuelve agresivo cuando le ponen la correa. Al sujetarlo, la correa hace que el cuerpo pasivo del perro adquiera una postura defensiva. Esta posición manda un mensaje de alerta y activa sus defensas. Si, además, es un extraño quien sujeta la correa del perro, la tensión aumenta.

¿Cuál es la solución? Los perros deben aprender a caminar sueltos, detrás de quien va con ellos. De esta manera ellos no dirigen sino que persiguen, de manera instintiva (el capítulo 12 cubre el tema del protocolo de la correa).

La tabla 3-4 te puede ayudar a decodificar el mensaje tras cada postura.

Tabla 3-4 Significado de las principales posturas del perro

Señal visual	*Traducción*	*Condiciones/Emociones*
Postura erguida o movimiento lento hacia delante, en ambos casos con las patas rígidas	"Yo estoy al mando aquí". "¿Me estás retando?"	Ésta es una señal activa y agresiva de un perro dominante que está listo para demostrar su liderazgo.
Cuerpo ligeramente inclinado hacia delante, patas delanteras ligeramente echadas hacia atrás	"Acepto el reto y estoy listo para pelear".	Esta señal por lo general es una respuesta a una amenaza o la respuesta a otro perro que no ha dejado de amenazarlo. Es una señal de que la agresión es inminente.
Pelo erizado tanto en los hombros como en el costado	"¡Ya estoy harto!" "Defínete de una vez por todas: ríndete, pelea o aléjate de mí".	Ésta es una señal que indica que los sentimientos defensivos van en aumento. Puede ser suscitada por agitación, agresión o miedo extremo. En un perro dominante y seguro de sí mismo puede indicar que en cualquier momento podría atacar.
Pelo erizado sólo en la parte superior de las patas	"Me estás poniendo nervioso. No me presiones para pelear".	Normalmente es una señal de una agresión temerosa, de un perro que está siendo amenazado y siente que puede serforzado a pelear.

(Continúa...)

Tabla 3-4 (Continuación)

Señal visual	*Traducción*	*Condiciones/Emociones*
Cuerpo agachado o encogido, mirada hacia arriba	"No discutamos". "Tú ganas, me someto". "Tú estás al mando".	Es un gesto activo de apaciguamiento que señala sumisión frente a un perro más dominante.
Ligero empujón con el hocico	"Tú eres el líder, por favor, reconóceme". "Yo quiero..."	Es un gesto que reclama atención social pero que también puede ser usado para pedir ciertas cosas.
El perro se sienta cuando otro perro se le aproxima, dejando que lo huela	"Los dos estamos casi en igualdad de condiciones, por lo que debemos ser civilizados y pacíficos entre nosotros".	Éste es un gesto pacífico de un perro que normalmente es dominante pero que es ligeramente superado en rango por otro.
El perro se acuesta de lado y corta, por completo, todo contacto visual	"Sólo soy una bestia humilde que acepta por completo tu autoridad, y no soy una amenaza".	Ésta es una sumisión pasiva y el equivalente canino de la humillación.
Pararse al lado de otro perro que puede estar acostado; poner la cabeza sobre el costado o los hombros de otro perro; poner la pata por encima o sobre otro perro	"Soy más grande, más alto, más fuerte y, realmente el líder de esta zona".	Todas se presentan como leves afirmaciones activas de dominación y estatus social.
Golpe con el hombro	"Soy más dominante que tú, por lo que tienes que dejarme pasar cuando yo me acerque".	Una afirmación un poco más vigorosa de cierta dominación social. Una versión más ligera de esta misma señal es agacharse.

(Continúa...)

Tabla 3-4 (Continuación)

Señal visual	*Traducción*	*Condiciones/Emociones*
El perro le da la espalda o se pone de lado frente a otro perro	"Acepto que tú eres más dominante que yo, pero puedo cuidarme solo".	En un perro seguro de sí mismo, ésta es una leve confesión de que tiene un poco menos rango social, sin que esto signifique que tenga miedo o angustia. Si existe un abismo social más grande entre los dos, el perro puede mostrarle el trasero al perro más dominante.
Cuando es amenazado por otro perro, el perro olfatea el suelo o excava algo; mira fijamente al horizonte o se rasca	"No veo que me estés amenazando y por tanto no voy a responderte, así que cálmate".	Éstas son señales pacíficas basadas en la distracción. Señalan la ausencia de hostilidad pero no son sumisas.
El perro se sienta con una de las patas frontales levemente alzada	"Estoy un poco ansioso, preocupado e inquieto".	Ésta es una señal de inseguridad y de cierto nivel de estrés.
El perro se echa de espaldas y frota sus hombros contra el suelo (a veces también se restriega la nariz)	"Estoy feliz y todo está bien".	Un ritual que frecuentemente se produce después de que algo placentero ha pasado, por lo que a veces se le llama "revolcones de satisfacción".
El perro se agacha con las patas frontales extendidas y con la parte trasera del cuerpo levantada, al igual que la cola	"¡Juguemos!" "¡Ups! No quería asustarte, todo esto es para que nos divirtamos".	Invitación de juego, la cual también puede ser usada para asegurarle a otro perro que si hubo algún juego brusco o un gesto amenazante, no era para que se lo tomara seriamente.

Cuando las orejas suben o bajan

Concéntrate en las orejas de tu perro. Aunque normalmente estén quietas o caídas, sus varias posturas nos revelan las intenciones y la concentración del perro, especialmente cuando se combinan con otras posiciones y vocalizaciones. La tabla 3-5 desvela el significado que se encuentra escondido tras las muchas formas en que los perros usan las orejas para comunicarse.

Tabla 3-5 Señales emitidas por la posición de las orejas

Señal visual	*Traducción*	*Condiciones/Emociones*
Orejas quietas o echadas un poco hacia delante	"¿Qué es esto?"	Ésta es una señal de atención.
Orejas completamente echadas para delante (combinadas con exhibición de los dientes y el hocico fruncido)	"Piensa bien en lo que vas a hacer ahora, estoy listo para pelear".	Éste es un reto agresivo planteado por un perro dominante y seguro de sí mismo.
Orejas hacia atrás, casi aplastadas contra la cabeza (combinadas con exhibición de los dientes y la frente fruncida)	"Estoy asustado pero me protegeré yo solo en caso de que, en algún momento, parezca que intentas hacerme daño".	Ésta es una señal agresiva pero temerosa, que normalmente proviene de un perro que no es dominante pero que se siente amenazado.
Orejas hacia atrás, contra la cabeza (dientes no visibles, frente no fruncida y cuerpo hacia abajo)	"Te acepto como mi líder". "Sé que no me harás daño pues no soy ninguna amenaza".	Ésta es una señal de sumisión y pacifismo.
Orejas hacia atrás, contra la cabeza (con la cola en alto, ojos parpadeantes y una boca relajada y abierta)	"¡Hola!.." "Podemos divertirnos juntos…"	Éste es un gesto amistoso, el cual es seguido normalmente de olfateos mutuos o de una invitación a jugar.

Tabla 3-5 ***(Continuación)***

Señal visual	*Traducción*	*Condiciones/Emociones*
Orejas levemente hacia atrás, dando la impresión de estar separadas o ladeadas	"Algo raro está pasando". "Esto no me gusta, por lo que puede que salga corriendo o termine peleando".	Ésta es una señal de tensión o de ansiedad acerca de la situación que se está presentando. Se puede convertir, rápidamente, tanto en miedo como en agresión (depende de lo que pase).
Las orejas se mueven, normalmente un poco hacia delante y, después de un momento, un poco hacia atrás o hacia abajo	"Sólo estoy evaluando la situación, por tanto no te enfades".	Ésta es una señal sumisa y pacífica de un perro indeciso y, tal vez, un poco aprensivo.

Señales faciales

A pesar de que las señales faciales pueden variar levemente según el gesto o la postura, en la tabla 3-6 se esbozan las emociones que pueden predecirse cuando observamos ciertos gestos.

Como regla general, cuantos más dientes exhiba un perro, mayor será la amenaza. Cuando la boca de un perro está abierta, debes fijarte en la forma en que la abre: si tiene forma de "C", significa que está en un estado dominante, mientras que si los labios están muy marcados, con las comisuras hacia atrás, este es un gesto de sumisión o miedo.

Tabla 3-6 Cómo leer la cara de un perro

Señal visual	*Traducción*	*Condiciones/Emociones*
Boca relajada y levemente abierta (posiblemente con lengua visible o que cuelga ligeramente sobre los dientes inferiores)	"Estoy feliz y relajado".	Algunos perros llegan casi a sonreír como el hombre.

(Continúa...)

Tabla 3-6 *(Continuación)*

Señal visual	*Traducción*	*Condiciones/Emociones*
Boca cerrada (sin dientes ni lengua visibles). El perro mira hacia una dirección particular y se inclina un poco hacia el frente	"Me pregunto qué estará pasando".	Señal de atención o interés.
Labios curvos y exhibición de algunos dientes (boca casi cerrada)	"¡Vete de aquí, me estás molestando!"	Primera señal de irritabilidad, de amenaza o de peligro. Puede ir acompañada por un leve gruñido en tono bajo.
Labios curvos, exhibición de los dientes principales, algunas arrugas en el área por encima de la nariz y boca parcialmente abierta	"Si me presionas o haces algo que yo pueda interpretar como una amenaza, voy a pelear".	Respuesta agresiva que puede ser motivada o bien por un reto a su liderazgo o bien por miedo.
Labios curvos, exhibición de todos los dientes y las encías frontales, con arrugas visibles encima de la nariz	"Aléjate ya o..."	Alto nivel de agresión, con grandes probabilidades de agresión en caso de que no se le dé al perro espacio adicional.
Bostezos	"Estoy un poco tenso".	Simple señal de estrés o ansiedad. Puede ser usada también para eliminar una amenaza.
Lamida de la cara de una persona o de otro perro	"Soy tu sirviente y amigo y reconozco tu autoridad". "Tengo hambre, ¿tienes algo de comer?"	Gesto pacífico de sumisión activa, mediante el cual reconoce la dominancia del otro. Como remanente de sus años de cachorro, también puede ser una demanda de comida.

Tabla 3-6 (Continuación)

Señal visual	*Traducción*	*Condiciones/Emociones*
Lame el aire	"Hago una reverencia ante ti y espero que no me hagas daño".	Gesto extremadamente pacífico que muestra sumisión temerosa.

El lenguaje de la cola

Cuando quieras interpretar el lenguaje de la cola de tu perro, debes hacerlo basándote en la posición habitual de descanso que tiene ésta. Por ejemplo, un greyhound, cuando está relajado, lleva la cola abajo; en cambio, un malamute tiene la cola siempre levantada y curva cuando está en calma. Dicho esto, en general, cuanto más alto esté una cola mayor será la indicación de una actitud dominante, mientras que una cola hacia abajo comunica sumisión o miedo (ver figura 3-4).

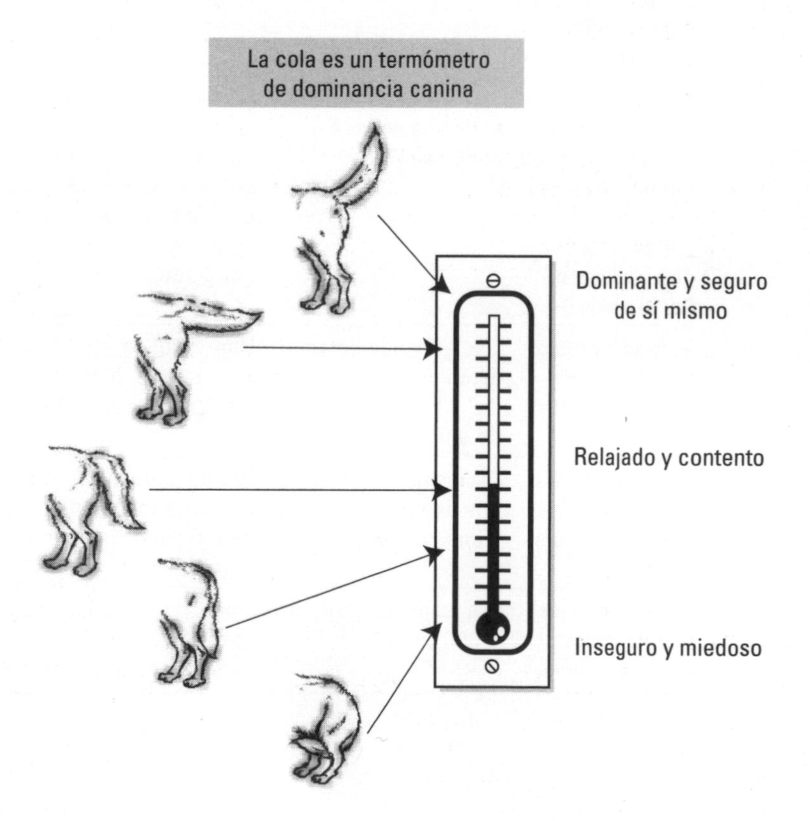

Figura 3-4: Posiciones comunes de la cola

También tienes que considerar la velocidad del meneo de la cola, pues cuanto más rápido se mueva, mayor es el nivel de exaltación. ¿Cuál es la excepción a esta regla? Una cola temblorosa, que pareciera que estuviera vibrando. Esta cola no se "menea", sino que señala emoción intensa y excitación.

Una cola que se menea no siempre es una invitación a interactuar, como tampoco es siempre un gesto de buena voluntad. Como se señala en este capítulo, los perros usan la cola (ver la tabla 3-7) en combinación con muchas otras señales corporales para transmitir varios "estados anímicos": desde placer hasta agitación emocional.

Tabla 3-7 El lenguaje de la cola

Señal visual	*Traducción*	*Condiciones/Emociones*
Meneo amplio de la cola que no involucra las caderas o una baja postura corporal	"Me caes bien". "Seamos amigos".	Un gesto casual y amistoso que no involucra dominación social. Puede verse también durante el juego.
Amplio meneo de la cola con grandes vaivenes que hacen mover las caderas de lado a lado y, tal vez, con el trasero hacia abajo	"Eres el líder de mi manada y te seguiré a donde sea".	Una señal de respeto y sumisión leve hacia la persona o el perro al cual se esté dirigiendo. El perro no se siente amenazado pero reconoce que su rango es más bajo y está seguro de que va a ser aceptado.
Meneo lento de la cola en una posición moderada o baja	"No entiendo del todo esto que está pasando". "Estoy tratando de entender".	Una señal de indecisión o confusión acerca de lo que está sucediendo o lo que se espera de él.
Un espasmo o doblez pronunciado de la cola	"Si me obligas, tendré que demostrarte quién manda aquí".	Añade tanto dominancia como amenaza inminente a cualquier otra señal de la cola o postura corporal.
Leve meneo de la cola, con pequeños vaivenes	"Te caigo bien, ¿cierto? "Aquí estoy".	Una señal de relativa sumisión, la cual puede añadirse a cualquiera de las otras posiciones de la cola.

Capítulo 4

Mira la vida desde la perspectiva de tu perro

En este capítulo

- Descubre en qué está pensando tu perro todo el día
- Organiza los niveles jerárquicos en tu hogar
- Estimula los buenos modales
- Condiciona a tu perro para que comparta objetos y comida

No importa el tamaño o color de tu perro, él está programado para actuar… bueno, como un perro. Él no es gato, conejo, conejillo de Indias ni un niño. El comportamiento del perro es único y predecible: caminará en cuatro patas, dormirá de noche y buscará afecto. Estos comportamientos universales te pueden dar una ventaja tanto para aprender a comunicarte con él como para entrenarlo.

El objetivo de este capítulo es ayudarte a reconocer los patrones de comportamiento de tu perro, a comprender su estilo de comunicación y a ajustar la manera en que le enseñas a comportarse. Aquí aprenderás a hablar el "lenguaje perruno" y a comprender tu situación actual desde el punto de vista de tu perro. Este capítulo también te enseña a manejar las situaciones cotidianas, desde civilizar los modales de tu perro hasta aprender a atenuar aquellos comportamientos que pueden resultar molestos, como la hiperactividad, la agresividad, el miedo o la impulsividad.

Perros y personas: similitudes y diferencias

Los perros y las personas tienen muchas cosas en común. Ambas especies definen su posición basándose en interacciones sociales; a ambas les gusta aprender y conocer nuevas cosas, y ambas necesitan identificar su entorno para sentirse seguras.

Tu perro se esfuerza por imitarte: si vas a salir a dar un paseo, él también querrá ir. Si te estás preparando comida, tu perro querrá un poco. Cuando alguien te visita, tu perro necesita que lo presenten formalmente. Si tu perro todavía no maneja bien estas situaciones, no desesperes.

A pesar de que existen muchas similitudes entre los perros y las personas, hay también ciertas diferencias: mientras que los niños maduran y se hacen adultos, los perros se quedan en un estado muy similar al que tienen cuando son cachorros y sienten devoción por ti toda la vida. A pesar de que un cachorro madura durante los dos primeros años de vida, de manera voluntaria no va a irse nunca de casa ni tampoco comprará cosas con tu tarjeta de crédito. Un ejemplo más realista es que la mayoría de los perros jamás aprenden a compartir los objetos a menos de que se les enseñe y, muchos, en efecto, incluso se apoderan de las posesiones del más adorado miembro de la familia (ver el capítulo 15). Puede que sea tentador ponerse bravo con el perro por este u otros comportamientos "desobedientes", pero una vez que hayas entendido la manera en que él piensa, tendrás una visión más clara y estarás mejor preparado para realizar los ejercicios necesarios para poner remedio a tus frustraciones.

Tu perro necesita cariño

A los perros les gusta que los elogien y necesitan que las personas reaccionen a lo que hacen y también que los estimulen. Por desgracia, muchos perros viven en casas donde el pan de cada día son reacciones negativas, un patrón que los estimula a actuar maniáticamente, pues se confunden o reaccionan así por pura frustración. ¡Pobres perros! Imagínate a un ser querido al que continuamente estás regañando: "Esta comida está horrible", "Esa pelota la has lanzado muy mal", "Eres un pésimo esposo, padre o niño…".

Nos encantaría recibir un céntimo cada vez que alguien exclame: "¡Pero él sabe que está mal!" Los perros, sencillamente, no pueden percibir la interacción de la manera en que los hombres lo hacemos. Cuando se observa que un perro está temeroso es porque, en efecto, tiene miedo. Nosotros queremos ofrecerte una mejor y más alegre forma de aproximarte tanto al entrenamiento de tu perro como a la solución de tus problemas. Una forma que los hará sentir (a ti y a tu perro) entusiasmados y conectados, no exhaustos.

Tu perro necesita una estructura organizada y estímulos positivos en forma de recompensas e incentivos, de los cuales hablaremos en este capítulo y a lo largo de todo el libro. Si la palabra más común que usas con tu perro es "No", él no tiene manera de entender qué puede hacer para que estés contento. En el capítulo 15 hablamos sobre el sistema de cooperación familiar, conocido también como "nada en la vida es gratis". Cada vez que elogies a tu perro, le des juguetes o le prestes atención, sencillamente ordénale que se siente. Esencialmente, lo que estás haciendo es enseñándole a decir "Por favor".

Si te estás sintiendo un poco culpable porque últimamente no has elogiado mucho el comportamiento de tu perro, no hay mejor momento que el presente para cambiar las cosas. Elógialo cada vez que puedas: "Buena captura" (no te preocupes si todavía él no coge bien la pelota); "Buen chico" (cuando está masticando su juguete); "Muy bien" (cuando está tranquilo). Tu actitud positiva motivará la cooperación del perro.

Haz una lista de estimulación como la de la tabla 4-1 y compártela con tu familia y amigos. Enséñales lo que pueden hacer para complacer al perro, aunque sean detalles insignificantes, no importa.

Tabla 4-1 Ejemplo de lista de estimulación

Alaba a tu perro por todo lo que haga bien	
☐	Descansar
☐	Morder un hueso
☐	Jugar con un juguete para perros
☐	No perseguir al gato
☐	Comer
☐	Sentarse en vez saltar
☐	Orinar donde corresponde
☐	Sentarse cuando se le ordene por primera vez
☐	Lamer en vez de morder
☐	*(Enséñale cosas que puedan ayudarle a ganarse tu afecto)*

A pesar de que puede resultar difícil actuar de manera positiva cuando has llegado al límite de tu paciencia, por favor, trata de fingir por un rato. Tu perro prefiere tener atención positiva por portarse bien que negativa por portarse mal. Si no subrayas sus fortalezas, él terminará portándose mal, pues cualquier tipo de atención que le presten es mejor que ninguna.

El perro y el aislamiento

Sólo hasta hace muy poco la gente empezó a esperar que su perro se adaptara a largos períodos de soledad. Durante la mayor parte del siglo XX no existían leyes que exigieran mantener a los perros sujetos (difícil de imaginar, pero es cierto). Los perros eran abandonados durante el día en los patios de las casas y, a menudo, los dejaban correr libremente durante la noche.

Hace mucho tiempo, la mayoría de los perros no eran considerados mascotas. Fueron domesticados y criados para que colaboraran con el hombre en tareas que, claramente, ayudaban a crear una sociedad más avanzada: desde conducir ganado y cuidar propiedades y pueblos hasta tirar de carretas o trineos cargados de materiales.

La evolución de los perros como "mascotas" ha llegado junto con la expectativa de que estos deben olvidarse de sus genes de trabajo (lo cual no es posible). También ha ido en aumento la conciencia sobre las necesidades tanto psicológicas como emocionales de los perros. Para más información sobre características específicas de las diversas razas, ver el capítulo 6.

Identidad de grupo

Los perros se identifican tanto con su grupo o "familia" que muy pocos saben cómo enfrentarse a la vida cuando están solos. Pregúntales a perros de diferentes razas lo que harían en caso de quedarse solos repentinamente en la calle, y ya verás cómo, a pesar de obtener diferentes respuestas, ninguno disfrutaría demasiado de su independencia:

- **Golden retriever:** Buscaría una pelota o un palo y lo dejaría caer, ansiosamente, al lado del primer pie humano que encontrara.
- **Border collie:** Empujaría a toda la gente que estuviera cerca para formar un círculo estrecho y quedarme en el centro.
- **Beagle:** Olfatearía alegremente a todos los transeúntes hasta que alguien empezara a seguirme.
- **Jack russell:** Ladraría de manera frenética ante un misterioso sonido surgido de la esquina de algún edificio, hasta que se agolpara una multitud.

- **King Charles o spaniel caballero:** Saldría a buscar el regazo más cercano.
- **Labrador retriever:** Correría hacia el restaurante más cercano, me acostaría debajo de una mesa y esperaría, ansioso, a que cayeran pedazos de comida.

En resumen, ningún perro —ni el tuyo ni el de nadie— disfruta de la soledad. Como especie, los perros conforman su identidad mediante la interacción. Llámalos "fanáticos de grupo" o ponles un término más científico, pero de cualquier manera, limita el tiempo que tu perro deba pasar solo.

Algunas razas son más sedentarias que otras, aunque existen ciertas razas que son criadas para ser independientes. Si tu horario exige que estés fuera de casa durante buena parte del día, consulta el capítulo 6 para descubrir qué raza se adapta mejor a los lapsos de tiempo en soledad y lo que puedes hacer para atenuar el aislamiento de tu perro.

El uso del reflejo y el elogio para influir en el comportamiento

Imagínate que pudieras ver el nivel de energía de tu perro en una escala del 1 al 10, donde 1 equivale a estar dormido y 10 significa ser excesivamente hiperactivo, temeroso o agresivo. Ahora, divide esa escala en dos zonas: la depositaria de la felicidad (1-7) y la caótica y disociada (8-10). Al comprender y entrenar a tu perro, la meta es que le puedas ayudar a funcionar de manera predecible y cómoda; en otras palabras, operar entre las zonas 1 y 7.

¿Sospechas que tu perro está oscilando entre la zona 8-10 con demasiada frecuencia? Esto es, ¿cuando el timbre suena, cuando tu hijo llega a casa o cuando estás relajado viendo la televisión?

Es obvio que quieras que tu perro sencillamente sea el reflejo de tu propio nivel de energía: que descanse cuando estés relajado, que te acompañe cuando vayas a salir o a jugar con él y que se entretenga solo cuando estés muy ocupado. A pesar de que este nivel de atención tal vez sea excesivo para un perro que no ha sido entrenado, una vez que haya sido educado, seguirá tu horario de manera natural.

En el capítulo 13 señalaremos soluciones específicas a los problemas de comportamiento pero, por ahora, basta con decir que cualesquiera que sean los comportamientos a los que pones atención, estos tenderán a ser repetidos por el perro. Si tu perro responde a una instrucción o mastica un juguete y lo alabas por eso, él lo recordará. Si tu perro está actuando salvajemente o se está portando mal recurrentemente y tu paciencia se agota, él responderá a la atención negativa tan fácilmente como a la positiva y repetirá los mismos comportamientos que te están enloqueciendo.

Cómo la jerarquía difiere de la democracia

Tu perro se relaciona contigo y con tu familia prácticamente de la misma manera en que buscaría ser incluido en un grupo de perros. Esta verdad, en general, sitúa a los perros por encima de otras especies y los convierte en animales leales e interesados en nosotros. Por tanto, dado que tu vida está orientada por la actividad del grupo familiar al cual perteneces, tu perro se concentra en la posición que tiene dentro de tu familia y, sin embargo, refleja su posición en términos jerárquicos, no democráticos. Esta diferencia fundamental entre hombres y perros debe ser aceptada. La democracia es un modelo ineficaz cuando se trata de civilizar a un perro.

¡Escoge tu papel desde ya! Sé el líder del grupo y dale instrucciones a tu perro o, de lo contrario, él lo hará en tu lugar, animado por las ganas de mantener a la familia (o a la manada) operando correctamente.

En un grupo, alguien tiene que encargarse de tomar las decisiones importantes.

Una analogía jerárquica, en términos humanos, es el juego en equipo. A la cabeza están uno o dos capitanes y, por debajo de ellos, hay una serie de jugadores organizados o estructurados bajo criterios de antigüedad, fuerza y potencial. El papel desempeñado por el capitán es el de organizar el espacio y la actividad de cada jugador para así subrayar su liderazgo. A cambio, los jugadores intentan llevarse bien y trabajar juntos para lograr una meta colectiva.

Se encuentra en sus genes

La mayoría de las personas no ignorarían a un niño pequeño si éste los mirara con una expresión de confusión, pero estas mismas personas sí pueden pasar por alto una expresión similar si esta viene de su perro. Dado que los perros se encuentran genéticamente programados para recibir instrucciones, especialmente cuando son cachorros, la oportunidad de capitalizar su devoción se encuentra en manos de los hombres. Cuando es ignorado, a menudo el perro repite algún comportamiento que antes llamó la atención, creando, así, un círculo vicioso difícil de romper.

Enséñale a tu perro tres órdenes que puedes usar cada vez que él te mire:

- ✔ Coge la pelota
- ✔ Busca tu hueso
- ✔ Siéntate/Cálmate

Si tu perro no ha aprendido todavía estas órdenes, revisa cuidadosamente la sección titulada “Dar instrucciones” y, después, dirígelo hacia el objeto o hacia la posición que quieres. Alaba la cooperación, incluso cuando lo estés ayudando a responder apropiadamente.

Cuando tu perro te mira fijamente, con frecuencia está buscando algún tipo de guía.

La adulación constante hace que tu perro se ponga inquieto. Pronto seguirá una pataleta, la cual, de manera frecuente, puede ser que mordisquee los objetos de la casa, que se orine o defeque dentro de la casa o que se apodere de ciertos objetos.

Lo mejor que puedes hacer es enseñarle las instrucciones de la sección “Dar instrucciones”, para así poder guiarlo como él necesita.

Si tu cachorro se ha mostrado firme desde un comienzo, es probable que tenga una personalidad más dominante, con tendencias al liderazgo. Este cachorro necesita que le demuestres que eres quien, firmemente, está al mando. Si sientes que estás perdiendo la batalla del entrenamiento, practica los ejercicios del capítulo 12 y, si es necesario, contrata a un profesional que te ayude.

Si tu perro desarrolló estas características durante la adolescencia o después, ha adoptado el papel de líder sólo porque tú no lo hiciste. Ahora tendrás que cambiar tu propio comportamiento para volver a ganar el lugar perdido y, a pesar de que necesitarás ser muy firme, este perro te estará muy agradecido de que realices un trabajo tan exigente. ¡Ser un líder implica mucho trabajo!

Un líder en cada camada

En cada camada nace un líder, el cual se identificará fácilmente hacia la octava semana. Éste es el perro que acosa a las horas de la comida, que es enérgico a la hora de jugar y, en general, que es bastante mandón. Dentro de una familia humana, este cachorro tiene la misma actitud, y determina rápidamente a quién puede mandar. Si sospechas que bajo tu techo se encuentra un tipo de perro con una fuerte personalidad, hazte las siguientes preguntas y marca la respuesta apropiada.

Comportamiento	*Ocurrió desde el momento en que traje el cachorro a casa*	*Mi perro desarrolló estos comportamientos*	*Esto no describe con precisión a mi cachorro*
Juega rudo, de manera activa; trata de subirse encima de las personas o las toca, insistentemente, con la pata.			
Se para en el pasillo; bloquea las escaleras.			
Se entusiasma fácilmente cuando hay extraños o reacciona negativamente a los cambios de rutina.			
Exige atención; no comparte juguetes; protege su plato de comida y también sus objetos.			
Cuando se acerca a otros perros, continuamente está tratando de montarse encima de ellos.			

Cómo asegurar una autoridad benévola

Si sospechas que tu perro está organizando tus rutinas, tendrás que reorganizar la estructura jerárquica en tu casa. A menos que quieras ser "entrenado por tu perro", el primer paso del proceso es decidir que quieres reorganizar la jerarquía y convencerte de que lo puedes hacer. La actitud lo es todo. Si tienes dificultades, consulta el índice de este libro para ubicar las respuestas a tus preguntas o llama a un profesional para que te ayude.

Tu perro está preprogramado para aceptar órdenes, por lo que, en muchos aspectos, tienes ventaja.

Definir el espacio

Los perros definen su papel en relación con comportamientos sociales y espaciales. Si tu perro está echado en el suelo descansando y tú lo esquivas cuando tienes que pasar a su lado, tu mensaje es claro y conciso: respetas la autoridad que él demuestra. Deja de actuar así e intenta realizar estos ejercicios:

- ✔ **Enséñale a tu perro la expresión "Permiso".** Tu perro identifica la relación que tiene contigo basándose en deferencias espaciales: o tú te mueves del camino de él o él del tuyo. Enséñale inmediatamente a respetar tu espacio. Si él está en tu camino, dile "Permiso" y dale un ligero empujón con el pie hasta que se mueva. Si se atraviesa en tu camino, ve derecho hacia él hasta que se mueva y se quite de tu camino. ¿Se está apoyando en ti de manera inapropiada o excesiva? Di "Permiso" y usa la pierna para empujarlo hasta que respete tu espacio personal.
- ✔ **Condiciona a tu perro para que se acueste en ciertos lugares.** ¿Tu perro siempre se echa a tus pies? Además de ser peligroso, su intrusión es una llamada de atención. Asígnale un área apropiada en cada habitación de tu casa e identifícala con algo donde pueda acostarse y con sus juguetes. Si muestra reticencia a quedarse ahí, fíjate en la sección "Poner zonas de juego en las habitaciones de la casa".

Los dos ejercicios anteriores son importantes lecciones de cortesía y resultan aún más esenciales si vives con un perro problemático (ver la parte IV).

No tengas miedo de usar la correa

Esto lo escuchamos todo el tiempo…

"Quiero que mi perro me acompañe pero es tan poco manejable... Lo intentamos, pero después de un rato no tenemos otra opción que encerrarlo solo de nuevo. Si aprendiera a portarse bien, tendría mucha más libertad".

Si la idea de dejar suelto a tu perro te hace temblar, probablemente ya estás atrapado en un círculo vicioso. Puede que no te des cuenta de que, irónicamente, son los prolongados períodos de aislamiento los que hacen que tu perro sea tan impulsivo y se comporte mal.

Para ello hay una solución: usa la correa dentro de la casa. Busca un collar de entrenamiento apropiado (ver el capítulo 11) y utiliza conjuntamente el collar y la correa para guiarlo por la casa. Usa las instrucciones que salen en este capítulo para enseñarle modales y llévalo por todas las habitaciones.

La correa no es un objeto cruel; piensa en ella como si fuera sinónimo de darle la mano a un niño. Lo que es cruel y confuso es el aislamiento forzado. Una vez que tu perro se muestre colaborador, deja que la correa se arrastre sola detrás de él, de tal manera que sea fácil atraparla en caso de que tengas que tomar el control. Cuando estés seguro de que los modales del perro han mejorado y de que está siendo más cordial, puedes abandonar la correa (pero no antes de estar completamente seguro de que no la necesitará más).

Si le pides a tu perro que se mueva y él te gruñe, detente. Ésta es una señal de que es hora de consultar el capítulo 15, donde nos referimos a los problemas de agresividad. Ahí verás qué puedes hacer, o llama de inmediato a algún profesional para que te ayude. Ciertos comportamientos agresivos requieren la opinión de un experto y puede que se salgan del alcance de este libro.

Anima a todos tus amigos y familiares a unirse a los esfuerzos que estás haciendo para educar a tu perro. Si el perro los ignora, vuelve a dar la instrucción. Tu perro debe aprender a respetar a todo el mundo.

Dar instrucciones

Todos sabemos que un niño pequeño necesita interactuar y ser guiado y que esto exige paciencia. Los perros también. La diferencia fundamental es que los niños están programados para comunicarse por medio de palabras, mientras que los perros no, a pesar de que pueden aprender a responder a ciertos sonidos y señales de la mano (ver la figura 4-1). Tienes que enseñarle a tu perro las respuestas apropiadas a una serie de instrucciones cotidianas. A continuación damos seis instrucciones con las cuales puedes empezar a trabajar con tu perro:

- ✔ **Nombre:** Ayuda a que tu perro cree una asociación positiva cada vez que mencionan su nombre. Llámalo por su nombre cada vez que llegues a casa o cuando quieras subrayar un momento positivo, como cuando le estás ofreciendo premios, cuando le das palmaditas cariñosas o cuando están jugando con su juguete favorito.

No llames a tu perro para actividades que son poco placenteras para él, como el aislamiento o la rutina de aseo, si a él no le gustan. ¡Si lo llamas puede que él oiga la expresión "Ven" y piense en salir corriendo! Si "Ven" empieza a tener un efecto contrario, deja de usar la expresión. Utiliza una taza de golosinas para perros y fíjate también en otras técnicas de entrenamiento descritas en el capítulo 12. Obviamente, también puedes mantenerlo con la correa puesta.

Llama a tu perro mientras te alejas de él o cuando jueguen a esconderse. Haz que suene una taza de golosinas para perros mientras lo llamas por su nombre, estimulando, así, su entusiasmo por escucharte y seguirte. A pesar de que inicialmente responderá sólo por la comida, con el tiempo irás condicio-

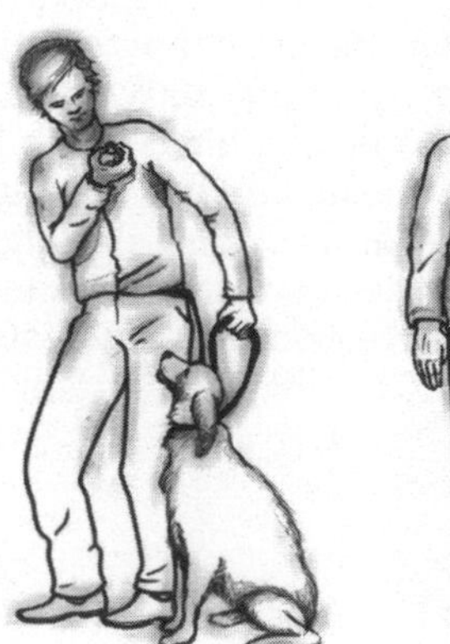

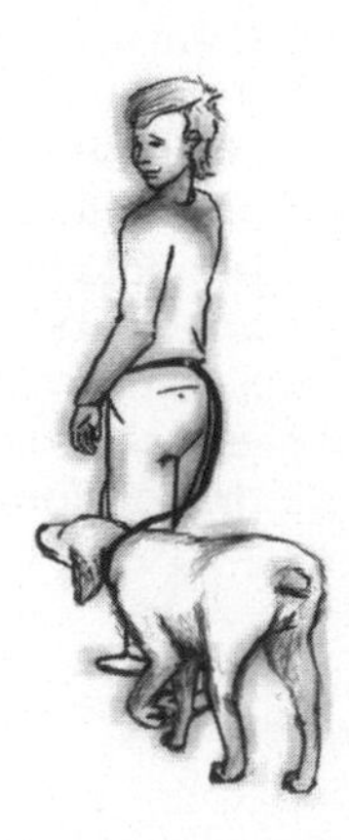

Figura 4-1: Puede que ciertas instrucciones básicas te ayuden a organizar el día. Dile a tu perro que se siente antes de darle algo placentero. Enseña a tu perro a seguir tus pasos

nando un hábito positivo y cooperativo. También se pueden ignorar los premios comestibles y reemplazarlos por elogios y caricias.

- **Pelota o juguete:** Puede que durante el día sea frecuente que tu perro te mire buscando ideas de qué hacer. Si no dices nada, de inquieto puede pasar a travieso. Es mejor que le enseñes lo siguiente: cada vez que juegues con él o le des algo para morder, repite una palabra como "Juguete" o "Hueso".

- **Siéntate, por favor:** Un perro que se sienta de manera educada, en esencia, lo que está diciendo es "Por favor". Enséñale a sentarse, o bien incitándolo con un premio comestible puesto cerca de su nariz y moviéndolo hacia atrás, sobre la cabeza del perro, o utilizando el dedo pulgar y el índice para presionar suavemente los músculos de la cintura del perro hacia abajo mientras que, suavemente, aplicas un poco de presión para subir la quijada del perro.

Enséñale a tu perro que debe sentarse antes de recibir cualquier tipo de premio, comida o atención.

- **Quieto/Bien:** Esta instrucción le indica a tu perro que se congele en la posición en que está y espere tu próxima instrucción. Utilízala en los cruces de calles, en las curvas o en ciertos portales, como cuando salgan o entren en casa o en un edificio o suban o bajen del coche. Para enseñársela puedes controlar a tu perro con una correa o detenerlo firmemente, tirando hacia atrás mientras dices "Quieto" y después dejándolo suelto mientras dices "Bien".

- **Vamos:** Esta expresión ayuda a enfatizar el hecho de que tú eres quien manda y da las instrucciones. Más que un gesto de dominancia, tus esfuerzos por liderar le transmiten al perro las ganas que sientes de ser su guardián y protector.

- **Cálmate:** Esta instrucción hace que tu perro se relaje. Trata de dirigir a tu perro, con frecuencia, hacia un tapete cómodo o hacia su sitio de dormir y ponlo a hacer una actividad apropiada, como morder un hueso o jugar con un muñeco. Esto lo distraerá lo suficiente como para que no se vaya a deambular por ahí. Puedes usar la instrucción en casa o cuando salgan juntos. Si tu perro se inquieta a la hora de la comida o cuando estén esperando en el consultorio del veterinario, esta instrucción le proporcionará algo de calma.

Cómo establecer tu lugar en la escala social

Tu perro está programado para aceptarte a ti y a tu familia como si fueran otros perros. Él depende de la estructura social que tú creas para sentirse seguro y conectado con los demás. Si lo diriges y satisfaces sus necesidades de manera consistente, también te mirará para poder interpretar otras situaciones. Si tu perro no tiene claro lo que quieres o por qué te frustras con él, puede que te perciba como otro perro adolescente y no como un líder. Peor aún, puede decidir que eres un líder incompetente o poco fiable, lo que hará que se vuelva inseguro y se frustre. Cuando esto sucede, los problemas de comportamiento están garantizados.

Practica los ejercicios de las siguientes secciones para restablecer, así, tu lugar en la estructura social.

Poner zonas de juego en las habitaciones de la casa

Tu casa no es más que una gran guarida para tu perro. La relación entre ambos se establece mucho más por la manera en que marcas rutinas dentro de la casa que por tus programas de entrenamiento o actividades con tu perro fuera de casa.

Piensa que darle a tu perro una zona de juego es como ofrecerle asiento a un visitante. Tu perro no sabe hacia adónde ir en la casa

¿Esa reacción fue por rencor?

¿Crees que tu perro se porta mal porque es rencoroso? Piénsalo de nuevo. A pesar de que hay quienes afirman que los perros repiten ciertos comportamientos (tanto buenos como malos) para llamar la atención, y a menudo se portan mal debido a la ansiedad que les produce el estar solos, los perros no reaccionan por rencor.

Los perros no son deshonestos o maliciosos. La conclusión de que tu perro es vengativo no aportará nada a la relación entre ambos. Este tipo de pensamientos lo único que hace es traer mala energía a tu casa.

No te preguntes por las cosas malas que está haciendo tu perro, sino por las que, tal vez, tú no estás haciendo bien.

hasta que se lo digas: cuando se lo indiques, él se sentirá bienvenido, calmado e integrado. Si no lo haces, probablemente se portará mal, lo cual provocará reacciones negativas en ti. Y como tus reacciones negativas pueden ser interpretadas como una confrontación controlada, ¡puede pensar que esa libertad es una invitación a jugar!

Mira a continuación de qué manera puedes asignar a tu perro una zona de juego:

1. **Decide en qué habitaciones es bienvenido tu perro.**

   Si lo tienes que aislar ahora pero quieres que comparta, digamos, la casa entera o el área de abajo de la casa, empieza a trabajar de inmediato hacia esta meta.

2. **Ve a cada habitación y selecciona un espacio en el suelo (o una sección de un sofá o una silla) que tu perro pueda reclamar como suyo.**

   Para nuestros propósitos, llamaremos esta área *zona de juego*.

3. **Identifica el área con una alfombra, una colchoneta o una especie de cama, y colócale algunos huesos o juguetes que a él le gusten.**

4. **Presenta este nuevo espacio a tu perro.**

   Si está muy inquieto, tráelo al cuarto con la correa puesta y dile que se calme (ver la sección anterior "Dar instrucciones") mientras lo llevas a la zona de juego. Siéntate con él y anímalo a que se concentre en sus cosas. Préstale mucha atención y dale premios comestibles.

Trae a tu perro con frecuencia a estos lugares. Si no se calma en su zona de juego, asegúrate de que ha salido a juguetear o correr lo suficiente y ha hecho sus deposiciones. Puedes hacer que se quede en la zona sujetando la correa a algo inamovible.

Controlar la puerta

Desde el punto de vista de tu perro, la puerta principal de tu casa es la entrada a su guarida. Quien establezca quién puede entrar y quién no es el que manda. Si tu perro se abre paso a empujones o reacciona de manera inapropiada cuando llegan visitantes, está asumiendo que es él quien está al mando.

En esencia, si aceptas que tu perro esté al mando, estarías pagando la hipoteca de una muy sofisticada casa para perros. Cambiar esta situación es bastante fácil, pero si decides hacerlo, debes mostrarte firme:

1. **Enséñale a que te siga cuando salgan o entren de casa por la puerta.**

   Inicialmente, usa la correa para manejarlo y enséñale a responder apropiadamente a la orden "Quieto" y "Bien" (ver la sección anterior, "Dar instrucciones").

2. **Enséñale un ritual de saludo apropiado y recuerda que los buenos modales empiezan en casa.**

   Cuando tú o alguno de tus familiares llegue a casa, ignora a tu perro si se comporta de manera inapropiada o está demasiado emocionado (para más consejos sobre cómo manejar los saltos y que el perro mordisquee, ver el capítulo 13). Si ha sido recluido en una habitación, en un patio o en una caseta para perros, no le hables hasta que se haya calmado o esté mordiendo un juguete. Cuando se haya calmado considerablemente, siéntalo mientras lo saludas con una mano (ver la figura 4-2) y con la otra utilizas el dedo gordo para sujetar el collar para prevenir que el perro salte.

Para crear una zona de saludo, escoge un lugar que esté a una distancia de la puerta de medio metro o uno como máximo. Cuando lleguen visitantes, ordénale a tu perro que vaya a este lugar. Antes de esto, enséñale el término "Atrás", guiándolo hasta el lugar y diciéndole que espere mientras abres y cierras la puerta.

Si tu perro no se queda quieto cuando no hay nadie presente, tampoco lo hará en presencia de otras personas. En este caso, fija la correa a un objeto inamovible. Cuando le ordenes que se aparte de la puerta, asegúralo con la correa. Practica esto cuando no haya nadie, con tu familia y cada vez que alguien llame a la puerta. (Si tu perro se alborota demasiado, es agresivo o temeroso, consulta la parte IV.) Suéltalo después de que hayas saludado a tu visitante y sólo cuando el perro esté calmado.

Figura 4-2: Cómo sujetar al perro durante el saludo

La idea es que tu perro imite tu reacción cuando llegan visitantes. Él no es el líder, tú sí. De esta manera, puedes moldear las reacciones del perro remarcando tu autoridad.

Refuerza los buenos modales

Enseñarle nuevos comportamientos a tu perro no debe ser una labor de sólo 15 minutos diarios. A medida que le vas enseñando nuevas palabras, úsalas en su rutina diaria tan pronto como te sea posible e invéntate una lista de constantes instrucciones que subrayen las actividades diarias, tales como "Vamos arriba" o "Al coche" o "Vamos afuera").

Las palabras que son fácilmente identificables le añaden emoción a la cotidianidad del perro, de manera similar a lo que ocurre cuando uno es un extranjero en otro país y se encuentra con una persona que habla nuestro idioma. Los buenos modales fluyen con instrucciones consistentes y expresadas calmadamente.

Para reforzar los buenos modales, no te olvides de:

- ✔ **Hacerlo hasta el final:** Si das una instrucción, refuérzala. Elogia al perro por cooperar o ponlo en la posición correcta, si él la ignora.
- ✔ **Da las instrucciones una sola vez:** Si las repites, tu perro lo notará y no responderá de manera inmediata.
- ✔ **Mantén tus expectativas en perspectiva:** Sólo porque tu perro se porta bien contigo no significa que vaya a hacerlo cuando suene el timbre o visites a tu familia. Ponle una correa si es necesario y refuerza todas las instrucciones de manera inmediata.

Parte II

Acepta la identidad de tu perro

En esta parte...

Más allá de la simple comunicación y del esfuerzo por crear empatía, hay algo que no puedes modificar: la personalidad instintiva e innata de tu perro. Una vez que el temperamento del perro —sea tímido, cómico o atrevido— se haya definido (a las siete semanas de haber nacido), lo podrás modificar, pero cuidado con eliminarlo del todo. En esta parte te ayudaremos a calibrar tus expectativas y a cambiar tus hábitos para así mejorar las interacciones cotidianas. Aquí ofrecemos prácticos ejercicios y tablas que te ayudarán a reconocer rápidamente lo que tu perro está tratando de decir o hacer, dándote así las herramientas para modificar su comportamiento.

Capítulo 5

Identifica la individualidad de tu perro

En este capítulo

- Examina la personalidad de tu cachorro y de tu perro adulto
- Familiarízate con los diversos tipos de personalidades caninas
- Evalúa la personalidad de tu perro

Como los copos de nieve y las huellas dactilares, cada perro es único. Sus acciones y respuestas constituyen su personalidad. Si descomponemos la personalidad de un perro, nos daremos cuenta de que está formada por tres elementos que se combinan para crear el ejemplar: impulsos genéticos y características instintivas, respuestas emocionales y tendencias de comportamiento.

A medida que eduques a tu perro y lo expongas a diferentes escenarios y situaciones, podrás predecir sus respuestas basándote en la personalidad de él. Por ejemplo, si tienes un perro tímido, no necesitarás una bola de cristal para prever su reacción cuando un extraño llegue a casa. Por otro lado, si tu perro se muestra firme y extrovertido, fácilmente podrás anticipar su reacción en caso de que te decidas a llevarlo a un picnic. Identificar la personalidad de tu perro te puede ayudar en las labores de entrenamiento, desde las instrucciones que le enseñas hasta eliminar comportamientos indeseables.

Los perros, como mascotas, no funcionan solos porque son incapaces de retener información del lenguaje humano de forma natural. El primer paso en cualquier esfuerzo para vivir felizmente con un perro debe ser identificar la personalidad de éste para, después, poder crear un régimen de entrenamiento que coincida con el estilo de aprendizaje del perro y con las habilidades que tiene.

Identifica la personalidad de tu perro

En el mundo existen diversos clubes caninos que clasifican las diferentes razas en varios grupos. Por ejemplo, el Club Canino Americano tiene siete divisiones y cada una agrupa a los perros de acuerdo con su función. El grupo de los sabuesos, por ejemplo, reúne a los perros que están diseñados para cazar presas. A pesar de que en el capítulo 6 encontrarás más información sobre cada raza, sólo con el hecho de ser consciente de las tareas para las cuales fue criado tu perro tendrás una información inestimable acerca de sus impulsos genéticos y características instintivas.

Los spaniels son de Venus y los terriers son de Marte

Al fin y al cabo, la base real de la personalidad de tu perro se encuentra cifrada en los genes. En esencia, su personalidad no cambiará mucho a lo largo de su vida. Este conocimiento te puede dar una buena idea de cómo reaccionará en diferentes situaciones y te permitirá tener más flexibilidad para influenciar su comportamiento.

Por ejemplo, si tienes un perro activo, que se agita demasiado en situaciones sociales, esperar que se calme solo no es una buena táctica de entrenamiento. Llevarlo a que haga ejercicio durante unas horas antes del evento, enseñarle a recoger algo o llegar al sitio con su juguete favorito, en cambio, son formas efectivas de estimular la cooperación de un perro que tiene mucha energía.

En lo que se refiere a las tendencias específicas de una raza, reconocer las pasiones y limitaciones de la raza o las razas de tu perro (si es el producto de cruces) también te ayudará a escoger juegos apropiados y actividades para distraerlo (como darle juguetes para que muerda) y a prevenir ciertos comportamientos indeseados. Esto también te ayudará a realizar ejercicios de entrenamiento diseñados para ser consistente con las predisposiciones de tu perro.

Compara dos razas: un golden retriever y un pastor alemán. Los retrievers son una raza muy sociable, con pocos pensamientos serios, con la excepción de: "¿Puedes lanzarme la bola una vez más, por favoooooor?" Los pastores alemanes, por su parte, son dignos, orgullosamente territoriales y considerados. Pon a estas dos razas juntas y notarás las diferencias inmediatamente. Mientras el pastor alemán será reservado y respetará el espacio de los demás, el retriever se lanzará encima de cualquiera que le preste atención.

Si bien las características de cada raza son una cuestión de genética, dentro de una misma raza se pueden encontrar perros con personalidades ampliamente diferentes, desde tímidos o relajados hasta mandones. Por ejemplo, si observas una camada de cachorritos cairn terrier, podrás predecir que todos los cachorros estarán alerta a los sonidos y que les encantará excavar. Sin embargo, el cachorro tímido será más receptivo a tu intervención de lo que lo será el cachorro más seguro de sí mismo.

Examen de personalidad de tu cachorro

El siguiente examen de personalidad generalmente se les realiza a los cachorros que están entre las siete semanas y los seis meses de edad. El examen también se puede aplicar a perros más grandes, con las modificaciones necesarias y teniendo en cuenta el tamaño del perro o si es inquieto o mordedor.

Cada parte del examen se enfoca hacia un asunto específico que, cuando es analizado en conjunto, esboza ciertas características de personalidad que hacen que determinada raza o cachorro sea ideal para los intereses de una persona en particular. Por ejemplo, las características que hacen que un perro sea un buen guardián o protector no son las mismas que hacen que un perro sea una mascota apropiada para una casa llena de niños pequeños.

Los exámenes de personalidad para cachorros fueron desarrollados para predeterminar candidatos apropiados para trabajos de servicio: por ejemplo, perros para los ciegos. Estos servicios se convirtieron en una necesidad económica ya que nadie quería perder tiempo ni dinero entrenando a ejemplares que no iban a acabar el curso de entrenamiento de manera exitosa, sin completar los requisitos del trabajo. Con el tiempo, los conductistas modificaron estos exámenes para adaptarlos al público en general; William Campbell y Joachim y Wendy Volhard han recibido varios reconocimientos por sus esfuerzos en este campo.

Preparar el examen

En principio, el examen debe realizarlo alguien a quien el perro no conozca y en un ambiente desconocido, pues lo que interesa es la manera en que él reacciona inicialmente ante una situación así. Si es tu primer encuentro con tu perro y estás seguro de tus habilidades, pregúntale al criador o al que lo cuida si puedes tener acceso a una habitación privada en donde puedas realizar los siguientes ejercicios.

Si ya conoces al perro o al cachorro, pídele a un amigo o a un profesional que realice el examen. Si quieres observar, hazlo desde lejos o a través de una ventana para así no incidir en la reacción que tenga el perro con el examinador.

Reúne los siguientes materiales para el examen de personalidad:

- ✔ Un cronómetro o un reloj que tenga segundero.
- ✔ Una bola de papel, un poco más pequeña que una bola de tenis.
- ✔ Una olla de metal y una cuchara.
- ✔ Un collar y una correa.
- ✔ Una toalla, o un pedazo de tela o trapo, con un trozo de cuerda o lazo enganchado, como si fuera una correa.
- ✔ Una sombrilla, preferiblemente una que se abra con un mecanismo de resorte.
- ✔ Un poquito de comida de perro (que se vea apetecible) en un comedero para perros.
- ✔ Algo con que escribir y este formulario donde vas a anotar el resultado (ver la tabla 5-1).

¿Puedes modificar la personalidad de tu perro?

A pesar de que no puedes cambiar los elementos genéticos ni las predisposiciones de la personalidad de tu perro, con seguridad sí puedes incidir en su comportamiento. Un perro que es dominante y agresivo por naturaleza puede aprender a controlar estos comportamientos en muchas circunstancias; un perro que es tímido y temeroso puede aprender a dominar el susto que le producen ciertos eventos que se repiten.

En el capítulo 11 ofrecemos herramientas y técnicas que pueden ser efectivas para moldear comportamientos, y en los capítulos 8 y 12 presentamos ejercicios específicos de socialización, entrenamiento y solución de problemas para ayudarte a ser una influencia positiva en la personalidad de tu perro.

Tabla 5-1 Hoja de puntuación para el examen de personalidad de tu perro

	S	*N*	*I*	*A*
Examen	***Sociable/ adaptable***	***Nervioso/ tímido***	***Independiente/ orgulloso***	***Agresivo/ dominante***
1. Atracción social (acercándosele)				
2. Atracción social (siguiéndolo)				
3. Dominancia social (inmovilizado)				
4. Capacidad de perdonar				
5. Dominancia social (pérdida de control)				
6. Deseo de trabajar (recuperar algo)				
7. Sensibilidad al tacto				
8. Reacción al sonido				
9. Reacción a estímulos nuevos				
10. Estabilidad (reacción a estímulos amenazantes)				
11. Posesividad con la comida				
12. Reacción estando afuera				

Hacer el examen

Generalmente, este examen requiere entre 10 y 15 minutos y debe realizarse cuando el perro esté relajado (después de una siesta y antes de la hora de comer, por ejemplo; pregunta antes de realizar el examen cuáles son las horas de comida del perro). Evita que se produzcan sonidos molestos alrededor y que haya distracciones visuales cuando realices el examen.

Examen 1: Este ejercicio mide la atracción que el perro siente por el hombre. El examinador se arrodilla en el suelo, al nivel del cachorro, para así parecer menos amenazante (ver la figura 5-1). La persona que ayuda al examinador (le llamaremos asistente) lleva el perro a la sala y lo sitúa a 30 o 40 centímetros de distancia del examinador, mirándolo de frente. Apenas el perro esté en el suelo, el examinador lo debe llamar. Sin embargo, no se debe usar el nombre del perro ni tampoco el término "Aquí". El examinador debe atraer al perro usando una canción o un llamado especial, algo así como "Perrito, perrito, perrito" y tal vez aplaudiendo levemente.

Si el cachorro va hacia el examinador, marca la columna S. Si reacciona ansioso, corre y se esconde, o se queda quieto y gime, marca la columna N. Si ignora al examinador o deambula siguiendo sus propios intereses, marca la columna I. Si se acerca de buena gana pero después salta encima del examinador o le mordisquea las manos, o si no viene del todo pero gruñe, marca la columna A.

Examen 2: Este ejercicio evalúa la atención del cachorro y su disposición a seguir instrucciones o a quedarse con una persona, por lo que también es un examen de atracción social. El examinador se para y anima verbalmente al perro a seguirlo diciendo "Perrito, perrito, perrito" (no el nombre del perro) mientras camina hacia delante y se pega palmaditas en las piernas (ver la figura 5-2).

Si estás examinando a un perro más adulto, evita utilizar términos familiares como "Aquí" o "Vamos".

Figura 5-1: Examen 1 de atracción social, donde se evalúa el acercamiento a las personas

Figura 5-2: Examen 2 para evaluar la atracción social haciendo que siga a una persona

Si el perro empieza a seguir al examinador de buen grado, marca la columna S. Si sale corriendo o no se mueve y se muestra ansioso o gime, marca la N. Si el perro no sigue al examinador y empieza a deambular sin dar señales de que esté nervioso, marca la I. Si empieza a seguirlo inmediatamente pero se sube en los pies del examinador y los mordisquea, marca la A.

Los exámenes del 3 al 5 miden el balance entre características dominantes y sumisas y la disposición del perro a aceptar el liderazgo humano cuando es forzado a someterse tanto social como físicamente.

No es recomendable ni seguro utilizar estos exámenes con un perro adulto que tiene un historial de agresiones. Si estás evaluando a un perro adulto, realiza los exámenes con cuidado. Interrumpe de inmediato el examen en el momento en que el perro gruña, marca la columna A y sigue con el otro examen o termina la sesión en caso de que te sientas un poco amenazado.

Examen 3: En este ejercicio el examinador se arrodilla en el suelo y, suavemente, le da la vuelta al perro, poniéndolo boca arriba, de tal forma que las patas del perro estén hacia arriba, como se ve en la figura 5-3. El asistente empieza a cronometrar mientras la mano del examinador hace suficiente presión para que el perro se quede en esa posición. El examinador debe mirar al perro directamente, sin sonreírle pero tampoco con una expresión amenazante. Si el perro mira hacia otro lado, no hay que reforzar el contacto visual. Cuando el asistente indique que ya han pasado 30 segundos, el examen ha terminado, y por tanto debe liberarse al cachorro en ese momento.

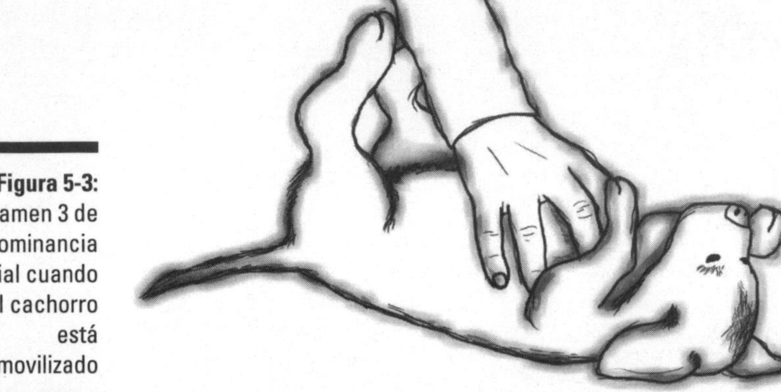

Figura 5-3: Examen 3 de dominancia social cuando el cachorro está inmovilizado

Si el perro pelea inicialmente pero después se calma o se rinde, marca la columna S. Si no pelea y trata de evitar el contacto visual, gime o se orina un poco, marca la N. Si el perro pelea un poco durante el examen y no parece que se vaya a calmar del todo, marca la columna I. Si el perro pelea ferozmente durante todos los 30 segundos o si trata de morder o gruñe en cualquier momento, marca la A.

Examen 4: Este examen mide la capacidad de perdón del perro, por lo que debe realizarse inmediatamente después del examen 3, pues el perro acaba de ser inmovilizado físicamente y puede que esté molesto por eso. El examen comienza con el examinador de rodillas, sentando al perro frente a él, como muestra la figura 5-4. El perro debe estar mirando al examinador, no directamente, pero en un

Figura 5-4: Examen para evaluar la capacidad de perdón

ángulo de más o menos 45 grados. Ahora, el examinador debe empezar a acariciar al perro de manera suave y lenta con una sola mano, empezando con la cabeza y terminando en la cola. Durante este proceso debe hablarle bajito, mientras acerca su cara lo suficiente para que el cachorro lo lama, si quiere.

Si el perro se arrima al examinador y trata de lamer su cara o se acomoda un poco para lamer sus manos, marca la columna S. Si el perro da vueltas en el suelo y después lame la mano del examinador o trata de alejarse, marca la N. Si el cachorro gruñe o mordisquea, señala la columna A. Si el perro parece no responder, no se aproxima ni se aleja y parece despreocupado o desinteresado, marca la columna I.

Examen 5: El examen de dominio social mide la respuesta del perro cuando se ve en una posición vulnerable. El examinador se inclina hacia el cachorro, el cual está mirando en la dirección contraria, y lo levanta hasta que las patas estén levemente distanciadas del suelo (ver la figura 5-5). El asistente debe contabilizar 30 segundos antes de que el cachorro sea devuelto al suelo. (Obviamente, no es fácil hacer este examen a perros más grandes.)

Si el cachorro está relajado y no pelea, o si pelea brevemente y después se calma, marca la S. Si el cachorro no pelea pero gime o sale corriendo cuando es puesto otra vez en el suelo, marca N. Si el cachorro pelea ferozmente durante la mayor parte del tiempo, sale

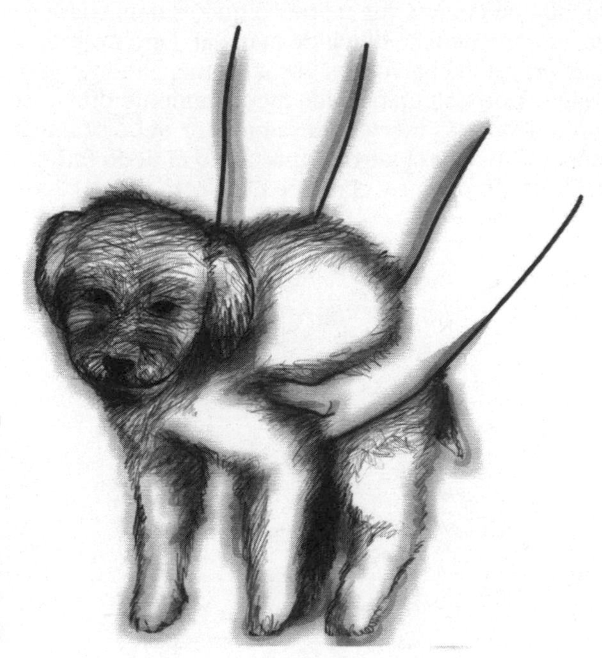

Figura 5-5: Examen 5 de dominio social cuando el cachorro no tiene control

corriendo cuando es devuelto al suelo o gruñe, mordisquea o ladra mientras es sostenido o cuando vuelve al suelo, marca la A. Si el perro parece no responder y sencillamente se va por ahí como si nada hubiera pasado cuando es devuelto al suelo, marca la I.

Examen 6: Este examen analiza la disposición del perro para recuperar objetos, lo cual demuestra si querrá trabajar con gente. El examinador se arrodilla, colocando al cachorro frente a sus rodillas, como se muestra en la figura 5-6. Balancea una bola de papel (más pequeña que una bola de tenis) frente a la cara del perro (provoca al perro con la bola y verbalmente: "¿La quieres?") En el momento en que el perro demuestre algún interés, lanza la bola un metro enfrente de él. Si el cachorro se lanza a recogerla, el examinador debe retirarse un poco y animarlo a que venga de nuevo a su lado.

Si el cachorro devuelve (aunque sea un pedazo) la bola de papel o si la deja caer pero igualmente vuelve hacia donde está el examinador, marca la columna S. Si el perro persigue la bola y después se detiene ante ella y no la devuelve o si empieza a perseguirla y después pierde interés, marca N. Si el perro no la persigue, se aleja del examinador (y de la bola de papel) o parece desinteresado y no busca la bola, marca I. Si el perro persigue la bola, la recoge y después sale corriendo, marca A.

Examen 7: Este ejercicio se enfoca hacia la sensibilidad del perro al tacto, teniendo en cuenta que un perro que es demasiado sensible al tacto es, con frecuencia, difícil de manejar. Este examen requiere pellizcar las orejas del perro tres veces, comenzando con una fuerza mediana, siguiendo con un pellizco medianamente duro y terminando con uno mucho más fuerte. El examinador debe practicar antes consigo mismo (no con el perro), apretando el dedo índice de una mano entre el dedo pulgar y el índice de la otra.

Figura 5-6: Examen 6 para evaluar la disposición de recuperar objetos

La capacidad de recuperar objetos: ¿qué tiene que ver con la personalidad?

Clarence Pfaffenberger desarrolló un examen para determinar el probable éxito que pudieran tener ciertos cachorros para guiar a las personas ciegas. Hasta la mitad de la década de los cuarenta, momento en el cual Pfaffenberger se involucró en el programa de selección de perros guías y de entrenamiento, sólo el 9% de los perros acababan el programa de forma exitosa. Cuando Pfaffenberger empezó un programa de evaluación, descubrió que el mejor indicador de si el perro iba a completar el programa era su capacidad como cachorro de recuperar objetos. Pfaffenberger creía que esta capacidad examinaba la disposición canina para trabajar con el hombre.

Asegúrate de que el apretón no involucre clavar las uñas.

El examinador debe tomar la oreja del perro entre su dedo pulgar e índice y dar el primer pellizco, seguido del segundo y tercero, con dos segundos de margen entre uno y otro (ver la figura 5-7). Si el cachorro responde al primer o segundo apretón con gemidos o con chillidos, ha de parar de inmediato; en ese caso, marca la columna N. Si en cualquier momento el perro gruñe o trata de mordisquear, el examen ha de parar inmediatamente; en ese caso, marca A. Si en el segundo o tercer apretón el cachorro trata de quitar la cabeza o el cuerpo o se vuelve hacia el examinador sin ninguna otra reacción, marca la S. Si parece no responder o desinteresado durante todo el examen, marca la columna I.

Figura 5-7: Examen 7 para medir la sensibilidad al tacto

Examen 8: Este ejercicio se centra en el umbral de excitación del cachorro, dado que se relaciona con sonidos que no son familiares para el perro. Cuando se empiece el examen, el cachorro debe estar mirando en dirección opuesta a la fuente del sonido y no debe interactuar con el examinador hasta que se acabe el ejercicio. Un asistente que no esté a la vista del perro debe dar tres golpes con una cuchara de metal en una olla también de metal y después debe congelarse en la posición, evitando cualquier tipo de contacto visual con el perro (ver la figura 5-8).

Si el perro se muestra interesado y se dirige hacia la fuente del sonido o mueve curiosamente la cabeza en esa dirección, incluso si se muestra sobresaltado en un principio, marca la columna S. Si el cachorro ladra en dirección al sonido o le gruñe al asistente, marca la columna A. Si el perro se encoge, se aleja o trata de esconderse, marca la N. Si el perro ubica el sonido pero se queda quieto y ladra, marca la columna S. Si el perro ignora el sonido por completo o sólo vuelve rápidamente la cabeza, dirigiéndose al sonido pero después se da la vuelta, marca la I.

Examen 9: Este examen mide la reacción que tiene el cachorro a eventos inusuales pero no amenazantes. Inicialmente, el asistente se sitúa a un lado, sosteniendo la punta de una cuerda que está amarrada a una toalla. El asistente sacude la toalla en intervalos regulares hacia sí mismo (ver la figura 5-9).

Figura 5-8: Examen 8 para medir la sensibilidad al sonido

Figura 5-9: Examen 9 para medir la reacción a eventos novedosos

Si el perro mira el objeto con que se está haciendo el examen, se muestra curioso acercándosele o trata de investigar de qué se trata, marca la S. Si el perro ignora el objeto, marca la I. Si el perro embiste el objeto, se levanta rápidamente y le ladra o gruñe o ataca el objeto, marca la A. Si el cachorro se muestra tímido o se esconde de la toalla, marca la N.

Examen 10: Este ejercicio evalúa la reacción del perro a una amenaza percibida. El asistente debe ubicarse, silenciosamente, a un metro y medio del perro, sosteniendo un paraguas (preferiblemente uno que se abra con un mecanismo de resorte). Ahora, el examinador debe situar al perro de manera que esté mirando en dirección al asistente (como se ve en la figura 5-10). Cuando el cachorro esté mirando en esa dirección, el asistente debe abrir rápidamente el paraguas y ponerlo calladamente en el suelo, sin mirar al perro ni dirigirse a él.

Figura 5-10: Examen 10 para medir la reacción del perro a eventos potencialmente amenazantes

Si el perro reacciona pero recupera su compostura rápidamente y después se acerca a examinar el paraguas, marca la S. Si el perro se levanta y ladra o se aproxima y gruñe o trata de morder el paraguas, marca la A. Si trata de correr o esconderse, marca N. Si no muestra interés en el paraguas, marca I.

Examen 11: El siguiente examen mide si es posesivo o no.

Si el perro que estás evaluando tiene muchas marcas en la columna A, ten cuidado con la reacción que pueda mostrar en esta prueba. Un cachorro agresivo puede morder en caso de que sus gruñidos no sean respondidos con la interrupción inmediata del factor que no le esté gustando. Si el cachorro o perro gruñe, piensa seriamente que se trata de un perro agresivo, que necesitará entrenamiento consistente y que no es apropiado para una familia que tenga contacto con niños pequeños.

Pon una taza en el suelo con un poco de comida. Cuando el perro empiece a comer, usa un palo, una escoba o un bate de béisbol para desplazar el plato, alejándolo del perro, como se muestra en la figura 5-11. Si el perro te mira con expectativas y mueve la cola, marca la columna S. Si sale corriendo o actúa como si ahora estuviera demasiado molesto como para comer, marca la N. Si gruñe, mordisquea el palo o salta encima tuyo para que le des la comida, marca la A. Si actúa como si no estuviera interesado en la comida, marca la I.

Examen 12: Si el cachorro que estás evaluando se siente cómodo con el collar y la correa puestos, llévatelo a una habitación que él no haya visto nunca o, si está vacunado, llévatelo a la calle. Observa el comportamiento de tu candidato mientras caminan alrededor de la manzana o de la casa. Trata de buscar pájaros, gatos o gente con los

Figura 5-11: Examen 11 de dominio social y protección de objetos

que el perro pueda encontrarse. Si permanece a tu lado a pesar de que muestra interés por las cosas que lo rodean, marca la columna S. Si se muestra nervioso y trata de correr o alejarse de la situación, marca la N. Si ladra o trata de embestirlo todo, marca la A. Si no muestra interés por nada de lo que le muestras y sólo se interesa ocasionalmente en objetos que encuentra él mismo, marca la I.

Cómo evaluar a un perro adulto

Si llevas algún tiempo compartiendo tu vida con un perro, ya debes saber bastante sobre su personalidad. Si no has pensado mucho en esto, te animamos a que uses el siguiente cuestionario para determinar la personalidad de tu perro. Este examen está diseñado para evaluar la personalidad de un perro adulto (o cualquiera que tenga más de seis meses) que haya vivido contigo por lo menos durante un mes.

Obviamente, como ocurre con todos los padres (tengan sus hijos dos o cuatro patas), puedes tener algunos prejuicios. A medida que reflexiones sobre estos adjetivos conductistas, consulta con un familiar o un amigo. El propósito de este examen es que aprendas sobre la naturaleza verdadera de la personalidad de tu perro.

Este examen está compuesto por una serie de palabras y frases cortas, las cuales son descripciones que pueden aplicarse a un perro. Tu tarea, para cada una, es considerar si la descripción se aplica a tu perro. Si se aplica, márcala. Si no, déjala en blanco y pasa a la siguiente descripción. Marca todas las frases que describan a tu perro.

- ☐ A veces gruñe (2)
- ☐ Acosador (2)
- ☐ Amable (1)
- ☐ Amable con los vecinos (1)
- ☐ Ansioso (4)
- ☐ Asustadizo (4)
- ☐ Atrevido (2)
- ☐ Ausente (3)
- ☐ Calmado (1)
- ☐ Cauto (4)
- ☐ Cordial (1)
- ☐ De naturaleza bondadosa (1)
- ☐ De temperamento dulce (1)
- ☐ Desconectado (3)
- ☐ Desconfiado (3)
- ☐ Desinteresado (3)
- ☐ Distante (3)
- ☐ Dominante (4)

- ☐ Dubitativo (4)
- ☐ Enérgico (2)
- ☐ Es fácil aproximársele (1)
- ☐ Escandaloso (2)
- ☐ Extrovertido (1)
- ☐ Fácil (1)
- ☐ Fácil de acariciar (1)
- ☐ Hedonista (1)
- ☐ Huraño (4)
- ☐ Imparcial (3)
- ☐ Independiente (3)
- ☐ Indiferente (3)
- ☐ Inquieto (4)
- ☐ Intranquilo (4)
- ☐ Irritable (2)
- ☐ Juguetón (1)
- ☐ Ladra a la gente y a los perros (2)
- ☐ Ladrador (2)
- ☐ Le gusta estar solo (3)
- ☐ Lleno de fuerza (2)
- ☐ Mandón (2)
- ☐ Miedoso (4)
- ☐ Mordedor (2)
- ☐ Muerde la correa (2)
- ☐ Nervioso (4)
- ☐ No responde (3)
- ☐ No se enfada fácilmente (3)
- ☐ No se impresiona fácilmente (3)
- ☐ Posesivo (2)
- ☐ Reservado (3)
- ☐ Reservado (3)
- ☐ Retraído (4)
- ☐ Seguro de sí mismo (2)
- ☐ Sensible (4)
- ☐ Sereno (3)
- ☐ Simpático (1)
- ☐ Sociable (1)
- ☐ Solitario (3)
- ☐ Suave (1)
- ☐ Temeroso (4)
- ☐ Tenso
- ☐ Tímido (4)

Cómo calcular el resultado de los exámenes de personalidad

Ambos exámenes (tanto el de cachorros como el de perros más grandes) utilizan el mismo formato de calificación e interpretación. Para los exámenes de personalidad de un cachorro, la puntuación es bastante sencilla. Utilizando la tabla 5-2, cuenta el número de marcaciones que has puesto en la columna S y escribe el total en la casilla correspondiente. Cuenta las marcaciones de las columnas N, A e I y haz lo mismo con el total. Ahora estarás listo para la interpretación.

Tabla 5-2 Puntuación total del test de personalidad

	Interpretación	*Escribe el total*
S	Sociable, receptivo, adaptable y le gusta la gente	
N	Nervioso, tímido o inseguro	
A	Dominante, agresivo o controlador	
I	Independiente, indiferente y poco involucrado	

Para el examen de personalidad de un perro más adulto, vuelve a mirar la lista de adjetivos. Nota que cada frase o palabra tiene un pequeño número al lado. Estos números son los códigos de puntuación. Primero, revisa la lista y cuenta todas las frases que has señalado con el código 1 (recuerda que estás contando la cantidad de marcaciones que has hecho, no sumando los puntos). El total debe ser escrito en la línea que le corresponda a la S en la tabla de puntuación. Ahora, cuenta todas las frases que has marcado con el código 2 y este número debe ser escrito en la línea de la A. El total de frases marcadas con el código 3 va en la línea I, y el total de frases con el código 4 va en la línea marcada como N.

Cómo interpretar los exámenes de personalidad

Para cada uno de los exámenes puedes fijarte en la puntuación total y hacerte una idea general de la personalidad de tu perro. La categoría que tiene la puntuación total más alta muestra qué tipo de perro es y te permite predecir, de manera general, lo que puedes esperar de él.

Para el examen de un cachorro, la clasificación general de personalidad indica el tipo de perro en el cual se convertirá el cachorro cuando crezca. Sin embargo, como todavía es pequeño, de alguna manera su personalidad puede ser moldeada y modificada dependiendo del trato que le des y del tipo de experiencias que tenga a medida que vaya madurando.

Con la puntuación del examen de un perro más adulto observamos una gama más variada de comportamientos y podemos ser un poco más sutiles en la descripción del perro. En esencia, el animal adulto

Algunas combinaciones interesantes

A veces, la escala de la personalidad de un perro adulto permite una gama más amplia de interpretación, pues cada dimensión puede llegar hasta una puntuación de 15 y los puntos de una dimensión no afectan a los puntos de las otras. Una puntuación entre 11 y 15 es considerada alta. Una de 5 o menos es baja, mientras que las puntuaciones que oscilan entre 6 y 10 están en la mitad. Aquí encontramos unas combinaciones especiales:

Alta sociabilidad, alta dominancia, nerviosismo bajo e independencia baja: Estos perros disfrutan trabajando, tienen un fuerte sentido de sí mismos y no se estresan fácilmente. Altamente motivados, requieren un delicado balance entre firmeza e inclusión estructurada para así poder conseguir lo mejor de ellos.

Sociabilidad y dominancia media con nerviosismo bajo y baja independencia: Estos son perros que se entrenan fácilmente, siendo sencillo llevarse bien con ellos. No se distraen ni se ponen nerviosos fácilmente.

Alta sociabilidad, dominancia baja con poco nerviosismo y poca independencia: Estos perros son relajados y amorosos y casi nunca se muestran frenéticos o hiperactivos. Son mascotas ideales para familias o para dueños novatos.

Seguro de sí mismo/agresivo: Dos combinaciones en la puntuación del test de personalidad pueden ser difíciles de manejar en el ambiente equivocado. La primera combinación de personalidad problemática es el perro con alta dominancia y alto nerviosismo y con baja sociabilidad y poca independencia. Este perro se sobresalta fácilmente y, cuando está nervioso, puede ser agresivo con cualquiera (amigo, familiar o un desconocido). Este perro también puede mostrarse agresivo cuando se le estimula demasiado, pudiendo llegar a agredir a cualquiera si no es capaz de atacar la fuente de su frustración.

La segunda combinación de personalidad problemática es el perro de alta dominancia y alta independencia con sociabilidad baja y bajo nerviosismo. Este perro, con frecuencia, se concentra más en sus necesidades que en las dinámicas colectivas de su grupo. A menos de que se le entrene con persistencia, puede usar la agresión para modificar a los otros y como medio para obtener lo que quiere.

ha tenido más tiempo y experiencia en el mundo, lo cual ha moldeado su comportamiento y nos permite sustraer ciertos matices.

Estamos midiendo cuatro dimensiones básicas:

- **Sociable (escala S):** Es más de lo que sugiere el nombre. Un aspecto importante de esta dimensión de la personalidad canina es la amabilidad y el deseo de interactuar con los otros (lo que algunos investigadores han llamado el *instinto de manada*).

  Los perros que sacan una puntuación alta en esta dimensión se llevan bien con las personas y, dado que buscan no sólo ser guiados por el hombre (y por otros perros) sino que también les interesa la reacción de los demás, son extremadamente adaptables. Estos perros son probablemente los más adecuados para los dueños novatos o para la gente que quiere un perro que no demande mucho y sea una mascota amigable para la familia.

- **Nervioso/tímido (escala N):** Aquí se mide el grado de sumisión del perro. Una puntuación alta indica que reacciona considerablemente a los cambios o a los estímulos. "Tímido" y "asustadizo" son adjetivos comunes para describir a estos perros. Algunas de las quejas más comunes incluyen: "Se asusta fácilmente", "les tiene miedo a los hombres que usan sombrero (o tienen barba o gafas)", "se asusta con el sonido de los camiones (o de la aspiradora, con rayos o con multitudes)", "se muestra intranquilo alrededor de los niños (o de perros más grandes o de luces intermitentes)", y así sucesivamente.

  A menos que a un perro de este tipo lo hayan socializado lo suficiente, hay que saber que es impredecible y reacciona a cualquier fluctuación en su horario o a eventos inesperados. A pesar de que no es el candidato ideal como mascota de una familia, puede mejorar con un entrenador constante y un ambiente predecible, como el que tienen las personas solteras, o una pareja adulta o gente mayor que no tenga nietos. En estos ambientes es, con frecuencia, cariñoso, y se muestra necesitado: Una buena elección para la persona correcta.

  Cuanto más alta sea la puntuación de la columna N, más inestable será el perro cuando sea interrumpido o se estrese. Este perro necesita más paciencia y apoyo y no es recomendable para personas sociables que quieran llevarse el perro a donde quiera que vayan.

- Una puntuación elevada en la **escala A (agresivo/dominante)** indica que el perro es activo y acosador y puede no dudar en usar la agresión para conseguir lo que quiere. Los adjetivos más comunes para describirlo incluyen "dominante", "acosador" y "arisco". Las quejas más comunes son: "Sospecha de hombres que usan gabardinas (o de hombres de pieles oscuras o de los que fuman)", "agresivo con los niños (o con cachorros

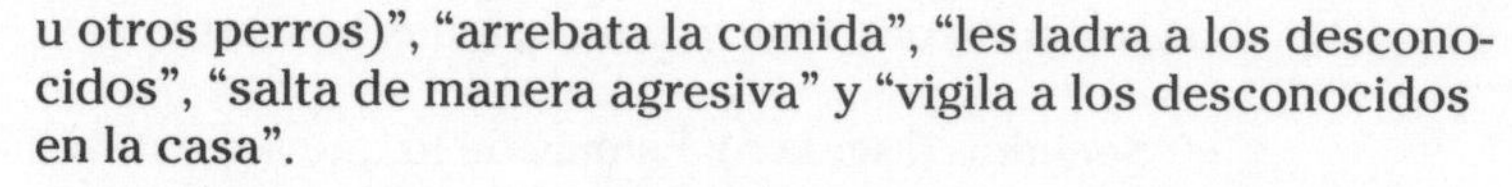

u otros perros)", "arrebata la comida", "les ladra a los desconocidos", "salta de manera agresiva" y "vigila a los desconocidos en la casa".

Los perros de esta categoría necesitan estar vigilados continuamente y requieren mucho entrenamiento para ser controlados. Si no están bien entrenados pueden ser agresivos con quien sea (incluidos niños y otras mascotas). Sin embargo, colocados en el hogar correcto, pueden ser controlados, entrenados y muy apreciados. Una alta puntuación en esta área revela un alto nivel de energía y motivación. Activos, curiosos y motivados, estos perros sobresalen en actividades específicas como las pruebas de agilidad o las labores de servicio, como rastreo y detección de explosivos. Aunque no son perros aptos para una familia común y corriente o para una persona que no tiene experiencia con perros, pueden ser excelentes compañeros, bondadosos y confiables, devotos de una persona un poco más dominante que ellos.

Si tu perro ha mordido a alguna persona o te ha mordido a ti, pide ayuda profesional. La agresión activa supera los alcances de este libro.

- Los perros con elevadas puntuaciones en la columna **Independiente (escala I)** pueden ser distantes y orgullosos y ayudan poco, y si deciden comprometerse con una familia lo hacen sólo en sus propios términos. Cómodos con su plan, estos perros se relacionan con la gente cuando se les ofrece algo positivo, como comida o su actividad preferida. Muchas de las razas instintivas (como los terrier o los grupos de sabuesos, por ejemplo) sacan puntuaciones altas en esta escala ya que no fueron criados para trabajar con el hombre sino, más bien, por cuenta propia, rastreando o cazando presas. Pero no se debe descartar por completo este grupo de perros, pues son ideales para muchas situaciones, como vivir con gente que está ocupada o lejos de casa por períodos de tiempo relativamente largos.

Capítulo 6

Aprende a interpretar las características específicas de la raza de tu perro

En este capítulo

- Entiende los grupos de razas
- Distingue los cruces entre las razas
- Predice el comportamiento de los perros de acuerdo con su raza

En este capítulo tomaremos la palabra "raza" y examinaremos el valor que este término tiene a la hora de ayudarte a entender a tu perro. Si alguna vez has visto una exposición canina, probablemente habrás notado que diferentes tipos de perros saltan alrededor de la pista de manera elegante y correcta; algunos con pequeños moños, otros con el pelo arreglado como un arbusto decorativo. En caso de que tengas la idea de que la raza no es más que una cuestión de moda, aquí nos tomaremos el tiempo y la molestia de presentarte las diferencias y necesidades que, tanto en el comportamiento como en lo emocional y lo físico, existen entre todas y cada una de las razas que puedas llegar a ver.

¿Qué es la raza de un perro?

Al crear razas específicas de perros se está garantizando que ciertas características útiles sean transmitidas de una generación a la siguiente. Para cada tipo de cachorro se llevan cuidadosos registros de crianza y se hace un seguimiento de su linaje genético, estableciendo, de ese modo, un grupo de perros de *pura sangre*.

Las exposiciones caninas más importantes

Westminster Kennel Club y Crufts son dos eventos de renombre mundial en los cuales se exhiben los perros más destacados de cada raza reconocida por su lista canina. Crufts, la exposición más grande de perros del mundo (que atrae a más de 20,000 espectadores anuales), se inició en Inglaterra en 1886. La exposición de perros de Westminster (cuyos ganadores son considerados los perros más destacados de América del Norte) se lleva a cabo en el Madison Square Garden de Nueva York y comenzó sus competiciones en 1877. Si puedes, míralas en televisión o asiste en persona.

La función de los clubes caninos es la de organizar y archivar los registros de crianza de cada perro y anotar cualquier apareamiento para asegurar, así, que no se mezclen razas reconocidas con otras que no lo son. Los clubes caninos también establecen el *estándar de la raza*, que consiste, sencillamente, en una descripción de la manera como, idealmente, un perro de cierta raza debe verse, cuáles deben ser sus comportamientos distintivos naturales y cómo debe ser su personalidad o temperamento.

Asociaciones como el Club Canino Americano (CCA o American Kennel Club) reconocen alrededor de 160 razas de perros y las catalogan en siete grupos diferentes: perros de caza, sabuesos y perros de rastreo, perros de trabajo, terriers, perros falderos, perros pastores y perros de compañía. El CCA es como el Microsoft de los clubes de perros y sirve como modelo en el resto del mundo, razón por la cual nos referimos a su listado a lo largo de todo el libro.

El CCA también tiene la "clase miscelánea" para aquellas razas que han sido reconocidas en otros países o por otros clubes caninos pero que todavía no han sido aceptadas por este club. Casi todos los años, una o más razas son reconocidas como tales, siendo trasladadas de la clase miscelánea a alguno de los otros grupos, y nuevas razas son añadidas a la clase miscelánea.

Varias razas fueron creadas basándose únicamente en el aspecto físico de los perros. El cairn terrier y el West Highland, por ejemplo, comenzaron formando parte de la misma raza. En cada camada, algunos perros eran blancos y otros no. Al cruzarse con otras razas, los perros blancos producían perros de tonos blancos mezclados con otros colores, por lo que fueron separados en dos razas diferentes. En términos tanto estructurales como de comportamiento, las dos razas siguen siendo virtualmente idénticas. El terrier de Norfolk y el de Norwich constituyen otro ejemplo de razas que sólo difieren en la forma de las orejas (el de Norwich tiene las orejas levantadas y el de Norfolk las tiene caídas).

Esta división basada únicamente en la apariencia es una distorsión de lo que, realmente, son las razas. Originalmente, los perros fueron domesticados porque tenían habilidades y rasgos de conducta que los hacían útiles. Esto es importante a la hora de comprender el comportamiento de los perros, pues la creación de las razas fue, originalmente, un intento por desarrollar grupos de perros que tuvieran comportamientos y temperamentos predecibles.

Una nueva forma de clasificar a los perros

Con el fin de presentar las razas de acuerdo con su comportamiento, hemos dividido en subgrupos los siete grupos del CCA. Cada grupo está basado en las características individuales de comportamiento propias de cada raza canina.

Por ejemplo, a los perros que pertenecen al grupo de los pastores los dividimos en los que *conducen* (los cuales trabajan de manera más independiente y movilizan rebaños a lo largo de grandes distancias) y los que *cuidan* (movilizan los rebaños dentro de las fincas, generalmente guiados por un pastor). En términos de comportamiento, los que conducen son más independientes y tienden a deambular más, mientras que los últimos se caracterizan por implicarse en su tarea de manera más intensa, manteniéndose cerca de su rebaño.

Perros de caza

Los perros de caza son criados para ayudar al hombre a cazar. A pesar de que es muy probable que el acto de lanzarse a atrapar un inofensivo pato que cae del cielo no sea necesario para la supervivencia, no se te ocurra decírselo a tu perro: él todavía ve su propósito como algo loable. Afortunadamente, no tienes que dedicarte a la cacería para mantener contento a uno de estos perros, pues una bola de tenis o un *frisbee* funcionan perfectamente. Sin embargo, saber de manera específica que tu perro fue criado para cazar puede ayudarte a entender mejor su comportamiento.

Los perros labrador y golden retriever se encuentran entre aquellos que se usan más comúnmente como perros de servicio para ayudar a los ciegos o a los discapacitados, detectar narcóticos o explosivos y colaborar en tareas de búsqueda y rescate.

Si vas a Inglaterra te darás cuenta de que los perros de caza se reúnen bajo el nombre de *gun dogs*, es decir, "perros de armas". En Estados Unidos se refieren a ellos como *sporting dogs*.

El grupo de caza incluye, realmente, cinco tipos de perros diferentes, cada uno de los cuales tiene, de alguna u otra manera, un propósito distinto y, por lo tanto, se puede esperar que los grupos tengan diversos patrones de comportamiento:

- **Retrievers:** La palabra retriever, en inglés, significa "recuperar", lo que sugiere que estos perros son criados para recuperar las presas cazadas por sus dueños cazadores. Alerta y con buena memoria, estos perros siempre quieren participar y ser complacientes. Dado que el propósito de estos perros era que fueran cercanos al hombre y siguieran órdenes, los retrievers resultaron muy sociables y atentos.

  Golden retriever, poddle, poodle miniatura, retriever de la bahía de Chesapeake, retriever de Nueva Escocia, retriever de pelo ensortijado, retriever de pelo liso, retriever labrador.

- **Pointers:** Estos exploradores del mundo canino poseen ojos atentos y olfato para las presas. A pesar de que trabajan de manera más independiente que los retrievers —y con certeza han sido criados para utilizar su energía, sobre todo a la hora de perseguir a sus presas—, los pointers son perros pacientes. Originalmente eran tan pacientes que solían mantener una postura que, con su hocico, apuntaba hacia donde estaba la presa (de ahí su nombre pointer, que en inglés viene de "apuntar") hasta que el cazador estuviera listo para disparar.

  Braco alemán de pelo corto, braco alemán de pelo duro, brittany spaniel, pointer inglés.

  Cuando un pointer encuentra a su presa, se comporta de una manera que parece ir en contra del concepto de evolución. En vez de correr rápidamente a capturar a su presa, los pointers congelan su posición: su cabeza apunta hacia el lugar donde creen que ha caído la presa.

- **Setters:** Los pointers y los setters tienen mucho en común. Piensa en los setters como versiones más rápidas y exuberantes que los pointers. Su nombre viene del inglés antiguo, y es sinónimo de la palabra sitter (es decir, "niñera"). Al igual que los pointers, su trabajo consistía en encontrar la presa e indicarle al cazador su ubicación, sentándose o agachándose, y mirando directamente hacia ella. Mantenían esta posición hasta que el cazador pusiera su red sobre las piezas.

Setter gordon, setter inglés, setter irlandés.

- **Spaniels:** De mucha energía, estos perros cazadores han sido criados para vigilar el campo de caza y rastrear el terreno para encontrar y espantar la presa. Cuando están trabajando, corren en busca de olores. Sin embargo, en el momento en que encuentran su presa no esperan al cazador, sino que espantan a los pájaros para que vuelen y el cazador pueda disparar. Cuando sus genes cazadores no son ya los predominantes, este perro interactúa bastante; le gusta ejercitarse.

  Clumber spaniel, cocker spaniel, cocker spaniel inglés, field spaniel, spaniel americano de aguas, spaniel irlandés de aguas, springer spaniel galés, springer spaniel inglés, Sussex spaniel.

  El nombre "spaniel" fue otorgado a estos perros dada su naturaleza amistosa y amorosa. El *span* de spaniel es dado por el nombre de España en inglés (Spain), país que, en ese momento, era considerado la nación de los amantes.

- **Perros cazadores con múltiples propósitos:** Algunos cazadores se interesaron por crear un perro cazador que fuera capaz de realizar todas las funciones principales de la caza, esto es, que apuntara hacia la presa, que la espantara y la recogiera. Estas sorprendentes adaptaciones genéticas se dan, básicamente, cuando se cruzan otros perros con grupos anteriores y, a pesar de que tienen todas las exigencias de los perros de caza, también poseen todas las ventajas de estos.

  Perro de aguas portugués, vizsla o braco húngaro, weimaraner.

  Estas manipulaciones genéticas caninas siguen dándose hoy en día. Existe ahora una línea de perros pointers labradores retrievers, los cuales, como su nombre en inglés indica, no sólo recogen la presa sino que además apuntan hacia ella. Puede que algún día cercano estos perros conformen una raza separada.

Sabuesos y perros de rastreo

La expresión "no eres más que un perro sabueso" no les hace justicia a estos animales que, aunque independientes, son cariñosos. Los sabuesos también son perros de caza, pero fueron diseñados para que pudieran trabajar sin la necesidad de ser guiados por el hombre. Este último se necesita sólo si la presa encuentra refugio en una guarida, en una madriguera o en un árbol, o si es demasiado peligrosa para que el perro la mate. En todos los otros casos, se supone que los sabuesos, sin ninguna ayuda humana, son capaces de entregar la presa una vez que la atrapan. ¿Cómo funciona este escenario en nuestra sociedad actual? Principalmente, estos perros siguen siendo regidos por sus pasiones, aunque son, muy frecuentemente, amables y despreocupados.

Los sabuesos, de manera natural, se clasifican en dos grupos:

- **Sabuesos de olfato:** Se supone que estos perros son capaces de rastrear a su presa debido al ligero olor que ésta deja a medida que se mueve. Su olfato se encuentra altamente desarrollado para este propósito.

  Basset, beagle, bloodhound o san huberto, coonhound negro y fuego, foxhounds americanos e ingleses, harrier, otterhound.

- **Sabuesos de vista:** Estos perros tienen una vista aguda y son muy veloces. Su tarea consiste en localizar visualmente su presa desde la distancia para así correr a atraparla.

  Basenji, borzoi, deerhound o lebrel escocés, greyhound, lebrel afgano, lebrel irlandés, saluki, whippet.

A pesar de que no dependemos de los sabuesos para nuestra supervivencia, su instinto de caza sigue prácticamente intacto. Deja libre a uno de estos sabuesos de olfato (un beagle, por ejemplo) y probablemente éste desaparecerá sin importarle el terreno, ya que estará

¿El animal más rápido del mundo?

Al crear perros con propósitos especiales, el hombre desarrolló razas que pueden correr mucho más rápido que los lobos u otros animales salvajes. Los más rápidos de estos son los sabuesos de vista, pero es el greyhound el que se lleva la medalla de oro. Mientras que un perro puede correr en promedio alrededor de 30 kilómetros por hora, los greyhounds pueden correr a velocidades de hasta 56 o 64 kilómetros por hora. Es posible que hayas oído que el guepardo es el animal más rápido del mundo, ya que puede salir disparado a velocidades que rondan los 105 kilómetros por hora. No obstante, alcanzan esta velocidad sólo cuando las carreras son muy cortas, de escasos segundos, y son muy pocos los que llegan a cubrir más de 200 metros. Los greyhounds, sin embargo, pueden recorrer a su máxima velocidad distancias tan largas como 11 kilómetros. Esto significa que, a pesar de que el guepardo puede ganar una carrera de corta distancia, en una carrera larga el greyhound lo dejará atrás, jadeando entre el polvo. Entonces, ¿cuál es el animal más rápido del mundo?

siguiéndole el rastro a todo tipo de olores interesantes. Si no está atado a una correa, un sabueso de vista no podrá resistir la tentación de perseguir cualquier cosa que se mueva: puede ser el gato del vecino o un niño en patineta. Es mejor que siempre mantengas a estos perros atados a una correa cuando te encuentres en áreas públicas.

Perros de trabajo

A los perros de trabajo les gusta... trabajar. Ellos forman parte de un grupo orientando hacia las tareas, por lo que se sienten más satisfechos cuando tienen un trabajo que realizar. A pesar de que cada perro de este grupo comparte con los demás una función práctica, los comportamientos y temperamentos requeridos para cada actividad son bastante diferentes entre ellos.

- **Perros guardianes:** Estos perros fueron originalmente diseñados para proteger al ganado o los terrenos sin necesidad de dirección humana alguna. A pesar de que puede que hoy en día alguien no quiera tener un guardián tan devoto en su casa, resulta importante recalcar este punto. Tanto antiguamente, como hoy, una persona no tiene que estar en casa para que se desencadenen las reacciones defensivas de este perro.

  Bullmastiff, dálmata, gran danés, gran pirinés, komondor, kuvasz, mastiff, rottweiler.

- **Perros de protección personal:** Aunque estos también son perros guardianes, se diferencian de aquellos en la medida en que se supone que deben trabajar más íntimamente con las personas, y bajo su control directo. Piénsalo de la siguiente manera: un perro guardián funciona como un sistema de seguridad automatizado, mientras que los perros de protección personal son más unos guardaespaldas.

  Boxer, doberman pinscher, schnauzer gigante, rhodesian ridgeback, schnauzer estándar.

- **Perros de tiro:** Estos perros fueron criados para tirar de carretas y cargar bultos. La mayoría de las personas tienen dificultad para reconocer la importancia de los perros en el mundo del transporte antes de la invención de los vehículos motorizados. Las carretas tiradas por perros eran perfectas para las ciudades antiguas donde había calles tan estrechas que no cabían las carrozas dirigidas por caballos. Además, el hombre podía mantener a su perro en casa, con su familia, sin la necesidad de tener un establo ni construcciones aledañas.

  Perro de montaña bernés, san bernardo, terranova.

El rottweiler empezó siendo uno de estos perros que tiraban las carretas de los carniceros y las cuidaban mientras estos hacían sus entregas. Después de un tiempo, sin embargo, sus funciones como perro guardián se volvieron más importantes, por lo que ahora lo clasificamos como perro guardián.

- **Perros tipo spitz:** Estos perros del norte fueron criados para aguantar temperaturas muy bajas y muchos fueron diseñados intencionalmente para tirar de trineos. Tienen orejas puntiagudas, hocicos respingones, una cola que sobresale rizada por encima de su costado y, frecuentemente, pelajes densos y capaces de aislar el frío. Esta cola alta y larga puede ser lo único que diferencie a estos perros de los lobos árticos, y su temperamento, con frecuencia, también refleja esta crianza, ya que, muchas veces, recelan de los extraños y se preocupan mucho por ser dominantes y por el estatus que tengan en su vida social.

  Akita, chipperke, chow-chow, husky siberiano, keeshond o spitz lobo, malamute de Alaska, perro de alce noruego, samoyedo.

Terriers

Los terriers pueden ser grandes, pequeños o medianos. Estos tenaces y vigorosos perros le añaden sentido a la palabra "dinamismo". Criados originalmente para mantener las casas y las fincas libres de alimañas, estos perros traen consigo al siglo XXI su combatividad original. Con el paso del tiempo, ciertas razas fueron dirigidas de tal forma que se acentuaba su capacidad de pelea, por lo que algunos fueron convertidos en "luchadores" sólo para la diversión del hombre. Aunque esta práctica todavía se sigue dando en círculos clandestinos, los criadores contemporáneos de los terriers de pelea han hecho un esfuerzo consciente por disminuir este impulso al realizar crianzas selectivas.

Los terriers forman dos grupos principales:

- **Cazadores de alimañas:** La mayoría de los terriers eran comprados y criados para que se deshicieran de todo tipo de alimañas que invadían las casas y las fincas: desde ratones ordinarios hasta zorros, tejones y otras bestias que pudiesen matar las aves de corral. De manera deliberada, muchas de estas razas de perros eran conservadas de tal modo que fuesen pequeñas y ágiles, pues se necesitaba que pudieran excavar bajo tierra o moverse entre madrigueras o guaridas para encontrar las alimañas. El pelo de los terriers también juega un papel importante en su diseño, ya que al ser áspero, duro o hirsuto, los protege de roces contra rocas o suelos rugosos y les proporciona, a su vez, una especie de armadura que los resguarda de los dientes de su presa.

La diferencia de tamaño entre estos perros también nos da una clave sobre el tipo de ejercicio requerido por cada raza individual. Los terriers de patas cortas, durante las cacerías, eran llevados en canastas sobre los caballos, mientras que los terriers más grandes eran criados con el propósito de que corrieran junto a los caballos y a otros perros sabuesos durante la cacería.

Airedale terrier, border terrier, cairn terrier, dachshund o teckel, dandie dinmont terrier, fox terrier de pelo duro, fox terrier de pelo liso, kerry blue terrier, lakeland terrier, parson jack russell terrier, schnauzer miniatura, silky terrier, terrier australiano, terrier bedlington, terrier de Boston, terrier de la isla de Skye, terrier de Manchester, terrier de Norfolk, terrier de Norwich, terrier de Sealyham, terrier escocés, terrier galés, terrier irlandés, West Highland.

- **Perros de pelea:** Algunos perros fueron criados específicamente para participar en deportes sangrientos. Eran puestos en un tipo de recintos o pistas (llamadas, algunas veces, *pistas pits* o sólo *pits*) y eran forzados a pelear contra toros, osos u otros perros. La naturaleza beligerante del terrier fue realzada para hacer de estos perros unos animales fuertes y dispuestos a pelear.

  Bull terrier, bull terrier de Staffordshire.

Esperar que un terrier no ladre es esperar mucho. Todos los terriers, de manera específica, fueron criados para ladrar, y ladrar forma parte de la definición del comportamiento de un terrier. Aunque la necesidad de alertar con su ladrido a un cazador sobre la ubicación de una presa no es un rasgo que necesariamente sea apreciado por los dueños de los terriers, éste viene como parte del paquete. Aunque puedas llegar a moldear la tenacidad de este perro (ver el capítulo 13), el deseo de ser escuchado no desaparecerá nunca por completo.

Perros falderos

Aunque frecuentemente estos perros parecen de juguete (de ahí su nombre *toy dogs*, en inglés), decididamente no lo son. Cada uno de los perros de este grupo fue criado con un único propósito en mente: para ser mimado por su dueño. A pesar de que son la quintaesencia de la compañía y no necesitan hacer mucho ejercicio, estas razas tienen mentes y corazones equivalentes a los encontrados en perros más grandes. Puede que la necesidad que sientas de mimar a estos perros sea abrumadora pero, por favor, espera a que sea el momento apropiado antes de hacerlo. De otra manera, como dicen por ahí, "pagarás las consecuencias".

Affenpinscher, bulldog, bulldog francés, chihuahua, english toy spaniel, greyhound italiano, grifón de Bruselas, lhassa apso, papillón, pequinés, perro de lanas maltés, perro de lanas rizado o bichón frise, pincher miniatura, poddle miniatura, pomeranian, pug o carlino, shih-tzu, spaniel caballero o king Charles, spaniel japonés, spaniel tibetano, terrier tibetano, Yorkshire terrier

Perros pastores

El grupo de los perros pastores incluye perros que fueron usados, por lo menos originalmente, para reunir, arrear y proteger ganado. A pesar de que estas características no son necesarias de manera frecuente, no se lo digas a tu perro. Motivados y gustosos por las tareas, ellos siempre encontrarán algo que proteger o arrear. Y ¡cuidado!, si no les proporcionas una tarea apropiada, terminarán por arrearte o protegerte a ti. Hay dos tipos de perros pastores:

- **Los que conducen el ganado:** Estos resistentes perros fueron criados para conducir ovejas y ganado a través de largas distancias, a menudo con mínima o ninguna dirección humana durante largos períodos de tiempo.

  Boyero australiano, boyero de Flandes, briard, cardigan corgi, pembroke corgi.

- **Los que reúnen el ganado:** Estos perros eran indispensables para los pastores, dada su habilidad de mantener a los animales reunidos y movilizarlos a través de distancias cortas. Trabajan de manera cercana a los pastores y bajo su dirección. En casa, esto significa tener un perro que te mirará (a ti o a tu familia) o bien como a una oveja o bien como a un pastor. En resumen, o tú lo entrenas o él te entrena a ti.

  Pastor australiano, collie barbudo, perro de Malinas, pastor belga, belgian tervuren, border collie, collie, perro pastor alemán, bobtail o viejo perro ganadero inglés, puli, pastor de las Shetland

Perros de compañía

El Club Canino Americano originalmente tenía sólo dos grupos de perros: los perros de caza y los de compañía. Hoy en día, la clasificación de este club es mucho más amplia. Sin embargo, mantiene

Perros mestizos

Si se puede predecir el comportamiento de un perro de acuerdo con su raza, ¿cómo podemos evaluar el comportamiento de un perro mestizo?

Afortunadamente, basados en las investigaciones realizadas en los laboratorios de Jackson en Bar Harbor, Maine, Estados Unidos, ciertos indicadores sugieren que la forma predice la función. Es decir, algunos datos parecen mostrar que un perro mestizo probablemente actuará según la raza a la que se parezca más físicamente. De este modo, si un labrador retriever mezclado con poodle se parece más al labrador retriever, seguramente actuará más como lo hacen los labradores retrievers. Si se parece más a un poodle, su comportamiento entonces se parecerá al del poodle.

Si la apariencia física de un perro parece una mezcla balanceada de dos razas, seguramente el comportamiento del perro será una mezcla de las razas de ambos padres.

el grupo *perros de compañía* como un grupo donde caben aquellas razas que son difíciles de clasificar.

En este libro hemos decido eliminar esta clasificación y ubicar estas razas en los grupos anteriormente descritos.

Cómo predecir el comportamiento de acuerdo con la raza

Utilizando la anterior clasificación de los grupos de razas, aquí aplicamos algunas de las investigaciones científicas realizadas por la Universidad de British Columbia, que estima que la mitad de la composición genética de cualquier perro se basa en los genes.

En ese estudio se entrevistaron 98 expertos caninos y se les pidió que calificaran las razas en 22 aspectos del comportamiento. Después de muchos análisis estadísticos se encontró que, en realidad, existían cinco clases de comportamiento importantes y había unas diferencias sistemáticas en estas que se producían según el grupo. Las siguientes secciones examinan estas calificaciones para así mostrar lo diferentes que son unas razas de otras.

Inteligencia y capacidad de aprendizaje

La primera dimensión importante es la medida de lo fácil que un perro aprende y soluciona problemas, lo cual es, normalmente, a lo que se refiere la gente cuando habla de *inteligencia*. También indica el grado de facilidad o dificultad para enseñarle al perro a ser obediente a los mandatos y realizar actividades de servicio, es decir, lo que algunos entrenadores llaman la *educabilidad* del perro.

Los expertos sitúan a los perros pastores y a los retrievers a la cabeza de la lista de inteligencia, lo cual probablemente explique el hecho de que en las competiciones de obediencia se encuentren los primeros diez puestos dominados por los border collies, los pastores de las Shetland, los labradores y golden retrievers (ver la tabla 6-1). También puede explicar que los pastores alemanes, los labradores retrievers y los golden retrievers frecuentemente son las razas preferidas como perros de servicio (como guiar a los ciegos y otras tareas complejas).

Tabla 6-1 Perros clasificados por inteligencia y capacidad de aprendizaje

Alta	*Moderadamente alta*	*Moderadamente baja*	*Baja*
Los que reúnen el ganado	Perros de tiro	Cazadores de alimañas	Perros de pelea
Retrievers	Pointers	Setters	Perros guardianes
Los que conducen el ganado	Spaniels	Perros tipo spitz	Sabuesos de vista
Perros de protección personal	Perros de caza con múltiples propósitos	Perros de compañía	Sabuesos de olfato

Aunque suene de maravilla la idea de tener un perro muy inteligente, esto no es así. Estos perros se portan mejor en hogares altamente estructurados y con dueños que saben mucho de perros.

Dominancia y territorialidad

Piensa en esta área como una forma de medir la fortaleza o debilidad de la personalidad de tu perro. En realidad mide lo posesivo que es y también el nivel de seguridad en sí mismo. Los perros que tienen estas características fuertemente pronunciadas son buenos guardianes (ver la tabla 6-2). Sin embargo, también pueden ser exigentes y posesivos y caracterizarse por una excesiva necesidad de atención. Puede que cuiden sus posesiones, como la comida y sus juguetes, de manera enérgica. También estarán dispuestos a usar la agresión contra la gente u otros animales si esto les ayuda a sus propósitos. Los perros que no tienen estas características muy pronunciadas amenazan y retan poco.

Tabla 6-2 Perros clasificados por dominancia y territorialidad

Alta	*Moderadamente alta*	*Moderadamente baja*	*Baja*
Perros de pelea	Pointers	Perros de caza con múltiples propósitos	Sabuesos de olfato
Perros de protección personal	Perros cazadores de alimañas	Spaniels	Sabuesos de vista
Perros guardianes	Los que conducen el ganado	Los que reúnen el ganado	Perros de tiro
Perros tipo spitz	Setters	Retrievers	Perros de compañía

Sociabilidad

Esta área se refiere al grado de amabilidad y sociabilidad de un perro y refleja también en qué medida busca compañía. Un perro que tiene estas características pronunciadas saludará de manera feliz a cualquier persona nueva moviendo la cola (ver la tabla 6-3). Un perro clasificado con dominancia y territorialidad baja puede parecer tímido y distraído y puede, con frecuencia, preferir estar solo que con gente.

Tabla 6-3 Perros clasificados por sociabilidad

Alta	*Moderadamente alta*	*Moderadamente baja*	*Baja*
Setters	Perros de caza con múltiples propósitos	Los que reúnen el ganado	Los perros que conducen el ganado

(Continúa...)

Tabla 6-3 *(Continuación)*

Alta	*Moderadamente alta*	*Moderadamente baja*	*Baja*
Sabuesos de olfato	Perros de tiro	Perros cazadores de alimañas	Perros de protección personal
Retrievers	Pointers	Perros guardianes	Perros de pelea
Spaniels	Perros tipo spitz	Perros de compañía	Sabuesos de vista

Reacción emocional

Esta característica se refiere al estado emocional del perro, en el sentido de lo rápido que puede cambiar su estado anímico (ver la tabla 6-4). Los perros de alta reacción emocional son fácilmente excitables, pero también se calman pronto (sus estados anímicos pueden fluctuar rápidamente, pasando de tener confianza en sí mismos a ser cautelosos y así sucesivamente). Un perro que tiene estas características poco pronunciadas puede tener dificultad para emocionarse, pero una vez que esto ocurra, se demorará mucho tiempo en calmarse.

Tabla 6-4 Perros clasificados por reacción emocional

Alta	*Moderadamente alta*	*Moderadamente baja*	*Baja*
Pointers	Retrievers	Spaniels	Perros de compañía
Setters	Sabuesos de vista	Sabuesos de olfato	Perros guardianes
Perros de caza con múltiples propósitos	Perros de protección personal	Perros cazadores de alimañas	Perros de pelea
Los que reúnen el ganado	Perros tipo spitz	Perros que conducen ganado	Perros de tiro

Nivel de energía

Esta característica es, en realidad, una medida multifacética que incluye los niveles de actividad que se presentan tanto dentro de la casa como fuera. También mide la cantidad de fuerza y energía que muestra el perro en actividades comunes (ver la tabla 6-5). Un perro con bastante energía no sólo corre por todas partes, sino que puede tirar con fuerza de la correa o atrapar de manera rápida y fuerte una golosina de la mano de su dueño.

Dado que los expertos consideran que todas las razas son capaces de experimentar períodos de mucha energía, incluso los perros que se clasifican en los niveles más bajos no son, realmente, perros inactivos.

Tabla 6-5 Perros clasificados por nivel de energía

Alta	*Moderadamente alta*	*Moderadamente baja*	*Baja*
Pointers	Perros de pelea	Perros de caza con múltiples propósitos	Perros guardianes
Perros que conducen el ganado	Perros de protección personal	Perros de compañía	Sabuesos de vista
Perros cazadores de alimañas	Setters	Spaniels	Sabuesos de olfato
Perros que reúnen el ganado	Perros tipo spitz	Retrievers	Perros de tiro

Capítulo 7

Percepciones sensoriales

En este capítulo

- Descubre cómo se ve el mundo desde la perspectiva de tu perro
- Entiende las diferencias que existen entre la vista humana y la de los perros
- Escucha el mundo a través del oído de un perro
- Olfatea el mundo usando la nariz de un perro

Todos los animales interpretan su entorno mediante una compleja mezcla de información filtrada por sus cinco sentidos: vista, oído, olfato, gusto y tacto. Lo que separa una especie de otra es el nivel de uso de cada uno de estos sentidos. El hombre, por ejemplo, depende principalmente de la vista para interpretar su entorno; un perro, por su parte, depende fuertemente de su sentido del olfato. Para realmente comprender las experiencias vitales de un perro, una persona debe estar dispuesta a examinar su entorno y sus estímulos sensoriales diarios desde la perspectiva del perro.

La vista, el comportamiento y la supervivencia

El ojo humano está diseñado bajo el mismo patrón general que el de los perros: ambos tienen córnea, pupila, cristalino y retina. Sin embargo, existen algunas diferencias considerables que afectan al modo en que se perciben las imágenes. Las personas se basan en su sentido visual para interpretar la información que les llega del mundo y sus cerebros utilizan más espacio y más neuronas para procesar esta información visual que para procesar la información proveniente de cualquier otro sentido. Los perros no procesan las imágenes de esta misma forma; para ellos el mundo se presenta más como un paisaje descolorido y borroso.

Un perro usa principalmente la vista para detectar movimiento, una habilidad vital para la supervivencia. Dado que el sustento de sus

¿Miedo a la mano?

A pesar de que algunos perros le tienen miedo a la mano (seguramente porque les habrán pegado), muchos otros se apartan cuando se les aproxima una mano, por otra razón: básicamente por su instinto evolutivo de evitar un acercamiento o un ataque repentino. Ver a un hombre aproximarse de manera directa y rápida y con los ojos abiertos y deslumbrantes, a menudo activa los impulsos de reacción del perro. Incluso una mano que se acerca súbitamente para acariciar a un perro puede hacer que este dude o huya.

Cuando te acerques a un perro por primera vez, ten en cuenta que él es incapaz de racionalizar nuestras intenciones. Habla primero con la persona que lleva el perro y, si te dice que es amistoso, arrodíllate y extiende tu mano al nivel de la nariz del animal. Si gira la cabeza, respétalo y toma distancia. Si te huele, puedes acariciarlo en los costados o hasta justo debajo de la línea de visión del perro.

Si tù perro parece sufrir de este mal, ofrécele, con una mano, una cuchara llena de algún premio que pueda lamer o comida de tarro mientras que, a la vez, usa la otra mano para darle golpecitos suaves en la cabeza.

¿Tienes un perro pequeño que huye cada vez que te le acercas? No lo sigas más: ¡parecerás un depredador! Agita una taza llena de golosinas o un juguete mientras te arrodillas y lo animas a venir hacia ti.

Y por favor, no importa lo frustrado que te sientas con el comportamiento de tu perro, no corras nunca para atraparlo. Él correrá, no por falta de respeto hacia ti, sino por el pánico. La luz de su vida, la persona por la cual se levanta por las mañanas, se convierte, de repente, en la amenaza que lo quiere cazar. Salta a la parte IV para descubrir una forma más sana de resolver estos problemas.

ancestros dependía de cazar presas, los ojos del perro evolucionaron para convertirse en agudos detectores de movimiento. Cuando el perro sigue la trayectoria de un juguete o persigue a otros animales, es más fácil presenciar esta habilidad en acción.

Si quieres acelerar el proceso de aprendizaje de tu perro, añade señales de movimiento a tus órdenes verbales (ver el capítulo 12). Estas señales aumentan la atención visual de tu perro y le provocan un impulso integrado a su especie: el de seguir instrucciones de un líder.

¿Son los perros ciegos al color?

Cuando se trata de lo que un perro puede o no puede ver, una de las cosas que parece producirle más dudas a la gente es si puede ver colores. La simple respuesta —dada por los científicos— de que los perros son ciegos al color normalmente se malinterpreta, pues se asume que no ven colores sino únicamente tonalidades de grises. Esta suposición es errónea.

Para los científicos, ser ciego al color significa que por lo menos uno de los tres receptores de colores que se encuentran en un ojo normal no está funcionando (tenemos conos receptivos de los colores rojo, verde y azul). De este modo, con sólo dos sistemas de colores en funcionamiento, un individuo puede todavía ver colores, aunque su alcance será limitado y confundirá ciertos colores que otra persona percibiría como distintos. La situación es la misma en los perros. Ellos sí ven los colores, y los ven lo suficiente como para guiarse por ellos en su comportamiento. Sin embargo, los colores que ellos ven no son tan ricos ni tan variados como los que ve el hombre.

La figura 7-1 muestra lo que ven un hombre y un perro en un arco iris o una gama de colores. En vez de ver el arco iris como violeta, azul, aguamarina, verde, amarillo, naranja y rojo, el perro lo ve azul oscuro, azul claro, gris, amarillo claro, amarillo oscuro, y un gris muy oscuro. Para ponerlo en palabras simples, además del gris, el negro y el blanco, los perros ven los colores del mundo básicamente como amarillo y azul. Ven el violeta, el azul y el aguamarina como azul; los tonos verdes como grises; el amarillo verdoso, el amarillo y el naranja como amarillo; y los rojos como tonos grises.

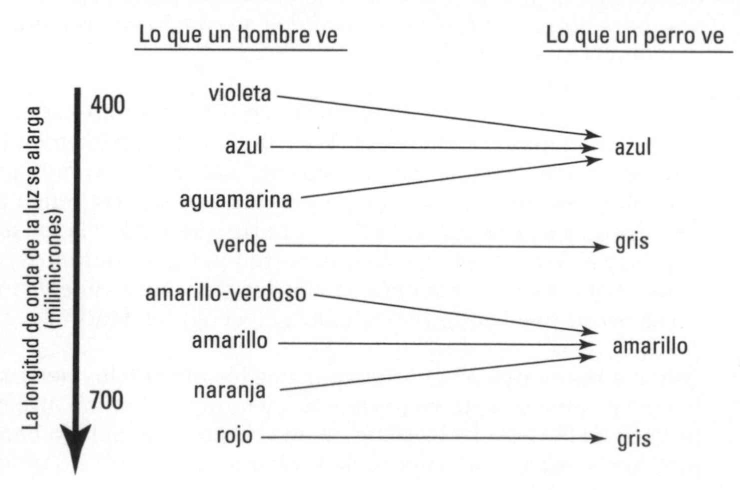

Figura 7-1: Los colores que ven un perro y un hombre cuando observan un arco iris

¿Hacia qué lado se fue?

Entra en cualquier tienda de perros y posiblemente te sentirás atraído de inmediato hacia un objeto de color naranja vivo. Estos juguetes de colores vivos (el color de los conos de carretera) se están volviendo bastante populares, a pesar de que puede que no te imagines la razón. A no ser que un perro observe cuidadosamente la trayectoria del juguete que se ha lanzado, puede que vaya hasta donde está pero no lo vea y que sólo consiga encontrarlo usando el olfato, no la vista.

La razón es bastante sencilla: para el perro, el color naranja vivo del juguete es casi el mismo gris del césped en el que el juguete aterrizó. En otras palabras, ¡se vuelve casi imperceptible para el perro! ¡A los diseñadores de estos juguetes les preocupa más que el dueño del perro sea capaz de encontrarlo fácilmente en la tienda que el hecho de que el perro lo pueda ver claramente sobre el césped!

¿Los perros tienen visión nocturna?

Hay tres atributos del ojo canino que permiten tener una visión clara en la oscuridad. El más conocido es que la pupila del perro es mucho más grande que la del hombre. Dado que la pupila es por donde entra la luz al ojo, una pupila grande le da al perro una mayor capacidad para recibir la luz. Esta destreza, sin embargo, no es gratuita. Una pupila amplia no permite enfocar claramente las imágenes ni los objetos y, dependiendo de la distancia, pueden parecer borrosos: para tener una buena *profundidad de campo* se necesita tener una pupila más pequeña.

Otro aspecto de los ojos de los perros que les permite tener un campo de visión más amplio depende de la óptica. La *córnea* de los perros (esa parte transparente del ojo que sobresale) es muy grande, lo cual les permite captar mucha más luz. Los perros tienen también una lente más larga (se trata de esa parte que recoge la luz de la córnea y enfoca las imágenes que entran por el ojo). Juntos, estos componentes ópticos acumulan más luz y permiten una visión nocturna mejor que la que se encuentra en el ojo humano.

¿Alguna vez te has preguntado por qué los ojos de los perros se reflejan en la oscuridad, en particular cuando los ilumina directamente un foco de luz? El efecto viene de un componente del ojo llamado *tapetum lucidum*. Esta superficie similar a un espejo está ubicada detrás de la retina y refleja la luz que aún no ha sido absorbida por las células receptoras, dándoles así a unas células recolectoras de luz en la retina una segunda oportunidad de responder a imágenes tenues.

Ensaya este pequeño experimento para descubrir lo diferente que se ve el mundo a través de los ojos de tu perro. Unta un pedazo de celofán con una capa delgada de vaselina y mira a través de este. A pesar de que en general se pueden ver las siluetas de los objetos, muchos de los detalles más pequeños se ven borrosos e incluso llegan a perderse.

¿Es cierto que tienen mejor capacidad para ver cosas en movimiento?

Los perros tienen una ventaja visual sobre las personas: pueden ver más rápido y mejor los objetos en movimiento. Esta habilidad en particular es claramente una ventaja evolutiva del cazador que tiene que detectar a su presa y correr para atraparla. En un estudio donde se analizaron 14 perros de la policía se descubrió que los perros pueden reconocer un objeto en movimiento incluso a una distancia de más de 80 metros. Sin embargo, si este mismo objeto estaba quieto y más cerca, a los perros les costaba más identificarlo.

Su alta capacidad sensitiva de detectar movimiento explica por qué a algunos perros les gusta ver televisión. El movimiento provoca sus instintos predadores y hace que muchos salten (especialmente los sabuesos y los terriers) y respondan cada vez que un vehículo o un animal atraviesa rápidamente la pantalla.

Escuchar el mundo

Para un perro, el oído es más importante que la vista. A pesar de que se basa en la vista para localizar cosas —le permite atrapar objetos en movimiento—, el perro determina la identidad y la ubicación relativa de los objetos gracias a los sonidos.

Los canes salvajes pueden mover las orejas para determinar mejor la ubicación y la dirección de los sonidos. Además, los cambios en la calidad de los sonidos que viajan a través del aire y son desviados alrededor de las orejas pueden ayudar a determinar de manera precisa la distancia a la que se encuentra la presa u otros miembros de la manada.

Comparación de las capacidades auditivas

Las capacidades auditivas de una persona y de un perro son bastante distintas. A pesar de que la mayoría de la gente cree que los perros escuchan mejor que el hombre, esto no ocurre con todos los sonidos. Más bien, la ventaja que tienen los perros es la capacidad de responder a una gama más amplia de experiencias auditivas.

Para realmente poder comprender las diferencias en las percepciones auditivas hay que fijarse en la forma en que el cerebro reconoce un sonido. Los sonidos que entran en el oído pueden ser descritos como ondas: cuanto más bajo sea el tono del sonido, más baja será la frecuencia de los picos de presión del sonido que llega al oído; cuanto más alto sea el tono, más alta será la frecuencia de las ondulaciones de las ondas.

El tono de un sonido (notas altas/notas bajas) se mide con una unidad conocida en los círculos profesionales como *hercios* o *hz* y no es más que el número de picos de presión de sonido que tocan el oído en un segundo. Los sonidos que son importantes para percibir el habla humana oscilan entre los 500 a los 4,000 hercios y el hombre tiene oídos con sensibilidad en este rango. Para estos sonidos, el oído de los perros no es mejor que el del hombre. Las notas más altas que una persona puede oír están alrededor de los 20,000 hercios.

Los perros, por otra parte, evolucionaron de una especie que cazaba para sobrevivir. De este modo, su oído tenía que ser sensible a los tonos altos emitidos por los animales que, escondidos, hacían sonar

Paralizarse

Muchos de los animales que eran cazados por los ancestros salvajes de los perros desarrollaron una serie de comportamientos que aprovechaban las limitaciones visuales de sus cazadores. Durante la persecución, los animales que iban a ser cazados sencillamente se quedaban paralizados en un lugar. Dado que a los perros les falta agudeza visual, cuando algo no se mueve, se vuelve prácticamente invisible. Intenta esto con tu perro. Párate muy quieto a unos seis metros de distancia del perro y observa si tu perro te responde. Recuerda, en el momento en que te muevas, se acaba el juego.

las hojas. Por esta razón, la gama auditiva de los perros se extiende a frecuencias mucho más altas que las nuestras, entre 47,000 y 60,000 hercios, dependiendo de la raza y del diseño de sus orejas. No es que los perros tengan una mejor sensibilidad auditiva que la del hombre; sencillamente, ellos pueden escuchar sonidos de más alta frecuencia, lo que les da una gama más amplia de escucha.

Recientemente se ha desarrollado un examen que puede medir de manera precisa la capacidad auditiva de un perro. Este examen es conocido como *Brainstem Auditory Evoked Response* (BAER). BAER mide la actividad eléctrica del oído interno y de los canales por donde se manda la información al cerebro. Con unos pequeños electrodos puestos en la cabeza del perro, se le administran en el oído pequeñas dosis de sonido para así grabar las respuestas del cerebro en una computadora.

Esto es para todos aquellos que aman a los gatos: Este poderoso cazador, cuyo único sustento puede llegar a depender de pequeños roedores que emiten sonidos chillones, es capaz de escuchar sonidos que son entre 5,000 y 10,000 hercios más altos que los que pueden escuchar los perros.

Razas, genética y sordera

Algunos perros nacen con una propensión a oír mal o a ser sordos. Un estudio que analizó a 17,000 perros —realizado en Louisiana State University, en Baton Rouge— concluyó que el color del pelaje del perro está asociado con la sordera congénita. El defecto genético que produce la sordera está relacionado con los genes que producen pelajes blancos, *ruano* (un pelaje de color oscuro salpicado generosamente con blanco), y *picazo* (con manchas, especialmente blancas y negras).

El ejemplo clásico de un perro picazo es el dálmata. En esta raza, el 22% de los ejemplares son sordos de un oído y el 8% son sordos de ambos oídos, sumado a un increíble 30% de perros que nacen con algún tipo de déficit auditivo. En algunas razas de perros, los genes blancos, ruanos y picazos, se encuentran en ciertos ejemplares pero no en otros. Por ejemplo, un bull terrier puede ser blanco o tener manchas de color. Entre los bull terriers que son blancos, el índice de sordera congénita es del 20%, mientras que en aquellos que tienen manchas de color es de alrededor del 1%.

La tabla 7-1 muestra algunas de las razas más comunes que tienden a padecer de sordera congénita tanto en un oído como en ambos. El problema empieza a evidenciarse a los dos o tres meses de edad.

Ojos y oídos

De la misma manera en que el pelo de un perro puede marcar la diferencia, el color de los ojos también puede ser un indicador de las probabilidades de sordera de un perro. Los perros de ojos azules son más propensos a la sordera congénita. Por ejemplo, los índices de sordera en los dálmatas de ojos azules llegan hasta el 50%. Por esta razón, en algunos clubes caninos (en Canadá, por ejemplo) tratan de frenar las mezclas que producen dálmatas de ojos azules, ya que les prohíben a los dueños que saquen a sus perros a desfilar en las exposiciones.

Aunque parezca extraño, la sordera de un perro puede pasar desapercibida por su dueño. Uno de los autores de este libro tenía un king Charles que se llamaba Wiz y que se fue volviendo cada vez más sordo. Sin embargo, cuando recibía visitas, nadie notaba la sordera del perro pues él siempre estaba presente para saludar, como también aparecía cuando llamaban a los otros perros de la casa para darles golosinas. El truco es que él vivía con otros dos perros que se paseaban activamente por la casa. Con sólo ver y sentir los movimientos de los otros dos perros tenía suficiente información sobre lo que estaba pasando en la casa, sin necesidad de oír los sonidos humanos.

Tabla 7-1 Perros que nacen sordos

Raza	*Porcentaje de sordera en un oído o en ambos*
Dálmata	30
Bull terrier (blanco)	20
Jack Rusell Terrier	16
Boyero australiano	15
Setter inglés	8
Cocker spaniel inglés	7

A menudo, la primera señal de la pérdida de audición en un perro es sutil: se presenta como la falta de habilidad para localizar correctamente los sonidos. Por ejemplo, tu perro puede confundirse cuando lo llamas por su nombre si él no puede verte. Puede que mire a su alrededor de manera incierta y se te acerque sólo cuando te vea. O puedes notar que cuando suena algo duro, él primero mueve la cabeza hacia el lado equivocado o se muestra confundido, sin saber de dónde viene el ruido. Algunas veces, esta pérdida en la habilidad de localizar sonidos es un indicador de que el perro ha perdido el oído en sólo una de sus orejas. Sin embargo, también puede indicar una pérdida auditiva más general.

Para medir la precisión auditiva de tu perro, ponte de pie detrás de él, donde no pueda verte, y haz sonar un juguete, silba o haz ruido con dos ollas (asegúrate de que él no pueda verte y de que no sepa que estás cerca). Un perro que escucha bien levanta las orejas o gira la cabeza o el cuerpo hacia la fuente del sonido.

Un cachorro recién nacido es incapaz de procesar sonidos y, en realidad, depende del tacto y de los sensores de calor para localizar a su madre. A las tres semanas de vida, las orejas de los cachorros se abren pero necesitan casi otro mes para que maduren sus sensores auditivos. Cuando vayas a examinar la percepción auditiva de tu cachorro, espera a que tenga por lo menos seis meses para que así el examen sea preciso.

Polución auditiva

La razón por la cual los perros (y las personas) tienden a perder el oído a medida que pasan los años es porque se han expuesto prolongadamente a sonidos altos. En el fondo del oído interno, en una estructura llamada *caracol*, pequeñísimas células de pelos se doblan para registrar la llegada de los sonidos. Desafortunadamente, el exponerse a sonidos muy fuertes puede hacer que los pelos se rompan. Una vez que se daña, la célula del pelo no vuelve a crecer, por lo que con cada pérdida de célula disminuye la habilidad auditiva del perro.

Algunas razas parecen estar más predispuestas que otras a la sordera asociada con la vejez, en particular los perros cazadores, como por ejemplo los retrievers. A pesar de que un cazador precavido se protege los oídos de los dañinos sonidos de las armas de fuego, no existe tal protección para los perros y ahora sabemos que estos sonidos pueden contribuir a que los perros que trabajan cazando pierdan su capacidad auditiva durante la vejez.

Lo que sabe el olfato de un perro

La nariz de un perro no sólo domina su cara, sino también su cerebro. De hecho, los perros dependen de su sentido del olfato para interpretar el mundo de la misma manera en que los hombres dependemos de la vista. Aunque esta particular visión del mundo sea difícil de imaginar, es importante saber que los perros interpretan la misma cantidad de información que nosotros. Sin embargo, la mayoría lo hacen olfateando los objetos o los animales, no mirándolos.

Nacido para oler

Para sentir más respeto hacia las habilidades olfativas de tu perro, compáralas con las de las personas. Dentro de la nariz de ambas especies se encuentran unas cavidades huesudas en forma de cilindros, llamadas *fosas nasales*, por donde pasa el aire. Una mirada microscópica a este órgano muestra una membrana gruesa y esponjosa que contiene la mayoría de las células que detectan los aromas, como también los nervios que mandan información al cerebro. En el hombre, el área que contiene estos analizadores de olores mide alrededor de 2.5 centímetros cuadrados, más o menos el tamaño de un timbre de correos. Por otro lado, si se pudiera desdoblar esta área en un perro, sería de hasta 150 centímetros cuadrados, o un poco más pequeña que una hoja de papel.

A pesar de que el tamaño de esta superficie varía de acuerdo con el tamaño y longitud de la nariz del perro, incluso las razas con narices muy chatas pueden detectar olores mucho mejor que las personas. La tabla 7-2 muestra el número de receptores olfativos en las personas y en varias razas de perros.

Tabla 7-2 Número de células que detectan los olores tanto en las personas como en diferentes razas de perros

Especie	*Número de receptores olfativos*
Humanos	5 millones
Dachshund	125 millones
Fox terrier	147 millones
Beagle	225 millones
Pastor alemán	225 millones
Bloodhound o san huberto	300 millones

El cerebro de un perro también se especializa en identificar olores. En los perros, el porcentaje del cerebro que se utiliza únicamente para analizar olores es ¡40 veces más grande que el de las personas! Se estima que los perros pueden identificar olores entre 1,000 y 10,000 veces mejor que las personas.

Trabajar con la nariz

Los seres humanos hemos aprovechado el maravilloso sentido del olfato que tienen los perros para que ellos realicen varios trabajos muy importantes. Algunos de estos trabajos, a veces poco conocidos, son:

- ✔ Detectar drogas, explosivos y armas.
- ✔ Rastrear en busca de gente perdida o criminales fugados.
- ✔ Buscar sobrevivientes (y cuerpos) después de un desastre natural, un accidente o una calamidad provocada por el hombre.
- ✔ Encontrar alimañas en las casas.
- ✔ Buscar productos comestibles de contrabando.
- ✔ Buscar hidrocarburos (como gasolina u otros fluidos inflamables) usados en casos de incendios provocados.
- ✔ Encontrar moho y esporas que pueden causar enfermedades en casas y edificios.
- ✔ Detectar fugas de gas, petróleo o aceite, incluso si la fuga se produce en un conducto enterrado a 10 metros bajo tierra.
- ✔ Detectar por el olor cuando un animal ha ovulado, lo cual les resulta muy útil a los granjeros de vacas, pues éstas tienen un período muy corto de fertilidad.

Existen evidencias recientes de que los perros pueden detectar cáncer gracias al olor. Hay perros que han sido muy bien entrenados para encontrar cánceres tipo melanoma, y lo identifican mucho antes de que sea posible diagnosticarlos mediante otros métodos. Hoy en día se están haciendo estudios para ver si los perros, al oler exámenes de orina, pueden detectar el cáncer de próstata y de vejiga y si, oliendo el aire que una persona exhala, pueden detectar el cáncer de pulmón.

Finalmente, algunos perros son muy sensibles a los estados anímicos de las personas y pueden ser entrenados para detectar los cambios en los aromas asociados con las emociones humanas. Esta habilidad les permite ayudar a los psicoterapeutas y a la policía a detectar cuándo una persona está mintiendo. Las investigaciones en este campo siguen desarrollándose, pero se sugiere que los perros pueden detectar mentiras mejor que los aparatos electrónicos que se usan normalmente.

El olfato único de tu perro

La nariz de tu perro tiene un patrón de rugosidades y hoyuelos que, junto con la forma de los orificios nasales, componen lo que se denomina una *huella nasal*. Se cree que esta huella es tan única e individual como las huellas dactilares del hombre. En algunas asociaciones incluso se registran las huellas nasales como una forma de identificar y ayudar a localizar a un perro perdido o robado. Este es un sistema que se está usando en diferentes clubes caninos alrededor del mundo.

Si quieres sacar la huella nasal de tu perro sólo para divertirte, es bastante sencillo: seca la superficie de la nariz de tu perro con una toalla. Vierte un poco de colorante de comida en una servilleta de papel y refriégala por toda la nariz del animal. Después, pon un pedazo de papel limpio cerca de la nariz, asegurándote que éste rodee la nariz para así recoger las impresiones de los lados. Puede que tengas que intentarlo varias veces hasta que obtengas la cantidad correcta de colorante y ejerzas la presión necesaria para producir una huella en donde se vean claramente los patrones de la nariz.

Los colorantes de comida no son tóxicos y son fáciles de quitar. Nunca uses tinta o pintura, pues tendrás que explicarles a sus amigos por qué tu perro tiene una nariz azul o verde.

Capítulo 8

Cómo satisfacer las necesidades de tu cachorro

En este capítulo

- Reconoce la manera en que las necesidades de tu perro afectan a su comportamiento
- Enséñale sus primeras lecciones
- Entiende el desarrollo emocional de tu perro
- Aprende qué hacer para que tu perro sea sociable desde un comienzo

Este capítulo te ayuda a entender las necesidades de un cachorro en crecimiento. Aquí encontrarás información sobre cómo piensa y sobre cómo conciliar las expectativas que tienes con cada etapa del desarrollo de tu cachorro. Durante los primeros meses de vida, la mejor manera de invertir tu tiempo es presentándole a tu cachorro todos los matices de la vida. Las lecciones de obediencia avanzada pueden esperar, pues ahora debes asegurarte de que él se sienta cómodo con el mundo que lo rodea.

En muchos sentidos, los cachorros son como niños en desarrollo. Las necesidades de tu perro deben ser tu prioridad, pues serás la persona que le ayudará a controlar los impulsos y a formar sus habilidades comunicativas. Por ahora, el amor y el apego que desarrolle hacia ti serán un reflejo directo de tus interacciones con él. Hazlo bien.

Crea de por vida un vínculo

Todas las personas que han decidido tener un perro se imaginan una relación idealizada, un lazo de por vida que cumple todos los propósitos por los cuales el perro fue adoptado en primera instancia: esto es, el de ser un amigo de los niños, un perro de protección, un compañero, etc. Esta fantasía es muy frecuente e incluso muy saludable, pero es una fantasía. La verdad es que los cachorros maduran gradualmente y su comportamiento adulto está directamente influenciado por sus interacciones y experiencias diarias. Se necesita mucho tiempo, paciencia y comprensión para poder criar a un perro. Cuanto más puedas aprender sobre las necesidades individuales y los patrones de aprendizaje de tu cachorro, más probable será que lleguen a respetarse mutuamente.

¿Te estás sintiendo abrumado y esclavizado con la experiencia de haber adquirido un perro? Puede que te ayude saber que mucha gente se siente así en algún momento. Tu único error puede ser tener expectativas que sobrepasen las capacidades de tu cachorro. Organiza tanto tu horario como tu entorno para prevenir contratiempos y asegurarte de que no sólo podrás satisfacer las necesidades de tu perro, sino también las tuyas.

Una alternativa es adoptar un perro adulto, o por lo menos uno que ya haya dejado de ser un cachorro. La ventaja de hacerlo es que alguien ya habrá superado las exigencias de la primera etapa. La desventaja es que no tendrás la oportunidad de moldear el comportamiento de tu mascota a tu gusto (y desde el comienzo).

La atención que le des inicialmente estimulará en él cualquier comportamiento, por lo que debes aprovechar esta situación dándole a tu cachorro todas las oportunidades de comportarse bien. Acondiciona tu casa para que sea a prueba de cachorros y deja afuera algunos juguetes apropiados para propiciar buenos hábitos de masticación. Intenta que el cachorro aprenda a saludar totalmente erguido, o sentado sobre sus patas traseras (ver el capítulo 4), y usa tazas llenas de golosinas y otros premios para motivar el buen comportamiento (ver el capítulo 10).

Si tienes un cachorro, aprovecha los juegos que se mencionan en este capítulo para pasar más tiempo animándolo que regañándolo.

Cómo satisfacer las necesidades de tu cachorro

Un cachorro tiene las mismas necesidades de supervivencia que un bebé, y la misma dependencia. Todos los días el cachorro necesita comer, beber, dormir, ir a hacer sus necesidades y jugar. Todas sus necesidades son iguales: si se pasa una por alto, vas a pagar un precio alto. Los bebés lloran cuando necesitan algo. Para los cachorros, las señales de que necesitan algo pueden incluir impaciencia, gimoteos o incluso mordisquillos.

Dado que se está creando un importante lazo entre ambos, es muy importante que satisfagas las necesidades de tu perro. La persona que esté ahí persistentemente para cuidar al cachorro y satisfacer sus necesidades será venerada por él. Trata de leer las señales que te dé para así lograr solucionar sus necesidades antes de que éstas se conviertan en un problema. Puedes aprender el idioma de tu cachorro si lo observas cuidadosamente. Muchas de estas señales, además, persistirán durante toda la vida, por lo que, una vez que las conozcas, podrás entender lo que tu perro está sintiendo y evitarás los problemas que pueden surgir en caso de que no se satisfagan sus necesidades.

Los cachorros necesitan dormir mucho. Si un cachorro está demasiado cansado, va a mostrar todas las señales de un colapso colosal: movimiento errático, mordisqueos salvajes e incluso reacciones negativas con la persona que lo está sosteniendo. Si sospechas que tu cachorro reacciona mal porque está exhausto, no lo corrijas. Calmadamente, llévalo a un área tranquila y déjalo allí con un juguete que pueda morder.

Dale lecciones desde el comienzo

Los cachorros se mueren de curiosidad y, por su naturaleza, están condicionados a buscar a un líder al cual seguir. Aunque no te des cuenta, tienes mucho peso frente a tu perro: conviértete en el líder o en el padre que hubieras querido tener.

Un cachorro tiene una corta capacidad de atención: procura que las clases sean cortas y mézclalas en tus interacciones diarias en vez de destinarles una hora específica cada día, sobre todo durante los primeros meses. Escoge una palabra cada semana, como “Siéntate” o “Dámelo”, y dísela a tu perro de manera interactiva, como describimos a lo largo de todo el libro.

Consulta el capítulo 10 para una descripción detallada de los trucos para entrenar a tu perro de forma positiva, tales como tazas con golosinas, dulces y *clickers*. Estos objetos son similares a los dulces y a los juguetes que nos daban cuando éramos niños y de los que aún nos acordamos con cariño.

Los efectos perjudiciales de la disciplina

Muchas de las frustraciones más comunes con los cachorros (especialmente con los más jóvenes) aparecen por querer disciplinarlos demasiado. A pesar de que éste es un error bastante inocente, gritarle "¡No!" a un cachorro que tiene menos de cinco o seis meses es equivalente a gritarle a un niño de un año. La persona que lo protege y que le interpreta todas las novedades del mundo, de repente se convierte en un enemigo. El resultado es, o bien pánico, lo que mucha gente confunde con acatamiento, o una actitud defensiva que incita la confrontación y no la cooperación.

¿No sabes cómo enseñarle a tu cachorro la diferencia entre bien y mal? La respuesta sencilla es que un cachorro muy pequeño no puede comprender del todo estos conceptos: la vida, sencillamente, es demasiado nueva. Simplemente recompensa los comportamientos que te gustan y, por ahora, ignora los demás.

Condicionamiento

El *condicionamiento* es el proceso mediante el cual se asocia un comportamiento con una palabra clave hasta que el cachorro aprende a conectar ambos. Por ejemplo, si le dices "Haz tus necesidades" cuando está yendo al baño, esta frase terminará por conseguir que él haga sus necesidades más rápido. ¿Esto te suena demasiado fácil para ser verdad? Puedes enseñarle a tu cachorro muchos comportamientos y lecciones de esta manera. Sólo escoge la acción que quieres y mientras se está llevando a cabo, añádele una etiqueta. Por último, premia a tu cachorro.

Inicialmente puedes usar golosinas para premiar al cachorro por su comportamiento, pero después de unas semanas evita darle comida cada vez que se porte bien, ya que el cachorro no aprenderá realmente las órdenes hasta que éstas dejen de depender de los premios comestibles.

Entrenamiento con la correa

Incluso si piensas que el uso de la correa va a ser constante, procura que el cachorro se sienta a gusto con ella, pues muchas situaciones así lo requieren (visitar al veterinario, irse de vacaciones, etc.). ¡Empieza a condicionarlo desde una edad temprana!

- ✔ Primero, observa cómo reacciona a un collar y después ponle la correa y deja que él la arrastre por períodos cortos, como de 10 minutos. Puede que él juegue con ella, pero no interfieras.
- ✔ Cuando tu cachorro ya no le haga caso al collar o a la correa, levanta la correa y síguelo. Tira suavemente para mostrarle, por primera vez, la sensación de presión que se tiene cuando la sujetas.
- ✔ Entrénalo a que te siga. Usa golosinas y muéstrate entusiasmado. Cuando tu cachorro coopere, dile "Vamos" y dale un premio.

Campanas y otros elementos de entrenamiento doméstico

Con frecuencia los cachorros entienden el concepto de salir de casa, pero no saben muy bien cómo hacer señales para que las personas de la casa les presten atención para ir a la puerta. A medida que te acercas a la puerta, di "Afuera" (trata de usar siempre la misma puerta). Instala una campana al nivel del hocico del cachorro y dale un golpecito con el dedo, o estimula una señal de "Quiero salir", como imitar un ladrido antes de abrirle la puerta.

Escaleras

Inicialmente muchos cachorros le tienen miedo a subir y bajar escaleras debido a su torpeza física o al miedo a las alturas. En un principio, sube las escaleras cargando a tu perro, sitúalo en el penúltimo escalón y anímalo a que suba, dándole palmaditas al suelo y ofreciéndole golosinas a él. Lo mismo para bajar las escaleras. Cárgalo hasta el segundo escalón y anímalo a que complete el camino que le queda para bajar. Cuando el cachorro se sienta cómodo con los dos escalones, hazlo con tres, cuatro y así hasta que pueda subir y bajar todas las escaleras.

Asociación de palabras

La mejor manera de presentarle nuevas órdenes a tu perro es asociándolas con juegos y experiencias positivas. A continuación presentamos algunos divertidos juegos de condicionamiento:

- ✔ **El juego del nombre:** Pon diferentes tazas llenas de golosinas por toda la casa o escoge una señal positiva de alerta, como un aplauso o un silbido. Sepárate del perro un poco y, llamándolo por su nombre, arrodíllate para quedar al nivel de sus ojos. Si éste se detiene antes de tiempo, sal corriendo para el otro lado y aplaude mientras repites su nombre; la curiosidad hará que te persiga. Si otras personas quieren jugar, ofréceles una taza llena de golosinas para que se las den al perro, establezcan turnos y llámenlo por su nombre.

Si repites el nombre del perro cada vez que lo vas a aislar o a bañar y peinar, te vas a dar cuenta de que puede que deje de emocionarse cada vez que lo llamen por su nombre. Para. Llámalo por su nombre solamente para interacciones positivas.

- **Siéntate, por favor:** Enséñale a tu cachorro a que se siente cada vez que reclame atención, juguetes, comida y demás.

  No exijas la respuesta de él, sencillamente hazlo sentar a medida que le das la instrucción: aprieta suavemente los músculos de su cintura, justo debajo de las costillas, mientras levantas la barbilla del perro.

- **Saludo apropiado:** Los cachorros saltan para acercarse a tu cara. Ayúdale al tuyo a que aprenda un ritual más adecuado para saludar. Cada vez que saludes a tu cachorro o que le estés presentando a alguien, introduce tu dedo por la parte de abajo del collar y sostenle la cintura para evitar que salte. Haz esto mientras repites la orden "Di hola". Otra opción es usar la técnica llamada *yo-yo invertido*, que aparece ilustrada en la figura 8-1. Ponle una correa larga (más o menos de un metro y medio) y sujétala antes de saludar a las visitas. Si el perro brinca, lo podrás controlar: preséntalo cuando se haya calmado (para más detalles consulta el capítulo 13).

- **Aquí:** Llama al perro por su nombre y di "Aquí" cuando quieras que venga. Pon algunas golosinas en tus bolsillos y prémialo cuando decida acercarse. Cuando le ofrezcas el premio, di "Aquí". En cuestión de semanas se habrá acostumbrado a que la palabra "Aquí" significa que estás cerca y que él tendrá que venir adonde estás si quiere acortar la distancia que los separa.

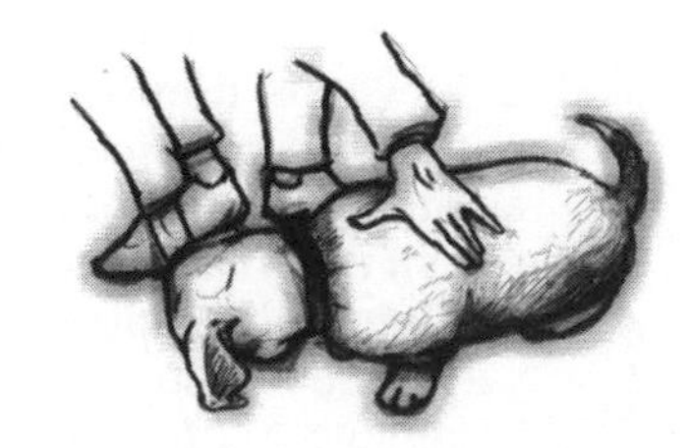

Figura 8-1: Usa la técnica del yo-yo invertido durante el saludo

El peor error que la gente comete con los cachorros es enseñarles esta orden cuando están situados lejos del perro. El perro aprenderá que la palabra "Aquí" subraya la separación y no el estar juntos.

En un área cerrada le puedes dar libertad a tu cachorro. Si están jugando en un área abierta o en un patio, marca una línea larga (ver el capítulo 10) y supervisa que no vaya más lejos de la marca.

Prevención de problemas

Probablemente has visto perros agresivos, hiperactivos o miedosos. A pesar de que estas características pueden parecerte diferentes entre sí, todas son señales de algún tipo de estrés experimentado cuando el perro era cachorro.

Fíjate bien en las señales que tu perro pueda dar de estrés o confusión. También observa si es hiperactivo, si ladra en exceso, salta o mordisquea. Puedes intervenir para que tu cachorro crezca siendo un miembro de la familia con buenos modales.

Para una explicación más detallada de diferentes problemas de comportamiento y sus soluciones, consulta el capítulo 13.

Un cachorro agresivo

Un cachorro que está demasiado seguro de sí mismo puede convertirse en un miembro de la familia bastante protector y dispuesto a usar la agresión para enfatizar su opinión. La decisión es tuya: si crees que tu cachorro tiene potencial de ser agresivo, hazte las siguientes preguntas:

- ✔ ¿Te atormenta para que jueguen?
- ✔ ¿No cesa de exigir atención?
- ✔ ¿Rehúsa devolverte juguetes o comida y gruñe o se muestra agresivo si tratas de tomarlos?
- ✔ ¿Te agarra con el hocico para mostrarte que está en desacuerdo o te ladra cuando lo corriges?

Puede que el intento de dominar fuera exitoso cuando tu cachorro vivía con el resto de la camada. Sin embargo, ahora hay que mostrarle que, en tu casa, él no es el líder:

- Utiliza un arnés de cabeza para controlarlo mejor.
- Cuando tu cachorro sea antipático contigo o con otros, considera la posibilidad de usar un "Se acabó" (ver el capítulo 13). Dirígelo con el collar o con la voz, diciendo "Se acabó" mientras lo llevas a la cama donde duerme o a una habitación segura pero poco interesante, como un baño.
- Enséñale otros modales: que se siente cuando quiera un juguete u otros premios, que se acueste calmado o bocabajo, que muerda un hueso cuando estés ocupado.
- Préstale atención a tu perro sólo cuando se muestre respetuoso contigo.

Si tu cachorro amenaza a alguien o se muestra agresivo, busca ayuda profesional. A pesar de que podemos ayudarte a controlar su agresividad (ver el capítulo 15), una reacción explosiva, agresiva y que puede lesionar a alguien requiere atención inmediata y supera el alcance de este libro.

Un cachorro hiperactivo

Si tu cachorro tiene dificultad por controlar sus impulsos, puede que pienses, erróneamente, que sufre de algún tipo de problema de atención. No es que nunca hayamos oído hablar de un caso de estos, pero es raro. La mayoría de la hiperactividad proviene de interacciones inadvertidas con perros que son inteligentes y enérgicos. Ansiosos por complacer, estos cachorros interpretan cualquier tipo de atención que se les dé como atención positiva, y a menudo se dan cuenta de que su comportamiento más salvaje causa la mayor conmoción entre las personas que ellos más quieren. "Si portarse como un maniático funciona, me portaré como tal", parecen pensar.

Para evitar que tu perro se vuelva un maniático y tú te conviertas en un dueño frustrado, pon a tu perro en un "Se acabó". La duración de este tiempo de castigo se determina de acuerdo con lo que tarde en calmarse. Normalmente sólo se necesitan entre tres y cinco minutos.

Un cachorro tímido

¿Existe en el mundo una escena más enternecedora que un perrito asustado?

Claro, la reacción inmediata que tenemos las personas es acariciarlos y hacer que se sientan queridos. Esto, sin embargo, no es una buena idea. Los cachorros interpretan nuestras intenciones por la manera como nos ven y no por lo que les decimos: si uno se agacha, les comunica miedo; si los mira directamente a los ojos, los estará cuestionando, y las voces de tonos altos son una clara señal de pánico; si te agachas, al cachorro le va a parecer que estás asustado.

Lo que necesita un perro asustadizo es un líder seguro de sí mismo, por lo que debes desempeñar ese papel: ponte erguido y muéstrate tranquilo.

Sostén a tu cachorro mientras te arrodillas y lo sostienes en una posición de sentado o con una correa.

Usa los pasos de socialización que se explican en este capítulo para transformar a tu cachorro en un perro que de no querer hacer nada, crezca pudiendo hacerlo todo.

Permite que tu cachorro sea sociable

Tu prioridad es que el cachorro sea sociable. Más adelante tendrás bastante tiempo para entrenarlo, pero sólo existe un corto período en el cual tienes la oportunidad de presentarle las sutilezas de la vida. Si pierdes la oportunidad de exponerlo a ciertas experiencias durante este período impresionable (desde que nace hasta los 14 meses de edad), muchas situaciones y eventos comunes serán extraños para tu perro. Lo desconocido puede provocar en él una serie de situaciones y respuestas indeseadas, desde miedo hasta agresión. Durante el proceso de socialización, tu cachorro va llenando su banco de memoria con gente y lugares con los que se ha encontrado de forma exitosa y segura, lo que le permitirá que esté tranquilo y seguro de sí mismo. En esta sección explicamos cómo hacer de la experiencia de la socialización algo positivo, tanto para ti como para tu perro.

Aunque tu perro tenga 12 semanas o más, su cerebro todavía se está desarrollando. Dormirá mucho. Sin embargo, las horas en que está despierto las pasará absorbiendo todo tipo de experiencias, de la misma manera en que un niño pequeño absorbe el lenguaje.

A partir de las cuatro semanas de vida de tu cachorro puedes empezar a presentarle nuevas experiencias. Después de las primeras 14 semanas él será mucho más flexible en sus asociaciones y se impresionará menos con el ejemplo que le des. Usa la tabla 8-1 para regir tu programa de socialización.

Etapas de desarrollo

Los cachorros maduran de manera similar a los niños, pasando por etapas de desarrollo que son suscitadas tanto por la conciencia que tienen de sí mismos, como por ciertas hormonas que empiezan a producir. A pesar de que ciertas etapas pueden durar bastante, no existirán para siempre y, lo creas o no, las quejas de esta edad se convertirán en un lejano recuerdo.

Infante (8-12 semanas): Conocido también como el "estado angelical", la mayoría de los cachorros duermen mucho, están calmados y observan bastante cuando interactúan. A pesar de que puedes "entrenar" a un cachorro en esta edad, las reacciones de él no se producirán porque las haya aprendido sino, más bien, serán respuestas rápidas para llamar tu atención. Esta fase es el momento ideal para que tu cachorro empiece a concentrarse en rutinas que tendrá de por vida, como dónde ir a hacer sus necesidades, qué debe morder y sus lugares de descanso en cada habitación.

Su terrible despertar (13-18 semanas): En esta etapa hay una caída desde el anterior estado de gracia, ya que tu cachorro empieza a desarrollar una mayor conciencia no sólo de sí mismo sino del mundo que lo rodea. A pesar de que pueda parecer desafiante e impertinente, no te des por vencido todavía: éstas son señales normales de desarrollo y, muchas veces, son su manera de lidiar con su propio estrés emocional.

Aprende formas creativas de dirigir la impulsividad de tu perro y deja que el tiempo y la madurez tomen su rumbo. Concéntrate en entrenarlo mientras juegan y en que aprenda ciertos modales básicos, como sentarse para recibir un premio y que responda a su nombre cuando lo llamas. Por último, no caigas en la desilusión: mantén un horario consistente en sus rutinas y tu casa a prueba de cachorros.

Adolescente en formación (4 meses y medio-8 meses): Para algunos cachorros esta etapa es la más difícil. Los problemas de la infancia resurgen con un elemento nuevo: el control. En esta etapa el perro empieza a determinar cuál es su lugar en la casa: ¿te observa o te manda?

Éste es el momento de presentar el término "No" (ver los capítulos 3 y 12) y de empezar a establecer unos horarios estructurados. Todas las órdenes deben ser reforzadas constantemente durante el día para que tu adolescente en formación pueda aprender que las órdenes no son cuestionables.

Pubertad (8-11 meses): La pubertad es una pesadilla para cualquier especie. Recuerda que tu perro es una montaña rusa de hormonas y que tendrás que convivir con él durante este tiempo. Si pierdes la paciencia perderás ventaja, pues tu cachorro está esperando que reacciones con entereza. Lecciones repetitivas, un plan de ejercicios bien organizado y poder contenerlo en ciertas actividades (por ejemplo, cuando estén jugando en un área, asegúrate de que esta tenga una reja o de mantener al perro con la correa puesta) son cosas que debes hacer.

Joven adulto (11-18 meses): Si has sido persistente con las lecciones que le das a tu perro, te habrás dado cuenta de que el fin está cerca. Algunos días tu cachorro se comporta como un perro que tiene buenos modales. Ahora, tu papel es ser inflexible cuando te ignore: ponlo en la posición adecuada si decide hacerlo; de manera frecuente, llévalo contigo a ambientes desconocidos, en donde pueda mostrarte su sociabilidad y sus habilidades de liderazgo, y mantente atento a repetir las lecciones.

Tabla 8-1 Ejemplo de tabla de socialización

Cuando es presentado a gente en particular	*1ª reacción*	*2ª reacción*	*3ª reacción*
A un bebé	Se echa hacia atrás, olfatea el aire.	Lame el aire, menea la cola.	Lame la mano del niño.
A un niño	Mira casi fijamente, baja la cola, se echa hacia atrás.	Se acerca por el sonido que hace la taza llena de golosinas que le ofrece el niño, se inclina hacia delante para tomar la golosina.	Se aproxima lentamente, moviendo la cola, y busca la taza de golosinas.
A un adolescente	Persigue y salta.	Responde a la taza llena de golosinas y a la orden de sentarse a pesar de que lo hace dudando un poco.	No persigue a nadie que vaya en patineta cuando está con la correa puesta; está más calmado cuando se le acaricia, y sigue a los niños cuando es guiado con la correa.
A una persona mayor	Duda, tiene la cola gacha pero la bate.	Se acerca muy emocionado, salta como respuesta a la golosina que se le ofrece.	Una respuesta mucho más aceptable: más calmado; se sienta cuando se le da una instrucción y toma la golosina cuidadosamente.

No saques a pasear a tu perro por las calles antes de que haya sido vacunado y el veterinario lo permita. Muchos virus pueden causar enfermedades serias, e incluso, la muerte.

La tabla 8-2 provee una lista de elementos útiles para socializar a tu cachorro.

Tabla 8-2 Lista de elementos útiles para socializar a tu cachorro

Gente	***Objetos***
Todos los tamaños	Equipos de construcción
Etnias	Paraguas
Diferentes edades	Coche de bebé
Ambos sexos	Rejas
Lugares	Sonidos
Ciudad/pueblo/suburbio	Electrodomésticos
Playas	Aspiradora
Estacionamiento de coches	Sirenas
Tiendas/oficinas	Silbido del tren
Animales	**Superficies**
Otros perros	Suelo de madera
Gatos	Linóleo/baldosa
Roedores	Pasto
Pájaros	Gravilla
Animales de granja	Superficies mojadas/nieve/hielo

Crea asociaciones positivas

Cuando quieras que tu cachorro socialice, ten una actitud positiva y alegre, pues tu ejemplo le ayudará a que se sienta más cómodo con el mundo que lo rodea. Usa golosinas, juguetes y paciencia —lo que sea necesario para que mantenga la atención centrada en ti—, pues muchas cosas nuevas al principio pueden provocarle miedo. El hecho de que esté expuesto a nuevas experiencias de manera cotidiana calmará sus reacciones y permitirá aprovechar mejor el tiempo: tu cachorro desarrollará confianza en tu ayuda para que consiga aproximarse al mundo y a las instrucciones que le das. Recuerda estas pautas cuando estés intentando que tu perro socialice:

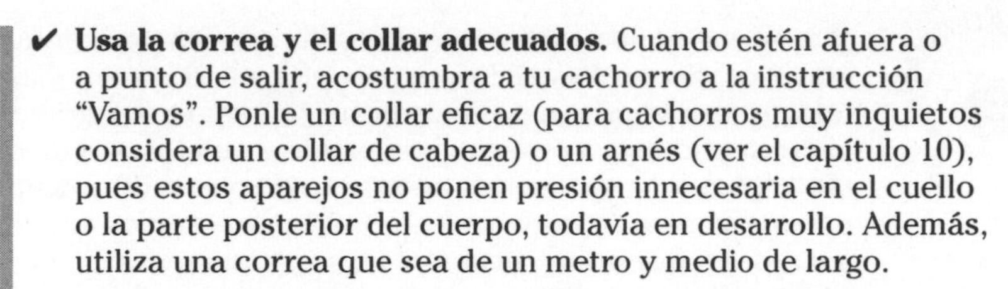

- **Usa la correa y el collar adecuados.** Cuando estén afuera o a punto de salir, acostumbra a tu cachorro a la instrucción "Vamos". Ponle un collar eficaz (para cachorros muy inquietos considera un collar de cabeza) o un arnés (ver el capítulo 10), pues estos aparejos no ponen presión innecesaria en el cuello o la parte posterior del cuerpo, todavía en desarrollo. Además, utiliza una correa que sea de un metro y medio de largo.

  Cuando estés socializando con tu perro, evita usar correas muy largas y retráctiles, pues le dan demasiada libertad y ventaja, además de ponerlo en peligro cerca de las calles. Estas correas son útiles, sin embargo, cuando lo estés ejercitando en áreas abiertas, como parques o playas.

- **Concéntrate en la curiosidad de tu perro.** Muchos cachorros se detienen con frecuencia en su camino y luego se niegan a moverse o se alborotan demasiado cuando se les presenta una situación novedosa. Si te concentras en tu cachorro durante estos momentos, le provocarás miedo. Debes hacer lo contrario, relajar tu cuerpo y acercarte de manera curiosa a mirar el objeto o la persona que llama su atención, cuando esto sea posible. Concentra tu atención en tu perro sólo cuando esté tranquilo con la situación y sea amable; después deberás exponerlo a situaciones como ésta varias veces.

- **Persuádelo con ciertos artilugios.** Es obvio que utilizas las golosinas y los juguetes favoritos de tu perro cuando estás socializando con él. Sin embargo, deberías considerar otros artilugios, como tazas llenas de golosinas, *clickers* y punteros o varitas con las que puedas apuntar (ver el capítulo 10). Puedes usar estos objetos para distraer a tu perro y evitar que siga otra cosa que lo pueda llevar a recelar de algo o de alguien. También puedes usarlos para premiarlo cuando exhiba seguridad en sí mismo.

- **Exponlo a las mismas situaciones de manera repetida.** Algunos cachorros son un poco testarudos: si no les gusta algo, es difícil que cambien de opinión. Antes de bajar la guardia, estos perros necesitan que los expongas a la misma situación de manera repetida y que les des un ejemplo positivo. Piensa en una alcantarilla. La imagen puede perturbar a tu perro pues confunde su percepción de la profundidad. Si tu perro evita acercarse a una alcantarilla, no la evadas. Educa a un perro que pueda hacer de todo. Sal a buscar una alcantarilla todos los días y siéntate cerca o encima de ésta y atrae a tu perro con golosinas. La exposición repetitiva cambiará la opinión del perro. Pronto se contagiará de tu confianza y se aproximará de manera curiosa, sin temor.

¿Crees que es demasiado esfuerzo salir de casa y hacer que tu perro socialice? Si eres lo suficientemente afortunado como para vivir en una propiedad privada y no dedicas el tiempo necesario para que tu perro se exponga a otros lugares, gente y objetos, puede que corras el riesgo de que se muestre agresivo o de que exhiba rasgos de *fobia al mundo exterior* (los perros se vuelven precavidos ante todo lo que les rodea y que no se encuentre en su propia casa). Si quieres que tu perro conozca gente nueva y que vaya a otros lugares, lo debes hacer; de lo contrario, pasarás el resto de la vida lidiando con sus miedos y agresiones.

Propicia la exploración de nuevos lugares

A los perros les gusta quedarse en casa más que a las personas y son felices de permanecer en un mismo lugar toda la vida. Si tu perro está contento con no superar nunca los límites de tu casa, de tu barrio o de las áreas aledañas, esperar que lo haga es poco realista. Está bien que saques a tu perro al veterinario o a una residencia cuando te vas de vacaciones, pero la mayoría de la gente disfruta sociabilizando con sus perros también en otros lugares.

La forma más segura de garantizar que tu cachorro pueda tener una transición fácil de un ambiente a otro es llevarlo contigo a menudo. Si vives en el campo, ve a la ciudad. Si vives en la ciudad, busca el aire fresco del campo. Lleva a tu cachorro a la ciudad, a una playa y a cualquier tienda o edificio donde los perros sean bienvenidos. Usa las siguientes órdenes para guiarlo, siempre representando el papel de director social (consulta el capítulo 3 para más instrucciones sobre cómo enseñarle a tu cachorro estas órdenes).

- **"Junto" o "Vamos":** Esta orden quiere decir: "Soy el líder, el protector y guardián, ¡sígueme!" Cuando tu cachorro esté caminando o quieto detrás de ti, se siente seguro y protegido.
- **"Quieto" y "Bien":** Usa este dúo en todas las curvas, escaleras, lugares donde puedan pasar coches y demás. Dile a tu perro que se pare a tu lado y que mire antes de proceder. Estas órdenes también le comunican que eres una persona de fiar pues estás diciendo "Déjame mirar primero para asegurarme de que no hay peligro".
- **"Siéntate":** Cuando haya distracciones cerca, es posible que tu perro, que se muestra como un campeón de la obediencia en la sala de tu casa, se olvide de ciertas instrucciones básicas como "Siéntate". No desesperes, sencillamente está distraído. Ayúdale a sentarse, enseñándole que debe concentrarse en tus instrucciones.

- **"Debajo":** Usa esta orden cuando estés sentado en un banco o en un asiento para atraer a tu perro a que se acueste cerca de tus pies o debajo de la mesa donde estás y que muerda un juguete. Este espacio cubierto ayuda a que tu cachorro se sienta protegido y seguro, y por ende, estará más calmado.
- **"Atrás":** Si tu perro tira para caminar adelante tuyo, dile "Atrás" mientras lo diriges detrás de ti. Si esta orden parece demasiado difícil, revisa el uso correcto que se le debe dar a la correa y la elección del collar apropiado (ver el capítulo 10). Haz los cambios necesarios.

Usa estas palabras como la base de tus experiencias de socialización. Las palabras que son familiares inculcan concentración y confianza.

Preséntale gente

Si deseas tener un perro amistoso o esperas que tu cachorro desarrolle habilidades de protección, la socialización es de suma importancia. Un perro que ha socializado lo suficiente tiene un horizonte más amplio, pues ha conocido a todo tipo de personas y no se desvía fácilmente como resultado de las nuevas experiencias. Este perro ha aprendido a confiar en las respuestas de la gente cercana a él y puede identificar fácilmente a aquellas personas que tienen malas intenciones.

Si tu cachorro no ha conocido a ningún niño durante los primeros meses de vida, te darás cuenta de que tendrá una reacción alarmante cuando lo haga. Los niños huelen diferente de los adultos y su apariencia y movimientos también son especiales. A pesar de que la reacción que cada perro tiene es única, muchos actúan de manera defensiva o agresiva o se muestran temerosos con los niños. Una vez que haya pasado la etapa en donde pueden ser fácilmente impresionables (hasta las 14 semanas), tendrás menos capacidad de influir positivamente en el comportamiento de tu perro.

Exponlo a sonidos diversos

Tu cachorro está mucho más pendiente de los sonidos de lo que puedas imaginar. Aquí te animamos a que lo expongas a diferentes sonidos.

Si ciertos sonidos hacen que tu perro se sobresalte, arrodíllate y abrázalo, sosteniéndole el pecho y la espalda. Repite "Quieto" con voz calmada, si tu perro ya conoce esta instrucción; si tu cachorro es incapaz de calmarse, aléjate un poco, a una distancia cómoda, fuera de la *zona roja* de tu perro (la distancia a partir de la cual él se siente cómodo respecto un objeto, una persona o un animal; ver la figura 8-2). Si es posible, modifica el sonido o siléncialo e involucra a tu perro en actividades que le gusten, como lecciones donde entren en juego golosinas u otros esparcimientos.

Muchos cachorros se sobresaltan cuando oyen la primera tormenta con truenos y rayos. La reacción que tengas inicialmente es de suma importancia para tu perro. Si lo mimas, él tendrá razones para tener miedo ya que la postura que adquieras y tu tono de voz le transmiten el equivalente del miedo y la confusión. La mejor manera de enfrentar esta situación es actuar como si nada estuviera pasando, siguiendo la vida como de costumbre. Si tu cachorro no adopta la misma actitud que tú, vete a una habitación pequeña, lee o habla por teléfono. Más que nada, mantén la calma. Cuando tu perro esté menos estresado, elógialo, juega con él y prémialo para estimular que se concentre más en lo que está pasando fuera de él y que se olvide del miedo.

Preséntale a tu perro la mayor cantidad de sonidos posibles, tanto exteriores como interiores. Si tu perro no está familiarizado con ciertos sonidos, el que emite una aspiradora puede ser tan alarmante para él como el de una sirena. Usa golosinas para medir la

Figura 8-2: Reconoce la "zona roja" de tu perro

Superficies

Imagínate la vida sin zapatos. La vida de tu perro es así: las superficies nuevas y desconocidas le darán motivos para detenerse cuando esté caminando. Exponlo a la mayor cantidad de superficies posibles.

Si tu cachorro se muestra confundido o sobresaltado cuando camina sobre una superficie nueva, no lo obligues a caminar sobre ésta. Para y siéntate a una corta distancia de él y llámalo usando juguetes o golosinas. Cuando llegue hasta donde estás, prémialo durante unos segundos. Después, ponlo bocarriba y aléjate unos cuantos metros. Repite el proceso durante varios días seguidos. Esparce golosinas en el suelo para así neutralizar los miedos del perro.

comodidad de tu perro: si no toma las golosinas es que siente pánico, por lo que deberás alejarte un momento.

Preséntale objetos variados

El regalo que le haces a tu perro cuando socializas con él es el mutuo beneficio de estar familiarizado con todo lo que el mundo puede ofrecer. Recuerda siempre que tu perro ve los objetos nuevos de una manera muy diferente de como tú los ves. Para que él se sienta cómodo con alguna cosa, debe olerla primero; el olfato en los perros funciona como la vista en el hombre. Por ejemplo, si ves una bolsa de plástico volando por ahí, puedes interpretar la escena desde lo lejos. Tu cachorro, en cambio, no es capaz de hacerlo. Si el encuentro con el objeto es nuevo, puede que actúe sobresaltado o incluso a la defensiva hasta que esté dispuesto a acercarse lo suficiente para poder olerlo.

El objetivo de la socialización temprana es empezar a construir el banco de experiencias del perro para que se sorprenda cada vez menos con la variedad de cosas que el mundo le irá presentando a lo largo de su vida. Consulta la tabla 8-2 o crea tu propia lista de elementos con los que es probable que tu perro se encuentre en sus aventuras cotidianas. Preséntale los elementos uno por uno y recuerda siempre lo siguiente:

- Si tu cachorro está sobresaltado, descubre su "zona roja".
- Dale instrucciones y golosinas a esta distancia. Si todavía no es capaz de concentrarse en ti o en la comida, aléjate unos pasos hasta que lo haga.
- Cuando puedas, investiga el elemento tú mismo. Arrodíllate y pretende oler el elemento; tu perro confiará en tu valentía.
- A medida que tu perro se familiarice con el elemento, camina cerca y di "Vamos". Mira hacia el frente; tu perro se concentrará en ti y en tu seguridad.

Evita la tentación de acariciar a tu perro si demuestra que tiene miedo. El perro interpretará las caricias como un miedo sumiso o confusión; en vez de calmarlo, esto aumentará la preocupación que tiene.

Llévalo a conocer otros animales

Nadie quiere tener un perro que les tenga miedo a otros animales ni que sea peligrosamente agresivo con ellos. Para un perro que no ha socializado, sin embargo, lo "desconocido" siempre tendrá un peligro potencial. Esto puede provocar todo tipo de comportamientos impredecibles.

Pídeles a tus amigos, familiares y vecinos que lleven a tu casa una variedad de mascotas para que tu perro las pueda conocer. Mantenlo con una correa para poder tener total control sobre él. Conserva la calma y compórtate de la forma que quieres que tu perro emule.

Si puedes visitar una finca o un establo o estar cerca de caballos, hazlo. Cuantos más animales conozca tu perro durante el período de la socialización mucho mejor, pues así lo inquietarán menos tiempo.

Capítulo 9

Cómo interpretar a tu perro y comunicarte con él a medida que éste se hace mayor

En este capítulo

- Conoce la verdadera edad de tu perro
- Aprende a controlar y a adaptarte a los cambios auditivos y visuales que vienen con la edad
- Aprende a arreglártelas con los efectos mentales de la vejez

A medida que tu perro envejece, se adaptará y cambiará de acuerdo con sus propias experiencias. Sin embargo, con el tiempo empezará a procesar la información de manera menos eficiente. En este capítulo te llevamos a lo largo del proceso de envejecimiento de tu perro y te ayudamos a conocer mejor los cambios relacionados con la edad, sobre todo aquellos que tienen que ver con el comportamiento y la mente de tu perro. Ser consciente de estos cambios es suficiente para que simpatices más con él y empieces a pensar en modificar tu manera de comunicarte con él y su ambiente. Todo esto hará que tu perro tenga una comunicación y un ambiente dignos de un perro mayor.

Descubre la verdadera edad de tu perro

La velocidad a la que un perro envejece depende de su tamaño. Hasta los tres años de edad, los perros grandes envejecen más lentamente y tardan más en perder sus costumbres traviesas y alcanzar la madurez social y sexual.

Sin embargo, alrededor de los tres años de edad alcanzan a las razas más pequeñas, y de ahí en adelante envejecen mucho más rápido. Este patrón de crecimiento es el que hace que los perros más pequeños tengan una vida más larga que los perros grandes. En términos de comportamiento, este proceso más rápido de envejecimiento también significa que los perros más grandes llegarán a la tercera edad mucho más pronto.

La tabla 9-1 combina los resultados de una serie de diferentes estudios para ayudarte a convertir la edad de tu perro al equivalente humano en años. Para encontrar el equivalente, sencillamente busca la edad que tiene tu perro y después fíjate en la columna correspondiente a su peso en kilogramos.

Resulta anticuado estimar los años de un perro sugiriendo que cada año de vida de un perro equivale a siete años de vida en el hombre. Ésta, sencillamente, era una suposición basada en el hecho de que, normalmente, los perros vivían 10 años mientras que los humanos vivían más o menos 70 años.

Tabla 9-1 La verdadera edad de tu perro

Los años de tu perro	*Peso del perro en kilogramos (ejemplares pequeños, medianos, grandes y gigantes)*			
0-9	**9-23**	**23-54**	**Más de 54**	
1	7	7	6	6
2	10	11	10	10
3	13	13	14	14
4	15	15	17	19
5	16	18	20	23
6	18	20	24	27
7	20	22	27	31
8	22	24	30	35
9	24	27	33	39
10	25	29	36	43
11	27	31	39	—
12	29	34	43	—
13	32	36	—	—
14	34	38	—	—
15	37	40	—	—
16	40	43	—	—
17	43	—	—	—

Hay otros factores que parecen afectar también a la vejez. La forma de la cara es otro ejemplo: si el perro tiene la cara respingada y se parece a un lobo, vivirá más tiempo y envejecerá más lentamente. Los perros que tienen la cara aplastada, como los bulldogs o los pugs, con frecuencia tienen vidas más cortas y envejecen más rápido. Claramente, un perro al que se cuide bien vivirá más tiempo de lo que viven, en promedio, los perros de su tamaño, forma y raza.

La edad de tu perro no sólo permite predecir más o menos cuánto tiempo vivirá, también permite anticipar su comportamiento. Los números de la tabla 9-1 te dan un valor estimado de la edad mental de tu perro en años humanos, lo que te ayuda a juzgar cómo se debería comportar un perro en ciertas circunstancias y bajo un estrés particular.

El proceso de pensamiento humano se vuelve más lento de manera significativa a partir de los 55 años de edad. Entre el quinto y el séptimo año de vida de los perros de razas grandes o gigantes (como el san bernardo) se empiezan a observar ciertos cambios, por ejemplo en la manera como resuelven los problemas, o cierta dificultad en el aprendizaje y, en general, patrones de pensamiento asociados con personas que tienen 55 años o más. Otros perros grandes (aunque no tan grandes como las razas gigantes), por ejemplo el malamute de Alaska, empiezan a pensar como personas de la tercera edad entre los 6 y los 8 años de vida. Las razas medianas, como el cocker spaniel, no empezarán a mostrarse viejos hasta los 7 o 9 años de edad, mientras que las razas más pequeñas, como el terrier de Yorkshire, empiezan a mostrar señales de vejez a partir de los 9 u 11 años.

Como es evidente, pueden existir muchas variantes en las habilidades y el comportamiento de perros que tienen la misma edad, incluso dentro de la misma raza. Algunos perros parecen envejecer más rápido, mientras que otros viven muchos más años de lo esperado. Al igual que la gente que se mantiene activa y ocupada, los perros que utilizan el cerebro son más vitales y lúcidos a medida que van envejeciendo.

Combate la vejez corporal

A pesar de que en los perros se acelera el proceso de envejecimiento, existen similitudes entre ambas especies en la manera en que envejecemos tanto en términos psicológicos como físicos. A medida que el cuerpo madura, este se vuelve más rígido y lentamente se debilita. Los perros que están envejeciendo se mueven menos rápido y son menos ágiles de lo que eran, pues los años limitan su flexibilidad y coordinación. Esto no quiere decir que tu perro ya no sea adorable, pero sí dependerá más del cuidado y del cariño que tú y tu familia le brinden para que él siga sintiéndose conectado a la vida.

Cuando Wizard, el perro de Stan, uno de los autores de este libro, era viejo y perdió la capacidad de saltar a la cama en donde había dormido durante toda su vida con su amo, Stan construyó una serie de escaleras, lo cual permitió que Wizard pudiera trepar a la cama para dormir a los pies de su amo, como siempre.

Dado su declive general, los perros más viejos son más propensos a enfermar. Es sumamente importante que los amos los cuiden muy bien, pues cualquier incomodidad que sientan provocará cambios en su comportamiento. No siempre es fácil detectar cuándo un perro se está sintiendo incómodo o con dolor, pues no muestra los mismos síntomas que el hombre.

Como especie, los perros tienen una mayor tolerancia a la incomodidad que el hombre, por lo que mucha gente cree que su perro está bien cuando realmente no lo está. Aunque las personas comunican rápidamente cualquier dolor o incomodidad que sienten y buscan consuelo y ayuda médica, los perros, en cambio, son más propensos a adoptar comportamientos que esconden el dolor.

En esencia, tu perro esconde el dolor que siente para mostrar que tiene el control de la situación. Esto hace que sea más difícil para ti reconocer el momento en que está sufriendo.

Se pueden observar síntomas físicos que indican dolor. Aunque parezca obvio que un gemido o quejido pueda parecer la primera señal, si tu perro está manifestándose de esta manera significa que la intensidad del dolor ha superado tanto las barreras protectoras como su discreción normal. Este perro está sufriendo tanto que no le importa quién lo sepa. En la mayoría de los casos, sin embargo, las señales son menos obvias:

- ✔ El perro puede jadear excesivamente, incluso cuando no tiene calor o cansancio.
- ✔ Puede temblar o tiritar.
- ✔ Algunas veces puede parecer demasiado agitado y cambiar de posiciones frecuentemente cuando está acostado o sentado. En el otro extremo, puede parecer reticente a cambiar la posición.
- ✔ El perro se puede incomodar cuando lo tocan, puede parecer como si estuviera cuidando alguna parte de su cuerpo o

incluso puede mostrar características agresivas poco comunes, como gruñir o amenazar cuando se le toca o cuando hay un intento de acercarse a él.

- ✔ También es común que el perro se lama las partes que le duelen.
- ✔ También puedes detectar síntomas corporales, como tics nerviosos, cojera o como si estuviera congelado en una misma posición.
- ✔ Los perros que sienten dolor normalmente pierden el apetito.

Algunas señales más sutiles incluyen latidos rápidos del corazón, pupilas dilatadas y aumento en la temperatura del cuerpo.

Si tu perro está mostrando alguna de estas señales, ve al veterinario de inmediato.

Cuando tu perro empieza a apagarse

Los efectos de la edad son muy similares en los perros y en las personas: las articulaciones se desgastan, algunos sistemas se dañan por uso excesivo y las facultades pierden su funcionalidad con el tiempo. A pesar de que los efectos del tiempo son universales, la reducción de las capacidades visuales y auditivas puede afectar sustancialmente a la relación entre los perros y las personas. Afortunadamente, puedes modificar de manera sencilla el ambiente de tu perro y la forma en que te comunicas con él para prevenir así una posible fuente de estrés y asegurarte de que él vivirá feliz sus últimos años.

Un método sencillo es entrenar siempre a tu perro utilizando, al mismo tiempo, tanto instrucciones verbales como señales con la mano. De esta manera, si la edad afecta a la capacidad auditiva del perro, él podrá seguir respondiendo a tus señales y, si la vista disminuye, igualmente podrá seguir respondiendo a tu voz.

Cuando empieza a desaparecer la capacidad auditiva

La pérdida de oído es una condición física común. En el oído interno (el *caracol*) existen unas pequeñísimas células parecidas a diminutos pelos que se doblan para registrar los sonidos que llegan. Desafortunadamente, el que estas células se flexionen y se doblen constantemente a lo largo de la vida del perro puede debilitarlas y llegar a romperlas, de la misma manera en que un gancho de ropa de alambre se puede romper en caso de que se haya doblado en el mismo punto muchas veces. Una vez que estos pelos se dañan, ya no vuelven a crecer; es entonces cuando el perro pierde un poco de su habilidad auditiva.

Claramente, la edad no es lo único que puede producir la ruptura de las células de los pelos que registran el sonido. Los sonidos muy fuertes también pueden hacerlo y éste es un caso común entre los perros que han sido expuestos al ruido de los disparos de armas durante cacerías. También ocurre con los perros que viven en ciudades o han sido expuestos a altos niveles de ruido urbano. Además, algunos elementos químicos que se encuentran en productos comunes de limpieza, en disolventes de pintura o de plástico también pueden acelerar el daño de las células del oído. Una vida con poco estrés explica por qué la mayoría de los perros que tienen entre 12 y 15 años de edad muestran alguna evidencia de pérdida auditiva.

Reconoce las señales de la pérdida auditiva

Puedes detectar si el oído del perro empieza a fallar con sólo observarlo:

- ✔ Parece ignorar tus llamadas, especialmente cuando no estás a la vista o cuando él está distraído.
- ✔ Duerme más profundamente que antes y ya no se levanta rápido con cualquier sonido.
- ✔ Se levanta con un gruñido o se muestra agresivo si lo despiertan tocándolo.
- ✔ Cuando están fuera de casa, no parece consciente del ruido de los coches.
- ✔ Puede parecer más miedoso, dependiente, letárgico, tenso o agresivo, ya que con la pérdida auditiva la personalidad del perro puede empezar a cambiar.

Cómo vivir con un perro que tiene problemas auditivos

El mundo de tu perro cambiará dramáticamente una vez que su oído empiece a fallar. Sin embargo, puedes tomar algunas medidas sencillas para facilitar la transición:

- ✔ La mayoría de los perros dependen del oído para localizar a los miembros de la familia, por lo que la pérdida auditiva conlleva a que el perro se sienta aislado. Un perro que antes estaba seguro de sí mismo puede llegar a sentir ansiedad cuando se separa de los demás e incluso puede experimentar episodios de pánico.

Para una solución sencilla, utiliza un perfume, una loción perfumada o un producto para después del afeitado. Dado que el sentido del olfato del perro es su sistema sensorial más robusto y el que sufre menos con la edad, el aroma que uses hará que, para tu perro, sea fácil rastrearlo. Además, debido a que los aromas tienden a mantenerse en los ambientes y en las superficies, tu perro reconocerá dónde has estado recientemente y, con sólo sentir tu presencia en los alrededores, se sentirá más tranquilo, aunque no pueda oírte.

- ✔ Para despertar a un perro sordo sin sobresaltarlo, utiliza el sentido del olfato de tu perro. Cuando te acerques a él, pon tu mano cerca de su nariz durante unos segundos. Tu aroma penetrará al cerebro del perro dormido y se despertará cuando reconozca que estás cerca. Acarícialo sólo después de que se haya levantado naturalmente.

Puedes llamar la atención de tu perro sordo de varias maneras, pero gritar a altísimos decibelios no es una de ellas:

- ✔ Golpea el suelo con el pie o dale una palmada a una pared o algún mueble sólido. Esto causará vibraciones que el perro puede percibir.
- ✔ Mueve los brazos vigorosamente ya que los ojos de los perros son bastante sensibles al movimiento.
- ✔ Usa una pequeña linterna o un apuntador de láser alrededor de tu cuello pues las luces brillantes y móviles harán que el perro te preste atención.
- ✔ Si vives en una casa y tu perro duerme afuera, en el patio, encender la luz también es una forma de llamarlo.
- ✔ Obviamente, si estás cerca del perro, lo puedes tocar. Sin embargo, es importante tocarlo siempre en el mismo lugar para que así reconozca que es una señal y no una amenaza en potencia. El hombro o la parte superior de la cabeza son lugares ideales.

Si tienes un perro sordo o con deficiencias auditivas, llévalo siempre de la correa en parques o áreas abiertas. En estos lugares es ideal una correa larga o retráctil porque le permite jugar y correr, dándole control al dueño. Compra una etiqueta que le puedas poner en el collar, donde diga "Ayúdame, soy sordo" y un número telefónico en caso de que se pierda.

Otras causas de pérdida auditiva

En algunos casos, una deficiencia auditiva que parece estar relacionada con la edad es causada por otros factores. Estos pueden solucionarse fácilmente. El canal del oído de un perro es mucho más largo que el de una persona y cuando llega al tímpano, da una vuelta en ángulo hacia la derecha. Esta forma del oído, desafortunadamente, es ideal para recolectar residuos. Cera, mugre y pelos se acumulan en el canal y crean un tapón que no permite que el sonido llegue al tímpano. Estos residuos también pueden atraer ácaros o parásitos que causan infecciones (*otitis*). Todos estos factores pueden ayudar a que el oído se inflame y a que se acumule líquido, lo cual bloquea la mayoría del sonido, impidiéndole llegar al oído medio.

Los perros que pasan mucho tiempo en el agua (especialmente en aguas no tan limpias como las de los lagos o las de los estanques) son más susceptibles a estos problemas. Además, las orejas caídas de los sabuesos o los spaniels también tienden a atrapar la humedad y a limitar la circulación del aire, por lo que se pueden convertir en buenos lugares para incubar infecciones.

Como en la mayoría de los casos, algunas señales visibles y síntomas sugieren que hay un problema con el oído del perro:

- ✔ El perro sacude frecuentemente la cabeza o se rasca las orejas.
- ✔ Se aleja o gime cuando se le tocan las orejas.
- ✔ Cuando hueles la oreja de tu perro, el olor es fétido.
- ✔ El perro camina incómodamente y ladea la cabeza.

Levanta la oreja del perro o mira detenidamente dentro del oído en perros que tienen las orejas quietas. Deberías ver oídos normales, es decir, rosados con un poco de cera color ámbar (la cera ayuda a proteger el canal del oído). Entre las señales de advertencia encontramos cualquier tipo de presencia de fluidos, ampollas de sangre, enrojecimiento excesivo o cualquier material blando.

Si ves estos síntomas, acude al veterinario. Es muy probable que el problema se pueda resolver con una limpieza de oído y, si acaso, con antibióticos.

Ponle una campanilla a tu perro. A pesar de que una campanilla es inútil para un perro que es sordo, te permitirá oírlo cuando esté en movimiento. Gracias a este sonido podrás encontrarlo más fácilmente ya que, evidentemente, él no podrá oírte cuando lo llames.

¿Por qué los perros sordos ladran tanto?

Uno de los problemas más frecuentes con los perros que son sordos es que ladran excesivamente. A pesar de que no pueden oír bien sus propios ladridos, ellos todavía son capaces de reconocer la sensación que producen en los demás cuando ladran. Si ladrar llama la atención, el perro seguirá ladrando y, muchas veces, ladrará más fuerte para ver si puede oír mejor sus ladridos, como los oyó alguna vez. A pesar de que la razón principal por la que ladran cuando sufren de pérdida auditiva tiene su raíz, muchas veces, en que el perro se siente confundido y socialmente aislado, una persona que consuela a un perro sordo que está ladrando demasiado empeorará la situación, pues lo hará sentirse más ansioso acerca de su situación.

Una estrategia mucho más efectiva es llevar al perro a una habitación pequeña o a su caseta hasta que pare de ladrar. Cuando deje de ladrar, espera durante 30 segundos o más y déjalo salir, premiándolo por su comportamiento.

Cuando la visión se desvanece

A menudo, la visión empieza a fallar en ciertos perros adultos. Además del simple uso mecánico del ojo, los perros pierden la vista por otras razones:

- ✔ **Cambios químicos:** A medida que el perro envejece se producen algunos cambios en la proteína que compone la lente del ojo. Estos cambios químicos crean inflexibilidad, lo cual limita la habilidad de enfocar. Incluso bajo las mejores condiciones, la visión que un perro tiene de los detalles es bastante limitada, pero cuando cambia la composición de la proteína que forma la lente, el perro se vuelve más hipermétrope. Puede que el ojo del perro todavía tenga alguna capacidad de enfocar, pero el proceso de reconocer gente y objetos será más lento.
- ✔ **Disfunción de la apertura:** Otro impedimento visual ocurre cuando la pupila del ojo (a través de la cual pasa la luz) pierde la capacidad de abrirse y cerrarse de manera eficiente. La incapacidad de ajustar el tamaño de la pupila a la cantidad de luz que recibe degrada la calidad de la imagen visual.
- ✔ **Esclerosis nuclear:** Para la mayoría de los dueños, el cambio más visible en el ojo del perro es una especie de neblina que aparece en la lente, llamada *esclerosis nuclear*.

Afortunadamente, esta condición no afecta mucho a la vista, salvo cuando esta neblina se vuelve densa (esto es, cuando parece ser casi blanca). Un observador inexperto puede confundir esta neblina con las llamadas "cataratas".

Las cataratas son la causa más común de ceguera en los perros mayores; pide ayuda profesional en caso de que sospeches que tu perro está sufriendo de cataratas. Existen varias opciones médicas.

- **Cataratas:** A medida que pasa el tiempo, las células de la lente visual se vuelven oscuras y opacas y esto causa las cataratas en los perros. Muchas veces éstas pueden presentarse como el resultado de distintos sucesos que se han producido en la vida del perro, como la diabetes, deficiencias nutricionales, haber sido expuesto a ciertos tóxicos o haber sufrido algún daño en el ojo. Además, la exposición a las luces ultravioletas del sol brillante puede desarrollar cataratas. También se incluyen factores hereditarios; varias razas de perros, como los cocker spaniel, los poodle y los lhassa apsos, tienen una predisposición a las cataratas.

Recientemente la ciencia veterinaria ha venido desarrollando tratamientos quirúrgicos exitosos para implantar una lente similar a la que se usa para restaurar la visión de las personas. A pesar de que estos tratamientos son eficaces, son también costosos.

- **Glaucoma:** La segunda circunstancia que causa ceguera en los perros es el *glaucoma*, el cual es producido por un aumento en la presión de los fluidos. Esta nueva presión daña el tejido neural del ojo, aquel que registra la luz. Normalmente, el fluido es drenado a la misma velocidad a la cual entra en el ojo pero, con el glaucoma, la salida del fluido está obstruida o cerrada. Los perros que son mayores y sufren de alta presión sanguínea son los más susceptibles de sufrir glaucoma.

Si el glaucoma es detectado a tiempo, algunos medicamentos o la cirugía pueden detener la pérdida de vista por un tiempo, a pesar de que los resultados a largo plazo no son prometedores, pues sólo un escaso porcentaje tiene éxito. Como ocurre con las cataratas, con el glaucoma los factores hereditarios también tienen un papel importante. Algunas razas parecen ser más susceptibles a estos problemas. Entre estas encontramos a los cocker spaniels, a los huskies siberianos, a los sabuesos basset y a los beagles.

Detecta si la visión de tu perro falla

A menudo la gente piensa, equivocadamente, que la ceguera de su perro fue un suceso repentino. Sin embargo, la mayoría de los perros pierden la vista de manera gradual. A pesar de que mucha gente no se percata de que le está fallando la vista a su perro hasta que ya es demasiado tarde para curarlo, es posible detectar varias señales que indican que el perro se está quedando ciego a medida que envejece:

- ✔ Pierde el interés o la habilidad de atrapar bolas o perseguirlas.
- ✔ Es más cauteloso que antes cuando sube las escaleras.
- ✔ Duda cuando va a subirse o bajarse de los muebles.
- ✔ Es cauteloso cuando va a girar.
- ✔ Puede dejar de correr y optar por caminar a todas partes.
- ✔ La personalidad puede empezar a cambiar. Puede aumentar la dependencia hacia su dueño, su letargo y miedo y pueden disminuir sus ganas de jugar, volviéndose más arisco o agresivo.

Si notas cualquier cambio en el comportamiento de tu perro o en la percepción visual que éste tenga, acude al veterinario. Muchas condiciones que se pueden corregir o mejorar pueden afectar a la visión de un perro.

Cómo vivir con un perro ciego

Los perros que son ciegos pueden vivir cómodamente. Algunos tardan bastante en reconocer siquiera las verdaderas limitaciones de su impedimento físico, dado que la vista disminuye de manera progresiva y no es el sentido principal de los perros.

Para ayudar a que tu perro ciego viva feliz, sigue estas indicaciones para darle un nuevo mapa del espacio en donde viven. Te convertirás en el lazarillo de tu perro ciego:

- ✔ Añádeles frases o palabras instructivas a tus rutinas diarias. Las claves verbales ayudan a reiterarle al perro que él sigue conectado a tus interacciones cotidianas. Tu voz lo guiará como también le brindará seguridad en sí mismo y en su entorno (ver los capítulos 3 y 12).
- ✔ Crea puntos de referencia para tu perro y mantén en el mismo sitio los objetos diarios, como la taza donde come y el lugar en donde duerme. Evita reorganizar los muebles, la televisión o la radio para prevenir que se desoriente.

- Usa algún tipo de tapete o alfombra para señalizar el camino hacia las diferentes habitaciones.
- Usa diferentes aromas para delimitar espacios o sitios prohibidos. Por ejemplo, puedes usar aceites o talcos aromáticos para ayudar a tu perro a identificar los sitios peligrosos o los lugares importantes en una habitación.
- Cuando viajes, estos mismos olores pueden ayudar a calmarlo o guiarlo en un ambiente desconocido.
- Si tu perro está aturdido porque no puede encontrarte, utiliza un perfume que sea familiar para él o cuélgate una pequeña campana al cinturón o en la cintura.
- Devuelve los objetos a su lugar. Las cosas que se dejan por ahí darán pie a que tu perro se choque y se desoriente, lo cual puede convertirlo en un perro ansioso o miedoso.
- Si tu perro es de los que pasa mucho tiempo en el patio de casa, no planees crear ahí un hermoso jardín.
- Si tu perro está desorientado, llévalo a su rincón favorito, como la cama, y acarícialo suavemente hasta que se haya calmado.
- Subir y bajar escaleras es difícil para los perros ciegos. Instala alfombras en las escaleras y guía a tu perro hasta que se sienta seguro en el camino. Sujétalo suavemente por la cintura de tal forma que sostengas el peso de la mitad del cuerpo o guíalo a cada paso mientras le ofreces una golosina (ver el capítulo 12).

La herramienta más importante para ayudarle a un perro ciego es la correa. Piensa en la correa como si tuvieras la posibilidad de tomar de la mano a tu perro. Él se sentirá más seguro porque sabrá donde estás. Le puedes poner la correa incluso dentro de casa, hasta que se acostumbre. Además, el dueño debe ponerle una correa, pues ahora él se ha convertido en los ojos del perro.

Como ocurre con los perros sordos, los ciegos también pueden sentirse socialmente aislados. La mayoría de los perros se sienten seguros si saben dónde están sus dueños. Además, el perro que antes podía andar libremente por la casa, ahora debe ser encerrado de noche. Poner la cama del perro cerca de la tuya durante la noche o conseguir una caseta para perros son soluciones ideales.

Una vez que el perro se acostumbre a la rutina y tenga un mapa mental de su mundo, estará bien. Muchos perros ciegos viven felices y muchos otros se adaptan tan bien a su nueva realidad que suelen pasar desapercibidos.

Recuerda que la mente envejece

La personalidad y el comportamiento de tu perro cambiarán a medida que envejezca y, a pesar de que muchos perros pierden el entusiasmo por la vida, esto no ocurre en todos los casos.

En nuestra sociedad actual, los perros reciben más cuidados que nunca, por lo que ahora viven más años que antes. Los perros están viviendo hasta sus últimos años gracias a la nutrición y a los servicios veterinarios. Por esta misma razón, estamos presenciando más enfermedades degenerativas que se asocian a la edad, como artritis, enfermedades del corazón, cáncer, diabetes e, incluso, demencia.

¿Es posible que los perros sufran alzheimer?

Una enfermedad conocida como *disfunción cognitiva canina* (DCC) causa el mismo tipo de desorientación, alteraciones psicológicas, confusión, pérdida de memoria y cambios de personalidad que los experimentados por personas que sufren alzheimer. La DCC también es conocida como *síndrome del perro viejo*, *envejecimiento mental*, *demencia canina* o *senilidad*.

Los síntomas de este problema mental relacionado con el envejecimiento son normalmente bastante claros para el dueño del perro. El animal:

- ✔ Deja de responder a su nombre o a otros llamados que ya conoce.
- ✔ Mira fijamente hacia el espacio o hacia una pared.
- ✔ Puede repetir comportamientos, como llevar un juguete de habitación en habitación o deambular sin rumbo usando la misma ruta o patrón alrededor de las mesas o los asientos.
- ✔ Puede quedarse atrapado entre los muebles y necesitar ayuda para salir.
- ✔ Puede parecer confundido o perdido, incluso en ambientes familiares. También puede parecer perdido cuando sale para ir a hacer sus necesidades, olvidándose adónde debe ir.
- ✔ Puede cambiar su comportamiento social: deja de tratar de llamar la atención, no le importa si es acariciado, se aleja cuando recibe afecto.

- Puede experimentar cambios en los patrones de sueño, entre estos dormir más durante el día y deambular de noche en vez de dormir.
- Puede olvidarse del entrenamiento que le han dado, incluso hasta el punto de tener accidentes dentro de la casa, justo después de haber salido a hacer sus necesidades.
- Puede mostrarse agitado e incluso ladrar vigorosamente sin razón aparente.

Muy pocas veces un perro tiene todos estos síntomas, pero cualquier perro que muestre dos o más puede estar sufriendo la DCC.

Soluciones para una mente que se va desvaneciendo

Algunas intervenciones tuyas pueden ayudar a aminorar el decaimiento mental de tu perro.

- Entrenar utilizando patrones y repitiéndolos constantemente le da tranquilidad a un perro mayor. Una vez que el perro haya establecido una rutina, se aferrará a ese patrón a lo largo de sus últimos años. Las instrucciones que le son familiares a tu perro lo animan a participar en las actividades diarias y le dan la seguridad y la tranquilidad que él necesita.

  Los perros mayores todavía pueden aprender y aman la atención y la oportunidad de complacerte y ganarse premios. Aunque puede tomarles más tiempo y paciencia que a los perros jóvenes, investigaciones recientes señalan que los perros mayores desean aprender nuevas rutinas.

  A los perros mayores les cuesta más trabajo desaprender patrones de comportamientos aprendidos, tales como saltar sobre las visitas o no ladrar ante sonidos desconocidos. Esas lecciones son mejor recibidas cuando la mente todavía es fácilmente impresionable.

- Tal vez la parte más emocionante en la labor de ejercitar una mente que está envejeciendo es el descubrimiento de que nuestras experiencias diarias afectan a la estructura de nuestros cerebros y pueden ayudarnos a contrarrestar los efectos de la vejez. Investigadores de la Universidad de Toronto estudiaron un grupo de beagles que estaban envejeciendo para ver cómo los cambios diarios de sus experiencias afectaban a sus mentes. Siguiendo un programa de enriquecimiento cognitivo, los perros fueron retados con tareas de aprendizaje, como encontrar comida escondida durante cinco o seis días de la semana.

Esta estimulación duró un año, y después de esto se examinó la capacidad mental de cada perro y su potencial para aprender nuevas tareas. Los perros de este grupo mostraron un mejor desempeño al aprender y resolver problemas que el de sus compañeros de camada que no habían tenido estas experiencias adicionales.

Es sencillo arreglárselas con tu perro en casa. Desde los primeros días de convivencia con él debes estimularlo enseñándole cosas que pueda aprender, problemas que pueda solucionar y lecciones nuevas. Sin embargo, cuando tu perro envejezca, debes esforzarte para aumentar, en vez de disminuir, las actividades:

- ✔ Estimúlalo mentalmente de todas las formas posibles.
- ✔ Juega con tu perro.
- ✔ Realiza caminatas cortas, especialmente en lugares nuevos para él.
- ✔ Háblale.
- ✔ Acarícialo e interactúa socialmente con él.
- ✔ Intenta enseñarle una cosa nueva cada semana.

Si estás dispuesto a aguantar un poco de desorden controlado, crea problemas para que el perro los solucione. Por ejemplo, pon golosinas en una toalla vieja, en un trapo o en un plástico arrugado y permite que el perro los destruya para recuperar la comida. Los rollos donde viene el papel higiénico son ideales para esta actividad. Pon golosinas dentro del rollo, dobla las esquinas y deja que el perro destruya el "juguete" para conseguir la comida.

También puede ser útil convertir las comidas de tu perro en búsquedas. Divide la comida del perro en porciones pequeñas, cada una en un contenedor plástico, y escóndelos alrededor de la casa para así mantener a tu perro activo buscando la comida durante un rato. Si el desastre potencial se puede tolerar, sencillamente esparce pedazos de comida en el suelo o en el patio y anima a tu perro a encontrarlos.

Parte III

Algunas técnicas de adiestramiento

En esta parte...

Hoy en día, a la hora de entrenar perros necesitas mucho más que una cadena convencional y una correa de un metro y medio. Si tu meta es tener un perro que no sólo te escuche sino que además "escoja" responder a tus instrucciones con entusiasmo en lugar de responder a sus impulsos naturales, esta parte te muestra el camino hacia ella. Puedes usar muchas técnicas y trucos para moldear la experiencia de aprendizaje de tu perro. Él nace con un deseo innato de complacer a quienes respeta, por lo que se concentrará en tus instrucciones si tus lecciones lo inspiran y lo animan.

Capítulo 10

Cómo usar técnicas de motivación para lograr un buen comportamiento

En este capítulo

- Escoge utensilios de entrenamiento, desde tazas de golosinas hasta *clickers*
- Descubre qué motiva a tu perro a responderte
- Acelera la memoria de comportamiento de tu perro
- Entiende la importancia que tiene una respuesta dada justo a tiempo

Si alguna vez has admirado a un perro que parece haber sido entrenado de manera perfecta o que tiene los mejores modales, debes entender que esto no ocurrió de la noche a la mañana. Los perros felices, sociables y que se portan bien no nacen así: su comportamiento refleja unas técnicas de entrenamiento pacientes y consistentes. La buena noticia es que este proceso está a tu alcance y, además, puede ser divertido. Si usas el método correcto, una actitud adecuada y buenos elementos de adiestramiento, criar a un cachorro o entrenar a un perro adulto puede ser una experiencia educativa fascinante.

En este capítulo te presentamos técnicas de entrenamiento que le dan un giro positivo a todo: desde entrenar a tu perro para que haga sus necesidades fuera de casa hasta lecciones de obediencia. Tu perro no sólo aprenderá, sino que lo hará con alegría (para órdenes específicas y ejercicios de entrenamiento ver el capítulo 12).

Si un perro te impresiona positivamente y quien lo lleva parece dispuesto a hablar contigo, elógialo y pregúntale cómo logró tener un compañero tan maravilloso. A los amantes de los perros les gusta alardear; si en tu barrio vive alguno, pregúntale si existe cerca un buen centro de adiestramiento, si sabe de algunas buenas técnicas o si conoce a un buen entrenador que te pueda ayudar.

Cómo escoger los elementos de entrenamiento

Cuando nosotros empezamos nuestras carreras profesionales, no existía una gran variedad de utensilios de entrenamiento, aparte de cadenas usadas como collar y correas de un metro y medio. Actualmente, ir a comprar cosas para perros es tan divertido como llevar a un niño a una tienda de dulces. Los juguetes son coloridos, llamativos, ruidosos y creativos. Más aún, lo más divertido es que las secciones de entrenamiento en las tiendas especializadas tienen una gran selección de equipos, artilugios y adminículos para ayudar a cualquier perro, sin importar la edad, la personalidad o la capacidad de aprendizaje que este tenga.

Lo mejor de los artilugios de la nueva era es que muchos de estos ayudan a mejorar la capacidad de aprendizaje del perro, lo cual acorta considerablemente el tiempo que le cuesta aprender un nuevo comportamiento. A un cachorro le puede costar semanas asociar el sentarse con una instrucción repetida. Sin embargo, le puede costar pocos minutos asociar el sonido de un *clicker* con una golosina.

Collares

Existen diferentes piezas del equipo de adiestramiento que determinan la manera en que tu perro aprende y obedece a tus instrucciones. Por ejemplo, un collar apropiado debe ayudarnos a obtener un comportamiento cooperativo o desanimar respuestas incorrectas. La tabla 10-1 te ayuda a escoger el mejor collar de acuerdo con la personalidad, el tamaño y el temperamento de tu perro.

Tabla 10-1 Encuentra el mejor collar para tu perro

Tipo de collar	*Descripción*	*Es mejor para...*
Collar de abrochar	Un collar plano que rodea la cabeza del perro y se cierra con una hebilla.	Ideal para etiquetas de identificación y, cuando es eficaz, para llamar la atención del perro. Puede ser utilizado también para entrenarlo.

(Continúa...)

Tabla 10-1 *(Continuación)*

Tipo de collar	*Descripción*	*Es mejor para...*
Arnés de cabeza	Se coloca sobre la nariz y se envuelve detrás de la oreja del perro como una especie de rienda para caballos. Cuando la correa se amarra a un anillo de barbilla, cualquier persona puede guiar al perro fácilmente. Este collar condiciona el buen comportamiento y guía al perro sin causarle tensión. El posicionamiento del collar también tiene un efecto subyugante: una banda se posa sobre la nariz del perro y detrás de su cabeza, los cuales son puntos de digitopuntura relacionados con la calma.	Ideal para cachorros en desarrollo, perros que tiran fuertemente, perros dominantes (los arneses de cabeza pueden calmar a estos perros y obligarlos pasivamente a que se muestren más respetuosos) y perros tímidos cuya confianza en sí mismos aumenta gracias a la leve presión que hace el collar y al hecho de que los guía.
Arnés pasivo	Asegura la sección media del cuerpo del perro, de tal forma que reduce la capacidad que tenga de tirar. Esto genera cooperación al caminar, sin pelear con él. Como ocurre con los arneses de cabeza, este arnés es una herramienta de condicionamiento.	Una buena elección para cachorros en desarrollo o perros que tiran insistentemente.
Collar de perro bueno	Variante plástica y decididamente más benigna que los collares de púas. Es un buen elemento para entrenar pues te permite hacer algo equivalente a una sacudida cuando tu perro reacciona impulsivamente. Si se usa conscientemente y nunca con tirantez, este collar puede darle claras direcciones a un perro que, de otro modo, sería difícil de influenciar. Este collar "corrector" puede usarse también para desanimar ciertos comportamientos, como saltar y mordisquear.	Ideal para perros insistentes, poderosos y tercos. También es útil cuando el tamaño o la fuerza natural del perro pueden sobrepasar los de la persona que lleva la correa.

(Continúa...)

Tabla 10-1 *(Continuación)*

Tipo de collar	*Descripción*	*Es mejor para...*
Trabilla	Tiene dos secciones: una parte plana y una sección corrediza de un material suave o de cadena que sirve para tirar y corregir la extensión. En la versión con cadena, es el sonido que hace al cerrarse, y no la restricción propiamente dicha, lo que le da la pauta al perro; sujetar al perro con un collar de tela sirve para restringirlo sin que exista la posibilidad de hacerle daño.	Designado originalmente para sabuesos de vista u otras razas de cuello largo. Es un collar bastante popular para entrenar y para el día a día.

Correas

De la misma forma que pasa con los collares, existen muchos tipos de correas cuya utilidad varía de acuerdo con la función que cumplen y lo que cada una de ellas le comunica al perro. La tabla 10-2 describe algunas opciones comunes.

Tabla 10-2 Escoge una correa para tu perro

Tipo de correa	*Descripción*	*Pros y contras*
Correa estándar, de 1.8 metros para caminar	Ideal para caminatas, especialmente en áreas públicas o cerca de carreteras. El objetivo es enseñarle a tu perro a caminar a tu lado, en vez de que lo haga delante tuyo en un vano intento por irse libremente.	Ideal para usarla en áreas con mucho tráfico y para caminatas cortas o para llevar al perro a hacer sus necesidades. La desventaja cuando se usa de manera exclusiva, especialmente con cachorros impulsivos (menores de seis meses), es que el perro tira constantemente y esto tensiona el collar, lo cual pone demasiada presión en la tráquea y le envía el mensaje de que caminar a tu lado es asfixiante.

(Continúa...)

Tabla 10-2 *(Continuación)*

Tipo de correa	*Descripción*	*Pros y contras*
Correa de aprendizaje	Éste es un sistema para caminar con las manos libres. Esta correa, parecida a un cinturón (y patentada por la autora Sarah Hodgson), puede ser sostenida o ir sujeta al cinturón para acelerar la cooperación al caminar. También puede ser usada para sujetar al perro a un punto fijo con el fin de vigilarlo de cerca o prevenir travesuras.	Ideal porque genera cercanía y dirección. Si la usas conscientemente, podrás condicionar las respuestas cooperativas de tu perro rápidamente y al mismo tiempo, desanimar de inmediato las travesuras. Para algunos, esta correa tiene la desventaja de que han de tener el perro a su lado todo el día.
Correa de estacionamiento	Es una correa corta, de 60 a 90 centímetros. Se puede usar para sujetar al perro a un punto fijo y condicionar el descanso. Además, sirve para enseñarle la orden "Quieto".	Da mucha más libertad dentro de casa y, al mismo tiempo, le enseña a tu perro cómo comportarse dentro de ésta. No está diseñada para aislarlo o para contenerlo sin supervisión.
Correa para tirar	Puedes usarla para supervisar a tu perro dentro y fuera de casa. Una vez puesta, la correa se puede ajustar o aflojar para tirar de ella de manera que puedas controlar a tu perro o recordarle algo de manera amable.	Lee la información sobre la correa para tirar en interiores.
Correa para tirar de él en interiores	Esta correa, que mide entre 1.2 y 1.8 metros, se amarra al collar de abrochar o al arnés de cabeza para supervisar al perro dentro de la casa. Le permite responder calmadamente a cualquier situación, desde la reacción al toque de la puerta hasta un intento por llevarse un objeto prohibido.	Sirve como un recordatorio emocional del buen comportamiento y como una herramienta sencilla para tener un control rápido sobre las reacciones impulsivas del perro. Sin supervisión, no obstante, tu perro fácilmente se puede enredar en ella; si está aburrido, la puede usar como juguete masticable.

(Continúa...)

Tabla 10-2 *(Continuación)*

Tipo de correa	*Descripción*	*Pros y contras*
Correa para tirar de él en exteriores	Ideal para cachorros y perros mayores que normalmente no responden a las llamadas. Usa una cuerda liviana de 8 a 15 metros que le dé libertad mientras investiga sus alrededores. Juega con él para estimular la interacción contigo y ofrécele muchos premios cuando regrese a tu lado.	Tu perro podrá actuar naturalmente en su ambiente mientras refuerces con comida y elogios la capacidad que él tenga de volver a tu lado constantemente. Ten cuidado con la cuerda, pues el perro se puede enredar fácilmente en ella e incluso puede llegar a hacerse daño.
Correa de mano	Es una correa corta de 2.5 a 4 metros. Se puede sujetar al collar de abrochar de tu perro para permitirte intervenir de manera sencilla y guiarlo calmadamente. Es ideal para niños pequeños que quieren interactuar con el perro pero que pueden perder interés rápidamente (cuando esté en exteriores se le puede colocar, además, una correa normal para permitir el control por parte de un adulto).	Aunque esta correa es ideal para intervenir o guiar de manera rápida, cuando la uses debes supervisar a tu perro pues la cuerda se puede enredar y él la puede morder fácilmente.
Correa retráctil	Estas correas son útiles cuando se usan de manera adecuada: para hacer ejercicio a campo abierto o en la playa; para aprender las órdenes "Aquí", "Quieto" y "Echado"; o para permitirle a un perro que no está entrenado a tener correa que interactúe con otros que sí lo están.	Es una correa larga y manejable, ideal para usar en espacios abiertos como playas y campos. Como se enreda fácilmente, no la uses cerca de otras personas o perros. Evita usarla cerca de calles o carreteras, pues cualquier falla mecánica puede terminar en un desastre.

Las correas retráctiles pueden causar accidentes cuando se usan cerca de carreteras o de sitios llenos de gente. Como son menos controlables que una correa estándar, pueden tener fallas mecánicas, dejando a la persona sin control sobre el perro.

Si tu perro muerde y es capaz de romper correas de tela o de cuero, puedes utilizar una correa de cadena para acabar con esta manía. Una vez que el perro se dé cuenta de que no puede romper la cadena, su interés por morder cualquier correa desaparecerá. Sin embargo, las correas de cadena son pesadas y pueden herirte las manos en caso de que estés tratando de restringir con ellas a un perro muy activo.

Entrenamiento con *clicker*

El *clicker* es un pequeño aparato de mano que, cuando se oprime, emite un sonido agudo. Es muy parecido al sonido que hace una cámara fotográfica que se dispara, pero con más volumen. Cuando este sonido se usa junto con una golosina de premio, el perro comienza a asociar el sonido con el premio en sí. Cuando el *clicker* se emplea para reforzar comportamientos deseados, se acelera el aprendizaje del perro y aumenta su entusiasmo por el proceso de entrenamiento.

¿Por qué el *clicker* es un elemento tan efectivo? El sonido es agudo y particular, distinto de cualquier otro sonido que se escucha durante un día normal, y se usa sólo en el momento de premiar. Como se usa junto a una golosina, el sonido refuerza un comportamiento específico. Una vez que tu perro aprende el comportamiento, logrará todo aquello con lo que él sueña: el poder de controlarte a ti. Sin embargo, esta vez te estará controlando con comportamientos perfectos, dignos de elogio.

El entrenamiento con *clicker* es más eficaz para perros que están motivados por la comida y para gente lo suficientemente organizada como para aplicar la técnica en diferentes momentos del día, en diversos sitios y durante sesiones de entrenamiento. Aunque lo ideal es usar la asociación del clic y la golosina durante todo el día y todos los días mientras se está condicionando al animal para que haga la asociación, pocas personas tienen la capacidad de hacerlo. De todos modos, el *clicker* es una herramienta eficaz incluso cuando se usa de manera periódica.

Puedes usar el *clicker* para moldear cualquier comportamiento, desde instrucciones sencillas como "Siéntate" y "Espera" hasta rutinas complejas como entrenamientos para estar dentro de casa. Cuando uses el *clicker,* dale al perro una golosina cada vez que lo oprimas y asegúrate de que cada clic coincida con el momento en que tu perro llega a una posición específica o termina una secuencia o un comportamiento deseado. La tabla 10-3 enumera algunas formas de usar el sistema de *clicker* y premio.

Tabla 10-3 Sistema de *clicker* y premio

Orden	*Acción*
"Siéntate"	Sosteniendo el *clicker* con una mano y con una golosina en la otra, ordénale a tu perro que se siente, levantando la golosina sobre su cabeza. A medida que tu perro se mueva hacia la posición deseada, di "Siéntate", oprime el *clicker* y dale el premio.
"Echado"	Cuando el perro esté sentado, toma la golosina, atrae al perro a la posición y baja tu mano desde la nariz del perro hasta sus patas delanteras. A medida que el perro se mueve, di "Echado", oprime el *clicker* y dale la golosina.
"Vamos" o "Sígueme"	Sujeta una correa alrededor de tu cintura y coloca al perro al lado, por ejemplo a tu izquierda. Sostén el *clicker* en la mano izquierda y las golosinas en la derecha, y ubica el brazo derecho sobre tu muslo izquierdo para atraer al perro a la posición de "Sígueme". Di "Vamos" o "Sígueme", oprime el *clicker* y entrégale el premio a la altura de tu talón.
"Aquí"	"Aquí" funciona como la clásica secuencia de desconectarse y reconectarse. Cuando tu perro está lejos de ti, el objetivo es tener una palabra clave que lo induzca a acercarse a ti. Cuando el perro esté suelto o tenga puesta una correa para jalar en exteriores o en interiores, oprime el *clicker* y entrégale el premio en el instante en que él decida venir en dirección tuya. Si tienes un perro que ignora tu presencia, trata de llamar su atención jugando en el césped con el juguete favorito del perro o haciendo cualquier otra cosa que a él le interese, y no por medio de reclamos. Cuando el perro se acerque, di "Aquí" al mismo tiempo que oprimes el *clicker* y le das el premio.

El objetivo del *clicker* es reforzar el momento en que tu perro responde correctamente. No se debe usar, sin embargo, como una orden para provocar un determinado tipo de comportamiento. Por ejemplo, si tu objetivo es que tu perro venga cuando lo llamas, oprime el *clicker* y entrégale el premio cuando llegue hasta donde estás, no si está lejos. Aunque inicialmente el perro puede venir en respuesta al sonido del *clicker*, a medida que pasa el tiempo perderá interés.

También puedes usar el sistema del *clicker* y premio para reforzar buenos comportamientos al masticar, saludar, estar dentro de casa y muchos otros momentos. Para lograr esto, ten un *clicker* y golosinas en todo momento o pon varias tazas con golosinas y *clickers* por toda la casa. Cada vez que tu perro esté mordiendo un juguete apropiado, comportándose bien con los niños o con otras mascotas, saludando a la gente con respeto o yendo a hacer sus necesidades en el lugar indicado, oprime el *clicker* y prémialo con una golosina.

Aunque nada es tan emocionante como observar a tu perro hacer una asociación con el sonido del *clicker*, es importante planificar la desaparición de este aparato para que ni tú ni tu perro dependan de él. El cerebro de un perro funciona como un CD en blanco: las interacciones entre ambos crean memorias de comportamiento que se repiten una y otra vez en su cerebro. El uso del *clicker* sencillamente acelera el proceso de asociación de tu perro de ciertas palabras o señales. Sin embargo, una vez que este proceso está completo, debes dejar de usar el sistema de *clicker* y premio de forma gradual para que, al final, puedas generar estas respuestas del perro sólo mediante palabras o gestos.

El mejor sistema es usar el *clicker* dos semanas sí, dos semanas no. Durante las primeras dos semanas, utiliza el *clicker* para reforzar comportamientos específicos, como enseñarle a tu perro a sentarse. Cada vez que el perro responda exitosamente, oprime el *clicker* y dale el premio. Después de dos semanas de reacciones exitosas, empieza a dejar de usar el sistema del *clicker* y premio, utilizándolo de manera intermitente: inicialmente, usa este sistema una de cada dos veces, después una de cada tres, y luego vuelve a hacerlo todas las veces para que tu perro no sepa cuándo se le va a dar un premio. Durante todo este proceso, premia a tu perro con elogios verbales, caricias o interacciones juguetonas para asegurarte de que esté constantemente entusiasmado. Empieza también a eliminar la respuesta del *clicker* por completo para poder dirigir al perro sin un premio de sonido o de comida.

Direccionamiento

El proceso de *direccionamiento* utiliza un objeto para dirigir la atención del perro a un punto o una dirección específica. Las técnicas de direccionamiento ayudan a enseñarle al perro secuencias básicas de entrenamiento y algunas más avanzadas. También ayudan a mejorar el comportamiento y las habilidades sociales.

El direccionamiento aplica el sistema de comportamiento y premio mediante el uso de un objeto para guiar la atención del perro:

- **Platillo de direccionamiento:** Aunque existen platillos comerciales, se puede usar también la tapa de un recipiente. Para este propósito específico, al perro se le enseña a ponerse encima de la tapa o a poner la nariz sobre ella y es premiado cada vez que lo hace. Una vez que tenga clara la asociación, puedes usar la tapa para generar una serie de comportamientos aprendidos:

- Promueve los buenos modales dentro de casa o la confianza con personas o lugares desconocidos enseñándole dónde quedarse o sentarse durante las comidas, los momentos de quietud y silencio, y cuando suena el timbre.
- Si ubicas el platillo a distancias cada vez mayores, irás ayudando a tu perro a que sus lecciones de obediencia y sus ejercicios de agilidad sean cada vez más avanzados. A su vez, estimularás los buenos modales dentro de casa.
- Si al perro se le ha enseñado que debe poner la nariz sobre la tapa, ésta se puede colgar de diferentes muebles o atar a una persona para así enseñarle ciertos comportamientos, como cerrar y abrir una puerta de un gabinete, acercarse a una persona o mover una bola con la nariz.

✔ **Palo de direccionamiento:** Un palo de direccionamiento es básicamente una especie de bastón o un apuntador. Al igual que el platillo, puedes comprar un palo especial en cualquier comercio especializado, pero también puedes usar otros objetos (como una cuchara larga o un juguete de niños). Con este elemento, puedes enseñarle al perro a moverse hacia el palo o seguirlo con la nariz, un proceso que casi siempre involucra comida como premio. Después, puedes usar el palo para:

- Estimular diferentes respuestas a instrucciones básicas como "Siéntate", "Echado" o "Vamos".
- Ayudar al perro a desarrollar secuencias de entrenamiento más complejas, como las asociadas con la agilidad.
- Ayudar al perro a superar miedos o fobias, como las que puede sentir con personas u objetos desconocidos.

✔ **Entrenamiento con puntero:** Al igual que el direccionamiento, esta técnica utiliza un señuelo inmóvil para ayudar a que el perro se mueva en dirección al lugar adonde quieres que se acerque. Inicialmente esta técnica se usa junto con un premio comestible y con ella el perro aprende que, en última instancia, el puntero puede ser reemplazado por el dedo índice de la persona que lo dirige. Aunque el dedo sea de más corto alcance que un palo con el que se apunta, siempre es útil y se puede usar para adelantar ejercicios básicos de entrenamiento.

Objetos mágicos de aprendizaje

Creemos que hay dos objetos de aprendizaje indispensables: tazas llenas de golosinas y paquetes de golosinas. Puedes usarlas para condicionar un comportamiento cooperativo, para premiar los buenos modales y para animar a tus amigos y familiares a que participen en la educación de tu perro:

- **Tazas llenas de golosinas:** Toma una taza o un recipiente de plástico vacío. Llena el recipiente hasta la mitad con comida especial para perros. Sacude la taza y premia al perro hasta que asocie el sonido de la taza con las golosinas (haz un agujero en la tapa del recipiente para distribuir la comida más fácilmente). Usa la taza de golosinas como se ha descrito a lo largo del libro, pero especialmente para hacer que se siente rápidamente, que salude apropiadamente y que responda alegremente a la petición de "Aquí".
- **Paquetes de golosinas:** Usa una riñonera u otro tipo de cartuchera y llénala de golosinas y, si estás utilizando un *clicker*, ponlo también adentro. Utiliza este elemento como se ha descrito a lo largo del libro, pero especialmente para condicionar a tu perro a que interactúe de manera cordial. Si ladra, salta o te pone la pata encima para pedir el premio, ignóralo. Sólo premia el buen comportamiento, como sentarse calmadamente en frente tuyo o masticar un juguete o un hueso.

Utiliza un sistema de premios

Los perros, al igual que la gente, aman los premios; sin embargo, diferentes cosas motivan a diferentes perros. Algunos perros se volverán locos por un poco de cereal, mientras que otros exigen hígado en trocitos. Algunos aman un juguete por encima de todas las cosas, mientras otros tienen suficiente con recibir atención (aunque esto es poco común).

Golosinas y juguetes

Si tienes dudas acerca de la conveniencia de usar golosinas para condicionar el buen comportamiento y la obediencia de tu perro, es importante saber que no usarás golosinas para siempre. La comida se le ofrece inicialmente al perro para ayudarle a que entienda tus órdenes. Piensa en esto no como un soborno, sino como un premio positivo para reforzar el buen comportamiento o, simplemente, para pagarle por un trabajo bien hecho.

Una vez que el perro entiende una orden específica, puedes dejar de utilizar las golosinas gradualmente y reemplazarlas con caricias y elogios verbales.

Organiza los juguetes y las golosinas en orden de importancia. Si tu perro se sienta feliz al recibir un poco de cereal, pero salta de felicidad con los trocitos de hígado, reserva esta golosina de mayor importancia para utilizarla en comportamientos más difíciles, como salir de casa o ignorar una tentación (por ejemplo, otro perro). Haz lo mismo con los juguetes, hasta encontrar uno que le guste más que todos los demás.

Si estás en contra de usar golosinas o a tu perro no le gustan, no estás solo. Hay muchas teorías de entrenamiento de perros y es importante saber que todas funcionan hasta cierto punto, y que cada una refleja las actitudes y creencias de los entrenadores. Si prefieres usar elogios o juguetes para motivar la cooperación de tu perro, en lugar de golosinas, hazlo, seleccionando una palabra que refuerce el momento en que tu perro coopere. Sin embargo, la investigación es clara e indica que la comida funciona más rápidamente y es más fácil de usar por parte de los entrenadores inexpertos.

Paso 1: La conexión de los premios

Tu perro no tiene por qué hacerte caso. Él decidirá si te escucha o no, especialmente si no tiene la correa puesta. Usar golosinas motiva el aprendizaje y, una vez que el comportamiento esté condicionado, una instrucción verbal es suficiente para estimular una respuesta. Para pasar desapercibidamente de usar golosinas a depender de instrucciones verbales y elogios, sigue este patrón:

En qué momento dar la golosina

El momento de tu reacción a ciertas actitudes puede fomentar u obstaculizar la capacidad de aprendizaje de tu perro. Para entender este concepto, pídele a alguien que lance un balón al aire. Marca el momento en que la bola llegue a su punto más alto diciendo "Sí" u oprimiendo el *clicker*. Repite este ejercicio hasta que tu tiempo de reacción sea perfecto.

Ahora relaciona este ejercicio con la capacidad de tu perro de comprender tus deseos: si estás tratando de enseñarle a sentarse en lugar de saltar, tendrás que marcar u oprimir el *clicker* en el momento en que el trasero de tu perro toque el suelo. Tu premio garantizará que el perro lo vuelva a hacer. Por otro lado, si marcas el momento en que el perro salta, él repetirá este comportamiento en lugar del que deseas.

- **Preséntale a tu perro cada nueva palabra o secuencia de manera independiente.** Di la orden mientras invitas a tu perro a que se ponga en la posición deseada utilizando un juguete o una golosina. Si el perro se confunde, deja de dar la orden y sencillamente concéntrate en ponerlo en esa posición. Cuando el perro se ponga en la posición deseada de manera frecuente, di la palabra en el momento en que él coopere.
- **Además, repite la orden cada vez que veas a tu perro moviéndose a la posición deseada de manera natural.** Por ejemplo, si estás entrenando a tu perro a obedecer a la orden "Echado", dila cada vez que veas que se acuesta de manera natural. Elógialo verbalmente o con caricias.
- **Muéstrales a tus familiares y amigos cómo darle órdenes a tu perro para que él se comporte de buena manera,** dándoles a todos golosinas y juguetes para que lo premien.

Paso 2: Deja de utilizar las golosinas de manera gradual

A medida que tu perro demuestre que está aprendiendo una orden, por ejemplo moviéndose a la posición de sentarse rápidamente y sin pausa o confrontación, usa una señal muy exagerada que te permita dirigirlo de manera tanto visual como verbal. Deja de usar las golosinas gradualmente, utilizándolas de manera intermitente y, con el tiempo, usando un patrón irregular. Continúa con los elogios verbales.

Si estás usando un *clicker*, cada vez que lo oprimas acuérdate de darle a tu perro una golosina. Una vez que él haya aprendido el comportamiento, podrás dejar de usar el *clicker* de manera gradual, usándolo intermitentemente. Aunque puedes usar comida sin un *clicker*, no lo utilices sin una golosina como premio ya que, de esta manera, el sonido perderá su influencia sobre el perro.

Una vez que tu perro haya aprendido una orden, prémialo de manera intermitente. Este sistema hace que se mantenga alerta y al mismo tiempo refuerza la orden verbal por encima de la golosina.

Comidas

A veces recomendamos usar el momento de las comidas del perro para estimular el buen comportamiento. Dale más o menos comida dependiendo de cómo se comporte. En estas situaciones, una persona puede afianzar su papel como líder y al mismo tiempo condicionar los buenos modales. Es importante notar que las sesiones de práctica con el perro o cachorro deben ser coordinadas para que coincidan con los momentos de las comidas. Usa el momento de la comida del perro cuando quieras:

- ✔ Calmar la personalidad de un perro demasiado seguro de sí mismo.
- ✔ Acercarte a un perro que sufre de estrés o del que han abusado.
- ✔ Aumentar la seguridad en sí mismo de un perro tímido.
- ✔ Asociar con algo positivo la orden “Aquí”.

Algunos otros elementos de entrenamiento, principalmente el *clicker* y los paquetes de golosinas, son especialmente útiles en este proceso y pueden acelerar la memoria de comportamiento de tu perro (ver la sección “Cómo escoger los elementos de entrenamiento” que se encuentra en este mismo capítulo). Con este método puedes utilizar la comida para motivar la cooperación de tu perro durante todo el día. En un período de dos semanas, puedes dejar de utilizar los premios de comida de manera gradual. Como tu perro no estará seguro de cuándo se le ofrecerán los premios, se mantendrá alerta. Sin embargo, no se te olvide elogiarlo cada vez.

Escoge los premios de acuerdo con la personalidad de tu perro

El sistema de premios funciona porque aumenta la concentración del perro en la tarea de aprendizaje y la velocidad con la cual puede identificar tu intención; si además se une a una palabra o una señal específica, funciona mejor. Si el objetivo es que tu perro obedezca cuando le dices que se siente o que vaya a hacer sus necesidades, tendrás que ofrecerle un premio cuando se comporte de manera apropiada.

También debes premiar a tu perro basándote en el tipo de personalidad que éste tenga.

Perros seguros de sí mismos

La raza de algunos perros influye en el hecho de que se muestran seguros de sí mismos (ver el capítulo 6), mientras que en otros esta característica se presenta como un rasgo individual de la personalidad del perro (capítulo 5). En cada camada de cachorros, uno o dos son, generalmente, líderes y controladores por naturaleza. Estos cachorros aportan el mismo nivel de intensidad a su familia humana. ¿Cómo puedes saber si tu cachorro es dominante? Si éste te ignora o te desafía de manera constante, si se atraviesa en tu camino o hace grandes esfuerzos por controlar la situación (desde ladrar a

Qué hacer para que tu perro responda cuando le digas "Aquí"

A pesar de que la respuesta de tu perro a la orden "Aquí" no lo es todo en el proceso de entrenamiento, es especialmente importante sobre todo si tu objetivo es controlarlo sin usar correa. En el capítulo 12 desarrollamos la lección que tiene que ver con la orden "Aquí", pero también puedes usar las horas de las comidas para crear una asociación positiva con este término.

Trata de no repetir o usar en exceso la orden "Aquí". Si lo haces, diluirás el significado que se busca y desanimarás al perro; podrías además ser visto por él como una especie de esposa persistente. Tu perro debe entender la orden "Aquí" como el equivalente del término humano "Acércate". Aquí hay dos opciones:

- Pon comida para tu perro en tu bolsillo o en una riñonera u otro tipo de cartuchera. Deja suelto a tu perro en un patio cerrado o ponle una correa. Cada vez que el perro venga hacia donde estás, di "Aquí", elógialo y prémialo con un poco de comida.

  Una vez que tu perro se dé cuenta de dónde está la comida, puede que se pegue a tu lado. Considera formas de animarlo a que se separe de ti, como lanzar un juguete, presentarle a otra persona o a otro perro o simplemente ignorarlo hasta que pierda el interés.

- Llena una taza con golosinas y corre, alejándote de tu perro, mientras lo llamas por su nombre. Prémialo por venir hacia ti, relacionando el término "Aquí" con la idea de recibir un premio y de jugar.

A medida que tu perro empiece a asociar rápidamente "Aquí" con el hecho de estar juntos, empieza a decir "Aquí" cuando el perro esté en el proceso de correr hacia ti. Si estás teniendo dificultades haciendo que el perro venga hasta donde estás, no lo llames de forma repetitiva ni lo persigas. En lugar de eso, actúa como si fueras otro perro, arrodillándote y dándole golpecitos inquisitivos al suelo o sacando una taza de golosinas o el juguete favorito del perro y pretendiendo premiarte a ti mismo.

las visitas hasta interrumpir tus momentos de silencio), él tiene una personalidad dominante.

Nota que estos comportamientos no son señales de un perro "malo", sólo de uno que tiene un fuerte sentido de sí mismo y prefiere dar órdenes que acatarlas. Afortunadamente, puedes condicionar el buen comportamiento sin dañar el espíritu de tu perro. Consulta el capítulo 3 y el 12 para establecer límites razonables y, después, comienza con estos ejercicios:

- ✔ Usa una riñonera u otro tipo de cartuchera llena de golosinas para centrar la atención de tu perro, animándolo a que acepte las órdenes como interacciones positivas, en vez de corregirlo, lo cual es percibido como una actitud de confrontación.
- ✔ Enséñale la expresión "Permiso", moviéndolo de tu camino cuando esté en él. No hay una manera más rápida de bajarle las ínfulas de grandeza a tu perro que recordándole constantemente que él debe ser más consciente del lugar que ocupas y no viceversa.
- ✔ Diseña un plan de lecciones (ver el capítulo 12) para reforzar las instrucciones más esenciales de su día. Premia cada respuesta cooperativa. Si estás usando premios comestibles, considera usar también un *clicker*.
- ✔ Una vez que tu perro esté respondiendo animadamente a tus órdenes, involucra a otros miembros de la familia. Protege a los niños usando una correa para reforzar las reacciones respetuosas de tu perro a cada orden.

Perros temerosos

Los perros tímidos con frecuencia parecen haber recibido abusos; sin embargo, no siempre es el caso. Por naturaleza, algunos perros tienen una baja autoestima, lo que puede ser un resultado de la manera en que son tratados en casa. Por ejemplo, los perros rara vez se acercan a otros perros usando la cabeza, a menos que estén jugando o atacando. Algunos perros (especialmente los más pequeños) son cautelosos cuando alguien se les acerca y, con frecuencia, retroceden de forma defensiva. Si la persona persiste en tratar de tocarlos o alcanzarlos, persiguiéndolos, ellos, a menudo, se muestran temerosos y asumen una postura sumisa para rechazar el "ataque".

Gritar es otro ejemplo de comunicación errónea. A pesar de que es una expresión natural de la ira humana, esta reacción (percibida como ladridos) puede generar terror en un cachorro/perro que tenga una baja autoestima.

Considera estos pensamientos y opciones:

- ✔ Reflexiona sobre las situaciones que dan pie a reacciones miedosas en tu perro y usa comidas o golosinas para crear asociaciones positivas.
- ✔ Si tu perro se aleja cuando tratas de acercarte a él para acariciarlo, gírate hacia un lado y arrodíllate al nivel del perro evadiendo cualquier tipo de contacto visual. Dale un poco de

comida con la mano mientras le acaricias la cabeza con la otra mano. Involucra también a otros miembros de la familia y a amigos para que se acerquen a él y lo acaricien mientras tú le das la comida.

- ✔ A menudo los perros se alejan cuando ven que se acercan a él con una correa o con alguna medicina. Enséñale las órdenes "Siéntate" y "Espera" (ver los capítulos 3 y 12) estableciendo una asociación entre la comida y estas instrucciones.

  Practica sencillamente la manera de acercarte a tu perro y espera hasta que él confíe de nuevo en ti para medicarlo o acariciarlo.

Perros que han sido adoptados

Sin importar la edad o la situación, un perro que ha sido abandonado y al cual han adoptado puede tener problemas emocionales como consecuencia de esta experiencia. Algunos perros actúan de forma maniática, pero este comportamiento es, sencillamente, una máscara para encubrir su estado emocional fuera de control. Incluso en los mejores casos de abandono el perro se puede mostrar defensivo y confuso (ver el capítulo 15).

Afortunadamente, los perros son una especie con una increíble capacidad de perdón y están siempre deseosos de crear lazos con nuevas familias y personas que les ofrezcan amor y cuidado. A pesar de que estos perros necesitan consideraciones especiales, puede que, sencillamente, sólo requieran ser reintroducidos a una rutina diaria. Aquí exponemos unos consejos para empezar a crear lazos entre ambos:

- ✔ Aliméntalo durante las horas de la comida para, así, fortalecer tu constante presencia en el mundo del perro y, al mismo tiempo, condicionar un comportamiento cooperativo. Esto es importante para moldear no sólo el entendimiento de tus órdenes sino también las respuestas a estas.
- ✔ Si tienes niños, déjalos que formen parte del proceso de recondicionamiento. Pon las golosinas o comida del perro en una taza y, con los niños, acérquense a él cuando esté comiendo, descansando o masticando algún hueso. Si gruñe, para de inmediato y solicita ayuda.
- ✔ Entrenar mientras juegan es esencial para los perros que han sido abandonados, ya que la intensidad de la experiencia previa a menudo ensombrece la habilidad que el perro tiene para divertirse. Usa tazas llenas de golosinas para que diferentes

personas se turnen en llamarlo por su nombre. Escóndanse de él o aléjense mientras sacuden la taza. Todo esto lo debes hacer premiándolo y elogiándolo.

Muchos de los perros que han sido abandonados equiparan el tono que se usa durante el entrenamiento con correcciones o desaprobaciones pasadas. A medida que le enseñas nuevas instrucciones como "Siéntate" o "Echado", atráelo con comida de la forma en que se describe en el capítulo 15; sé generoso con tus elogios también.

Moldear comportamientos

Los comportamientos aprendidos por tu perro (desde "Aquí" y "Echado" hasta las secuencias de agilidad y trucos) se pueden separar en varias acciones. La instrucción "Echado", por ejemplo, puede ser dividida en tres secuencias: mirar hacia abajo, mover las patas hacia delante y, finalmente, bajar el cuerpo para adoptar la posición. La instrucción "Aquí" también une varias acciones: cuando se llama al perro desde la distancia él debe responder a su nombre, dejar el área donde está, correr hacia la persona y, finalmente, reducir la velocidad hasta detenerse cuando llegue.

Cualquier secuencia de comportamiento puede enseñarse paso a paso antes de unirlos todos. Esta técnica es ideal para cachorros muy jóvenes o para perros que no están dispuestos a concentrarse o con poca capacidad de hacerlo. Si puedes ayudar a que tu perro tenga éxito al seguir tus instrucciones, aligerarás lo que de otra manera puede convertirse en una situación estresante.

Además, puedes practicar las técnicas de entrenamiento a lo largo del día con sólo dar la orden y hacer que tu perro siga el comportamiento.

Atraer con comida

Puedes usar comida para atraer a tu perro o para ayudarle a que se ponga en una posición específica. No olvides que la comida tiene una especie de imán que atrae la nariz canina. Fíjate en los movimientos de tu perro para descubrir cómo tienes que usar la comida para que él se ponga en una posición específica (ver la tabla 10-4).

Cuando uses la comida para atraer al perro o ubicarlo en una posición específica, mueve el premio muy despacio. Los movimientos muy bruscos hacen que tu perro salte o se mueva mucho y, además, pueden confundirlo. A pesar de que es posible que al principio el perro no entienda tus movimientos, él se concentrará en el objetivo a medida que los repitas.

Tabla 10-4 Cómo atraer a tu perro con comida

Instrucción	*Método*
"Siéntate"	Desde la nariz de tu perro, lleva la golosina hacia arriba, un poco más arriba de las orejas. Di "Siéntate" a medida que el trasero de tu perro llega al suelo.
"Echado"	Cuando el perro esté sentado, toma la golosina y llévala desde la nariz hasta abajo, entre las patas del perro. Di "Echado" a medida que el codo del perro llega al suelo.
"De pie"	Cuando el perro esté sentado, toma la golosina y sostenla entre la nariz y el labio. Llévala hacia arriba y lejos de la vista del perro hasta que éste se levante, mientras dices: "De pie".
"Vamos"/ "Sígueme"	Sostén la golosina en la mano derecha y cruza esta mano hacia tu lado izquierdo. Sostén la golosina al nivel de la cabeza del perro y di "Vamos" a medida que él se mueve de forma cooperativa.
"Aquí"	Si están dentro de casa, usa una golosina para atraer a tu perro mientras dices "Aquí" sólo cuando tu perro tenga ganas de interactuar contigo. Pon la golosina frente a la nariz del perro y empieza a retroceder mientras dices "Aquí". Arrodíllate y prémialo de manera cariñosa. El término "Aquí" siempre debe animarlo a estar contigo.

Usar los puntos de presión del cuerpo de tu perro para dirigirlo

Tu perro tiene muchos puntos de presión en el cuerpo que, cuando son tocados suavemente, lo inducirán a adquirir cierta posición (ver la tabla 10-5).

Evita maltratar o sacudir a tu perro, ya que es tan innecesario como doloroso.

Tabla 10-5 Cómo usar los puntos de presión

Orden	*Punto de presión*
"Siéntate"	Aprieta el músculo de la cintura del perro, justo debajo de la última costilla. Si al principio se resiste, usa una golosina para ubicarlo en posición. Di "Siéntate" mientras se ubica.

(Continúa...)

Tabla 10-5 *(Continuación)*

Orden	*Punto de presión*
"Echado"	Pon los dedos pulgares entre los omoplatos del perro y presiona constantemente. Si el perro trata de abrazarse a ti, levanta una de las patas para crear un efecto similar al de los trípodes. Di "Echado" mientras el perro se pone en la posición.
"Adelante"	Cuando muevas a tu perro hacia delante, mantenlo quieto con la mano derecha mientras le metes la cola detrás de las patas traseras. Di "Adelante" a medida que se mueve delante de ti ("Adelante" es útil cuando queremos llevar al perro al lugar donde duerme).
"De lado a lado"	Si estás moviendo al perro de lado a lado, si quieres que se pare, por ejemplo, detén la cabeza del animal con la mano derecha mientras usas la izquierda para hacer un poco de presión en la cintura (entre las costillas y las ancas).
"Quieto"	Para que tu perro se pare, hazle cosquillas en la barriga, a lo largo de la última costilla, y tira del collar por debajo de su mandíbula. Di "Quieto" a medida que el perro obedezca.

Dar ejemplo

Dar ejemplo puede referirse tanto al comportamiento como al entrenamiento. Un ejemplo obvio de mal ejemplo es el caos que con frecuencia se genera cuando llegan visitas a casa. Si te emocionas tanto como tu perro, estarás imitándolo. Dar buen ejemplo, en este caso, equivale a permanecer calmado y sólo involucrar a tu perro en el momento en que él te imite y se calme. A pesar de que puede ser preciso repetir esto varias veces para notar una mejoría en el comportamiento del perro, no te preocupes que ésta llegará.

Dar ejemplo para entrenar puede verse o bien como un acto ridículo (como al acostarte para que tu perro también lo haga) o, mejor, como un acto tan incluyente como el que realiza un perro bien entrenado para servir de modelo a un perro que está aprendiendo la lección.

Mantén la calma en cualquier situación que pueda confundir, emocionar demasiado o aturdir a tu perro. Puede que tus intenciones sean buenas, pero no le hables cariñosamente ni te agaches a acariciarlo pues tu postura corporal y tu tono de preocupación a menudo provocan confusión en el perro. Quédate tranquilo y erguido, como si nada extraordinario estuviera ocurriendo: tu perro se sentirá seguro gracias a la seguridad que irradias y aprenderá a imitar tu reacción en todas las situaciones.

Capítulo 11

Cómo ayudar a tu perro a aprender lecciones de la vida cotidiana

En este capítulo

- Sé coherente
- Recalca las respuestas mediante la repetición
- Encuentra la mejor manera de disciplinar a tu perro
- Permite que tu perro aprenda solo

Los perros y las personas quieren lo mismo: llevarse bien y pasar unos buenos ratos juntos. Desafortunadamente, nadie disfruta al tener un perro mal educado, lo cual lleva a un círculo vicioso: se deja al perro en casa o es encerrado en la cocina y, así, no puede aprender nada del mundo o de cómo comportarse. Cuando finalmente lo invitan a la vida familiar, el perro está que explota de emoción, pero nunca ha sido educado adecuadamente sobre qué hacer o cómo comportarse. Así, su hiperactividad se vuelve enojosa para la familia, lo que conlleva un nuevo aislamiento y de nuevo una pérdida en la oportunidad de aprender.

Para sobrevivir como un buen compañero del hombre, un perro debe aprender cómo comportarse. No sólo debe aprender a responder a órdenes formales, como "Siéntate", sino que también debe aprender a interpretar y responder apropiadamente a las señales de las personas y a situaciones recurrentes. Si se le da la oportunidad, el perro pasará su vida entera aprendiendo y debemos reconocer que siempre estamos educándolo, sea de manera consciente o inconsciente. Entender la forma en que tu perro aprende te permitirá modificar su comportamiento para convertirlo en un compañero mejor y más feliz.

La coherencia cuenta

Si quieres tener un perro civilizado y bien entrenado, tú y todos aquellos que viven contigo deben ser coherentes en la manera en que se relacionan con él. La primera cosa que debes hacer es siempre usar una palabra o frase para indicarle lo que quieres que él haga. Si vas a subir al segundo piso con él, di "Arriba". Si le vas a poner la correa, di "Te pongo la correa". Si tus palabras siempre indican acciones, el perro pronto aprende a prestar atención a los sonidos que salen de tu boca porque sabe que indican lo que él debe hacer.

Siempre usa las palabras antes de actuar para que así tu perro pueda aprender el significado del lenguaje. Todos los miembros de tu familia deben usar las mismas palabras. Si la meta es hacer que el perro se baje del sofá, asegúrate de que todo el mundo use la palabra "Abajo". Si una persona grita "Quítate" y otra grita "¡No!", esta incoherencia sólo confundirá al animal. No hay mucha diferencia entre el entrenamiento con un cachorro o con un perro adulto; lo más importante es ser coherente siempre.

Los perros responden muy bien a las rutinas y a la repetición. Piensa en tu ritual de cada mañana: levantarte, bañarte, desayunar, dejar salir al perro, tomar café. ¿Cuándo creaste esa rutina? Probablemente en la infancia. Cualquiera que sea la secuencia, repites esa rutina, de manera casi inconsciente, día tras día.

Moldear el comportamiento de tu perro no es muy diferente. De hecho, a los perros les gustan las rutinas más que a ti: cuanto más parecido sea su horario y tú seas más predecible, más a salvo y seguro se sentirá él, y será más probable que coopere contigo.

Empieza por crear rutinas en relación con las necesidades básicas del perro: comer, beber, descansar, jugar e ir al baño. Asigna una palabra y una rutina específica a cada necesidad, y haz una tabla que ayude a los otros miembros de la familia a ser coherentes (ver la tabla 11-1). Aunque el horario de tu perro variará ligeramente en la medida en que madure, la constancia de estas palabras y las rutinas lo atarán a las certezas de la vida cotidiana y a ambos les darán la base de un lenguaje mutuo.

Recuerda que tu perro no habla español (ver el capítulo 3). Aunque él escucha lo que dices, la mayor parte de lo que oye es incomprensible para él. Resulta tan emocionante para el perro escuchar una palabra que reconoce, como lo es para nosotros cuando entendemos una palabra en un idioma extranjero que no dominamos.

Tabla 11-1 Frases equivalentes para el hombre

Instrucción	*Frase equivalente*	*Utilízala cuando*
"Sígueme" o "Vamos"	¡Soy el líder! ¡Sígueme!	Caminen juntos
"Quieto"	Quédate quieto	Estés intentando calmar a tu perro
"Echado"	Relájate	Quieras reforzar la reflexión
"Aquí"	Acércate	Buscas reconectarte con tu perro

Aunque necesites sacar tiempo de tu día para enseñarle a tu perro las respuestas adecuadas a ciertas órdenes (como por ejemplo, "Siéntate" y "Quieto"), una vez que el perro las haya aprendido puedes usar las mismas órdenes a lo largo del día. Practicar estos ejercicios con tu perro es como aprender en el colegio las destrezas que son necesarias para la vida cotidiana.

Asegúrate también de que todo el mundo entiende que tu perro adora ser el centro de atención. Él repetirá cualquier cosa que le garantice interacción y, como un niño, no puede diferenciar entre las reacciones positivas y las negativas. Si una respuesta le garantiza que alguien reaccionará, esta acción será repetida. Si le das su plato de comida cuando él se sienta de manera calmada, él se sentará tranquilamente. Si lo ignoras cuando está hiperactivo y sólo interactúas con él cuando responde de buena manera, entonces tu perro aprenderá a comportarse de manera racional. Obviamente, lo opuesto también es verdad: si respondes a los reclamos de tu perro, él aprenderá esos comportamientos indeseables también de forma rápida.

Controla tu comportamiento

La incoherencia confundirá a tu perro y, frecuentemente, intensificará sus agresiones. Todas las personas que participen en la vida de tu perro deben saber las reglas y las palabras que han de usar con él.

Imagínate que tuvieras que aprender qué debes hacer basándote en las reacciones que despierta tu comportamiento. Imagínate que intentas descifrar esas reglas si una persona insiste en ser coherente mientras que a otra persona le gusta el caos. Bajo tales circunstancias ni tú ni tu perro podrán ser capaces de determinar cuál es la mejor manera de comportarse cuando conocen a alguien.

Estas incoherencias provenientes de las diferentes personas que interfieren en la vida del perro invariablemente terminan generando una ansiedad maniática en el animal, y la confusión que resulta de ello sólo garantiza una cosa: que tu perro no será bienvenido en una sociedad con buenos modales o que no podrá ser la estrella en las reuniones familiares, como él quisiera.

Como te dirá cualquier persona que ha compartido la vida con un perro: "Los amigos y familiares son los 'perros' más difíciles de entrenar". Todo el mundo tiene sus propias ideas de cómo controlar el comportamiento de un perro, y muchas personas son, por naturaleza, tercas. Gritar a alguien "¡No lo dejes saltar!" o cosas similares para conseguir su apoyo seguramente serán inútiles: a nadie le gusta la palabra "no".

Para algunas personas es difícil entender que esa felicidad eufórica tiene también un lado malo. Si les preguntas, probablemente afirmarán que ese saludo salvaje que reciben de su perro en la puerta es uno de los mejores momentos de su día. Desafortunadamente, permitir y recompensar la hiperactividad tiene grandes costos. Un perro que saluda a su gente de manera maniática hará lo mismo con todas las personas. Es más, si el perro sufre de

Claro, no se puede entrenar a todo el mundo

En un mundo perfecto serías capaz de controlar a todo el mundo, la coherencia reinaría y tu perro nunca estaría confundido. Sin embargo, no estamos en un mundo perfecto, y aunque lo pretendas, mucha gente no escuchará tus consejos. Si esto sucede con cualquier extraño de la calle, no te preocupes; pero si la persona que interfiere frecuentemente con tu cachorro vive contigo, entonces necesitas un plan.

Si la persona que vive contigo motiva al perro a saltar, trata de que el animal haga ejercicio antes de interactuar con esa persona, para bajarle un poco el tono. Si esta persona invita al perro a subirse en los muebles, escoge un solo mueble y enséñale a tu perro que los otros están prohibidos. Si el mayor problema es que esa persona alimenta al perro en la mesa, asegúrate de darle de comer a tu perro antes y dale una recompensa por quedarse en su cama durante las comidas.

Sé creativo y piensa de manera ingeniosa. Te darás cuenta de que siempre hay otra manera de resolver los problemas con los perros de cuatro y de dos patas.

ansiedad cuando es separado de sus dueños, hasta el sonido de alguien acercándose a la puerta puede generar una anticipación hiperactiva, lo cual puede derivar en comportamientos destructivos si el problema no se resuelve a tiempo.

Si estás tratando de cambiar el comportamiento de las personas que interactúan con tu perro, a veces es más fácil controlar el comportamiento del perro. ¿Cuándo surgen los problemas? ¿Cuando tus hijos se bajan del autobús, o cuando tu pareja llega de un largo día en la oficina, o cuando tu amigo que adora al perro viene de visita? Si puedes predecir esos momentos, considera la posibilidad de guiar a tu perro a la puerta para que reciba a tus hijos, tu pareja y tu amigo, tal como se describe en los capítulos 3 y 12, o si no, distrae al perro con un juguete nuevo. Si puedes evitar que tu perro se comporte de manera maniática, la conducta calmada ayudará a cambiar las expectativas de las personas que forman parte de su vida. Algunas cosas que puedes intentar son:

- ✔ Cambia la respuesta del perro haciendo que él le ponga atención a algún objeto, como una taza llena de golosinas o un *clicker*. Si tu perro se emociona mucho cuando oye la puerta, enséñale a sentarse mientras sacudes una taza llena de golosinas y luego practica este truco cerca de la puerta, sacudiendo la taza mientras abres, cierras y golpeas a la puerta. Cuando tu perro esté acostumbrado al sonido, pídeles a tus visitantes que sacudan la taza, recompensando así al perro por sentarse en silencio.
- ✔ Trata de vender tu meta de manera positiva, con un comentario como este: "Estamos entrenando a nuestro perro a saludar de manera cortés, lo cual implica cuatro patas en el suelo". Si explicas tu objetivo de esta manera, el entrenamiento se convierte en una tarea colectiva y no en una orden, y a la mayoría de la gente le gusta tener la oportunidad de darle al perro un premio por comportarse bien (ver el capítulo 13 para más información).
- ✔ Enséñale a tu perro un truco para saludar, como dar la pata, mostrar la barriga o dar vueltas en el suelo. Cualquier persona puede enseñar estas interacciones positivas, y son una manera maravillosa de romper el hielo e iniciar una relación agradable desde el comienzo.

Vivir con niños y perros

¿Tienes niños? Tu perro será uno de los mejores recuerdos de su infancia, lo cual hace que sea aún más importante que te asegures de que tu perro es una compañía civilizada. Ya que llevas el mayor peso de la responsabilidad de asegurarte de que esto sea así, las siguientes son algunas técnicas para promover la participación de los demás:

- **Conviértete en el héroe de los premios.** Si tu perro o cachorro disfruta de los premios o, mejor aún, de la comida, pon un poco en una taza y deja que tu niño se los dé al perro cuando éste responda a órdenes sencillas como "Ven" o "Come". Revisa las instrucciones que damos en el capítulo 12, y enséñale a tu familia estas destrezas. Disminuye el uso de la taza de premios después de una semana de respuestas cooperativas. En ese momento, sacude la taza sólo la mitad de las veces, al tiempo que alabas al perro por cooperar. Aunque con el tiempo irás gradualmente disminuyendo la cantidad de premios, recuerda que debes elogiar y consentir al perro continuamente como recompensa.
- **Alentar es mejor que desalentar.** Los niños, como los perros, son muy sensibles al lenguaje y al tono con el que les hables. Cuando los desalientas, en esencia estás enfriando la relación que tienen con el perro. Sé creativo, enséñales juegos apropiados y a usar premios para el perro que ayuden a generar interacciones positivas. Concéntrate en aquellas cosas que tus hijos hacen bien con el perro. Si tienes que intervenir para controlar la interacción, inmediatamente ayúdales a encontrar otra actividad más positiva para que ésta termine de manera positiva.
- **Diseña tablas de actividades.** Es fácil complacer a los niños: a veces una tabla de actividades con calcomanías por lograr que el perro responda a órdenes sencillas o haga trucos simples es suficiente para promover su participación entusiasta. Si no estás seguro de cuál es la mejor manera de motivar a tus niños a que cooperen, pídeles sugerencias a sus maestros.
- **Contagia el espíritu de grupo.** Los niños, como los perros, adoran ser parte de un proyecto. Trata de distribuir las responsabilidades de cuidar al perro, de manera que no todas las tareas recaigan en la misma persona. Tendrás que intervenir de una manera u otra, pero si los estimulas a ayudar, los niños sentirán que son necesarios. La tabla 11-2 describe algunas actividades apropiadas para las diferentes edades.

  No involucres a tus niños si tu perro ha mostrado alguna señal de agresividad. Los perros naturalmente dominan a los niños pequeños: pedirles que cuiden a un perro agresivo es ponerlos en grave peligro. Pide ayuda profesional.
- **Contén a tu perro de manera creativa.** Crea zonas de juego para tu perro (ver el capítulo 3) en cada habitación,

encerrándolo cuando no sea capaz de contenerse. Cuando puedas supervisar la interacción, pídeles a tus niños que corran alrededor, y enséñale a tu perro a contener el deseo de perseguirlos ofreciéndole su juguete o hueso favorito si permanece calmado. Provee una cesta o un área segura que sea tranquila, y lleva allí a tu perro cuando los niños lo estén abrumando o cuando esté fuera de control. Considera esta área no como una zona de castigo, sino como un espacio calmado donde el perro puede ir a descansar. Normalmente los perros se alborotan porque están demasiado estimulados o muy cansados.

Si estás criando a un cachorro o enseñándole a tu viejo perro algunos trucos nuevos, tus hijos pueden minar con sus actitudes los principios que te estás esforzando por inculcar. No te enfurezcas: después de todo, son niños. Trata de recordar: ¿tú siempre obedecías a tus padres? En general, los niños, como los perros, son juguetones e interactivos, y ambos perciben rápidamente la atención negativa. Puede ser sencillamente que tu perro vea a los niños más como compañeros de juego que como líderes que deben ser respetados. Considera lo siguiente:

- **Si te enfureces con tu hijo, parecerá que también estás furioso con tu perro.** Claro, "nosotros" sabemos que le estás gritando a tu hijo, pero el perro no puede descifrar a quién van dirigidos tus sentimientos. Tu reacción puede hacer que el perro esté más ansioso o agresivo cuando tus niños están presentes, y puede, con el tiempo, crear un sentimiento de rivalidad entre ellos.
- **No te pongas tenso cuando tu perro esté con tus hijos.** Esta reacción es comprensible para las personas que te rodean; sin embargo, tu perro no es humano. Si la tensión es obvia sólo cuando los niños y el perro están juntos, el perro creerá que son los niños los que la producen.
- **No encierres al perro cuando los amigos de tus hijos vienen a jugar.** Tu perro no entenderá por qué lo haces y se volverá más hiperactivo o asertivo cuando vengan amigos. Piensa en otras opciones creativas, como ponerle la correa, usar tazas de premios para promover saludos respetuosos o ponerlo en un patio o zona abierta hasta que se acostumbre al nuevo visitante.

Tabla 11-2 Actividades apropiadas según la edad

Edad	*Actividad*
2-4	(Siempre debe haber un adulto que las supervise. Todas las actividades deben ser supervisadas con atención.) Poner comida en un tazón: En la medida en que crecen, los niños pueden ordenarle al perro que se siente mientras ellos ponen la comida en el suelo. A esta edad también pueden jugar a juegos simples, como lanzar juguetes para que el perro los traiga, siempre ante la presencia de un adulto.
4-10	(Acostumbra a tu perro a todos los juegos y a otras actividades que requieren entrenamiento antes de involucrar a tu niño. Se requiere aún la supervisión de un adulto.) Juegos como el fútbol y tirar un *frisbee* funcionan perfectamente con niños de esta edad. Dar paseos con ellos te ayudará a compartir un buen rato, ¡e incluso pueden compartir la tarea de recoger las caquitas! Claro, puedes asignarles también a los niños la responsabilidad de alimentar al perro, pero debes tener una tabla donde puedan anotar cuándo lo hacen, para poder así asegurarte de que las necesidades del perro no han sido ignoradas.
10 y más	(Usa tu criterio. Si no puedes controlar a tu perro, no les pidas a tus hijos que lo saquen a pasear.) Los niños de esta edad deben cuidar al perro como quien cuida un bebé. Dales este u otros libros acerca de cómo entrenar perros para que puedan comprender la manera en que tu perro se desarrolla, piensa y aprende. Si es posible, apúntate con ellos a una clase de entrenamiento y observa cómo tus hijos se comportan con el perro: tu corazón se llenará de orgullo cuando ellos triunfen.

Fundamentos básicos de negación

A nadie le gusta sentirse incómodo. La mayoría de gente hará cualquier cosa con tal de evitar sentir dolor o decepción, y como padres siempre tratamos de proteger a nuestros hijos del dolor físico y emocional. El instinto de tu perro para protegerse de cualquier daño no es muy distinto. Sin embargo, es en este punto en el que debemos considerar las diferencias entre las dos especies, ya que lo que nosotros consideramos como apoyo moral puede ser malinterpretado por tu cachorro, y tus esfuerzos por "disciplinarlo" pueden ser infructuosos ya que no comunican ninguna información útil.

Síndrome de estrés temprano

Algunos criadores irresponsables tratan de conseguir que sus cachorros sean adoptados rápidamente. Aunque nadie discute que un cachorro de seis semanas es increíblemente adorable, debería ser un crimen separar a un cachorro tan pequeño de su mamá. Estos cachorros no se han terminado de desarrollar y son débiles emocionalmente, y serán llevados probablemente a una casa donde las personas (a menos de que éstas hayan sido educadas) los mimarán hasta la saciedad. Frecuentemente, el resultado de esta adoración es la creación de un *superalfa*: un cachorro que nunca aprende a respetar a nadie. Estos cachorros tienden a dar pequeños mordiscos todo el tiempo y pueden ser agresivos prematuramente. Si estos comportamientos no son controlados, puede ser peligroso vivir con el cachorro y éste puede comportarse de manera que pueda parecer que tenga doble personalidad: adorable cuando busca algo como comida o atención, y demoníaco cuando es interrumpido. Si esta descripción te es familiar, busca ayuda profesional.

Atenúa los miedos de tu perro

Cuando tu perro demuestra miedo o incomodidad, puede que tu primer impulso sea consolarlo. El sentimiento es genuino, pero puede ser dañino. Recuerda que tu perro no entiende el raciocinio que hay detrás del comportamiento y las emociones humanas: él sólo lee tu postura, tu mirada y el tono de tu voz.

Cuando consolamos a un animal, normalmente bajamos el cuerpo y la cabeza, hablamos en un tono de voz bajo y nos mostramos preocupados. Para el perro, estas señales del cuerpo demuestran pánico. El perro cree que nos vemos atrapados, sin salida y humillados, y por lo tanto su miedo, en vez de desaparecer, crece.

Una manera mejor de atenuar la ansiedad de tu perro es imitar la seguridad canina y permitirle al animal que se siente el tiempo necesario bajo la sombra que tú produces, sintiéndose así protegido, hasta que pueda quedarse solo. Para hacerlo:

- **Enséñale a tu perro "Atrás"** y dirígelo allá siempre que anticipes una reacción o cuando su postura te indique precaución. Los líderes lideran.
- **Usa la orden "Debajo"** (ver el capítulo 8) si estás sentado, y dirige al perro bajo tus piernas en vez de subirlo a tu regazo o permitirle que te salte enfrente.

- **Instruye a tu perro con la palabra "Sígueme"** (ver el capítulo 12) siempre que estén caminando en un terreno desconocido o cerca de una carretera. Este mensaje implica que lo estás protegiendo y le hace ver que depende de ti.
- **Usa la palabra "Quédate" para enseñarle al perro a quedarse quieto.** Esta orden lo ayuda a contener el impulso de salir volando y concentra la atención del perro en tu postura.
- **Demuestra seguridad frente a cualquier distracción.** Si el objeto al que tu perro teme está quieto, suelta su correa, aproxímate y simula olerlo. Ya que los perros ven a través del olfato, esta reacción le enseña al perro a superar sus miedos y lo llena de confianza en tu autoridad.

Cuando la disciplina genera miedo

Nadie quiere asustar a su perro, pero muchas personas lo hacen cuando intentan disciplinarlo.

Lo cierto es que las teorías acerca de cómo educar a los cachorros están muy rezagadas en relación con aquellas dedicadas a la crianza de los niños, y todos deberíamos aprender un poco de ellas. Por ejemplo, es ilegal que los padres abusen físicamente de los hijos porque se sienten frustrados. Incluso una leve sospecha de abuso emocional hace que las autoridades pongan atención.

Desafortunadamente, no ocurre lo mismo con la crianza de cachorros. La gente todavía grita a su perro, aunque estos métodos han demostrado ser ineficientes. Otros están encerrados en un círculo vicioso de reprimendas físicas, a pesar de no tener valor educacional y de generar agresión frecuentemente o hacer que las cosas se pongan peor. Si la meta de la disciplina es enseñar al perro a ser mejor educado, entonces debemos examinar detalladamente los esfuerzos de comunicación. Las siguientes son cosas que no funcionan, y el porqué:

- **Pegarles.** Cuando se levanta la mano con ira, el perro inmediatamente se concentra en el movimiento rápido y olvida cualquier otro comportamiento anterior. La parte de su cerebro que activa la respuesta predatoria al ver movimiento domina su respuesta, y cualquier otro impulso es abandonado. La sensación que se genera cuando la mano hace contacto con el cuerpo (y arde la piel) también debe ser interpretada. Ya que golpearse no tiene un patrón en el mundo real (después de todo, los perros no se golpean los unos a los otros), el perro muestra miedo como una forma de aplacamiento. El verdadero daño emocional a la relación se da cuando la persona que le pega al perro es la misma a la que el animal debe buscar cuando la vida no tiene sentido. ¿Suena a abuso? Lo es, y por esa razón pegarles a los perros es completamente ineficaz.

- **Gritar.** Para un perro, gritar es como ladrar. Ya que un grito es ruidoso e interrumpe, es muy posible que el perro atienda e incluso aparente calmarse, pero ninguna de estas cosas indica que haya comprendido (ver el capítulo 3 para más información).
- **Perseguir.** Perseguir a un perro es una idea loca. Imagínate lo que sentirías si tuvieras un zapato en la boca y fueras perseguido por un enfurecido gorila de 200 kilos del que, además, tu vida depende. El perro no tiene otra opción que interpretar esta reacción como un juego y ofrecer un gesto de calma tan extremo que garantice que te conmoverás. Nada se aprende con esto: este ataque predatorio le hará daño emocional y normalmente provoca actividades maniáticas.

Los ingredientes de una disciplina correcta

El objetivo de disciplinar es tratar de minimizar cierto tipo de comportamientos: aunque tu perro muerda, salte o ladre, la estrategia que desarrolles para reaccionar a este comportamiento determinará si continúa o desaparece.

Antes de intentar modificar un comportamiento que te molesta, haz una corta lista de aquellas cosas que realmente le gustan a tu perro, desde jugar hasta recibir golosinas como premio. Después, haz una lista de las cosas que te molestan a ti, anota por qué tu perro repite estos comportamientos y cómo quisieras que él se comportara (ver la tabla 11-3).

Tabla 11-3 Soluciones creativas

Frustraciones	*Origen*	*Otras opciones*
Saltos	Emoción al saludar	Traer un juguete
Mordiscos	Interacción juguetona	Besos
Masticar	Le están saliendo los dientes	Escoger un juguete apropiado para masticar

Cómo fomentar el autoentrenamiento

Los perros, como los niños y los adultos, aprenden como resultado de la causa y el efecto. Si quieres eliminar un comportamiento específico, piensa por qué tu perro está portándose así. ¿Está saltando para llamar tu atención, para atrapar algo o para sentirse cómodo? Si este comportamiento le funciona para lograr lo que quiere, lo repetirá.

Sin embargo, si cuando él salta tú siempre te tapas la cara con las manos y lo ignoras, el perro dejará de saltar para llamar la atención. De la misma manera, si lo alientas para que se siente o traiga un juguete y le prestas atención por eso, el perro pronto dejará de saltar y empezará a sentarse o a jugar contigo. Si salta para llevarse comida de la cocina y no encuentra nada allí o encuentra algo de comer que le desagrada (como un pedazo de pan untado con wasabi —mostaza japonesa—, por ejemplo), dejará de hacerlo.

Con respecto a subirse a los sofás y sillones, tu perro es un oportunista, al igual que tú: ofrécele una alternativa cómoda, como una almohada en el suelo o una cama para perros, y cuando no puedas estar presente para controlar sus elecciones, pon algo incómodo en los muebles para evitar que se suba.

A continuación presentamos los tres ingredientes de cómo disciplinar correctamente y cómo implementarlos:

- **Una buena corrección debe ser vista como proveniente del entorno, no de ti.** En ningún momento el perro debe recibir un castigo físico que provenga de la persona de la que él más depende.
- **Una buena corrección debe interrumpir la interacción.** Las mejores maneras de disciplinar implican que dejes de prestarle atención a tu perro (ver el capítulo 13).

  Tu atención es lo que más motiva el comportamiento de tu perro.
- **Cualquier buena corrección debe convertirse en una actividad apropiada.** Nunca le digas a tu perro lo que ha hecho mal; muéstrale, en cambio, lo que debería haber hecho. "Trae tu pelota", "Dame besos", "Fuera". Cada instrucción debe permitirte reconectarte con tu perro y enseñarle lo que debe hacer.

Capítulo 12

Entrenamiento apropiado, colas felices

En este capítulo

- Facilita el adiestramiento
- Descubre la mejor forma de acercarte a tu perro dependiendo de su edad y personalidad
- Incorpora a la vida cotidiana las órdenes que le das a tu perro
- Confía en tu perro cuando no lleve puesta la correa

En este capítulo no sólo descubrirás cómo enseñarle a tu perro instrucciones básicas, sino también la forma en que él percibe cada ejercicio. Otros libros enseñan ejercicios de obediencia para las competencias caninas: éste examina las interacciones diarias y las habilidades básicas necesarias para que vivas en paz con tu perro. Los perros, como los niños, necesitan tener un sentido de la estructura y ser capaces de predecir lo que va a suceder para sentirse seguros y conectados. Sin embargo, al contrario que los niños, los perros no nacen con la predisposición de entender tu lenguaje: debemos enseñarles. Piensa que educar a tu perro es como enseñarle español como segunda lengua a un extranjero: sé paciente y anímalo.

¡Soy el líder! ¡Sígueme!

Cuando caminas con tu perro, uno de los dos lidera y el otro es el que sigue. Aunque creas que esta situación no tiene consecuencia alguna, desde el punto de vista de tu perro sí la tiene. Para tu perro, ustedes constituyen una manada, un equipo. Cuando sales a explorar la vida más allá de tus cuatro paredes existen innumerables posibilidades, y uno de ustedes debe tomar las decisiones.

Si le pones una correa a tu perro para salir a caminar, la restricción se nota de inmediato: tu perro decidirá si camina al lado tuyo, confiando en tu autoridad, o si tira hacia delante, deseoso de ser el que manda y ansioso de liberarse de esta correa asfixiante.

Si tu perro tiene instintos protectores, no prestarle atención le transmitirá el mensaje de que dependes de su liderazgo. En este papel, él reaccionará ante cualquier situación que perciba como insegura, sea ésta real o imaginaria. Las reacciones del perro pueden ir desde la agresión hasta el miedo y todas transmiten el sentido del deber que percibe.

Si tu perro puede correr libremente y sabes que a él le gusta deambular, marcará puntos estratégicos para delimitar un territorio que puede llegar a ser bastante amplio. Así lleve o no la correa puesta, él se encargará de alertar a cualquiera que entre en esta área. Si está encerrado, igualmente reaccionará a lo que él considera intrusiones en su territorio o incluso a sonidos o cosas que pueda ver desde donde está encerrado. Las reacciones más comunes al estrés de ver ciertas actividades desde donde está incluyen ladridos, morder destructivamente, cavar o marcar territorio.

Dado que tu perro tiene una capacidad visual limitada (ver el capítulo 4), ve el mundo distante. Él depende del sentido del olfato para reconocer los lugares. Su olfato es una herramienta poderosa pero no es comparable con la visión humana como un instrumento para interpretar objetos a grandes distancias. Los objetos desconocidos "parecen" ajenos y no pueden ser reconocidos hasta que hayan sido olfateados cabalmente. Cuando sea posible, deja que tu perro huela un objeto desconocido. También déjalo que te siga para que seas percibido como director social. Tu perro se debe concentrar en ti.

La buena noticia es que puedes evitar muchas frustraciones habituales si le enseñas a tu perro a seguirte, comunicándole pasivamente que eres el guardián y protector. A medida que camines junto con él, recuerda que está programado para mirarte y seguir tus instrucciones; acompaña tus órdenes con señales de la mano en la medida de lo posible (ver la figura 12-1).

El que va delante es el que manda

El primer ingrediente necesario para entrenar a tu perro es que mejores tu actitud. Si te muestras seguro de ti, como un entrenador respetable y con buenas ideas, tu perro te admirará y responderá a tus instrucciones.

Figura 12-1: Acompaña tus órdenes con señales de la mano

El que va delante es el que manda. El primer paso para condicionar el buen comportamiento es asegurarte de que, tanto dentro como fuera de la casa, tu perro te sigue y te mira para entender lo que tiene que hacer.

La orden "Sígueme" implica: "Soy el líder, sígueme". Practica inicialmente esta instrucción en una habitación en donde no haya muchas distracciones o en un área exterior silenciosa:

1. **Ponle un collar y una correa a tu perro.**

   Consulta el capítulo 10 para determinar cuáles son las mejores opciones para tu perro.

2. **Llama a tu perro por su nombre y después da la orden "Sígueme" a medida que te mueves en forma circular, en el sentido de las manecillas del reloj.**

   Si tu perro tira de la correa hacia delante, hazlo retroceder usando la correa o sencillamente da marcha atrás y aléjate, dejando al perro detrás tuyo, y fuérzalo a reconocer que él ya no está delante y que tiene que correr para llegar hasta donde estás.

3. **Date golpecitos en la pierna como una señal corporal, y elogia a tu perro o dale golosinas para premiar su comportamiento.**

Cuando salgas a caminar con tu perro, echa los hombros hacia atrás, saca el pecho y sonríe. Si pareces distraído, tu perro se preocupará y dudará. Mantén un buen paso, consistente y enérgico, y el perro se anticipará deseoso a seguir tus órdenes.

4. **Repite constantemente el nombre del perro y la orden "Sígueme", y elogia su cooperación.**
5. **A medida que tu perro empiece a entender esta orden, utilízala de manera más frecuente en ambientes que tengan muchas distracciones.**
6. **Continúa usando golosinas o combinaciones de *clicker* y golosinas para estimular la cooperación de tu perro.**

Entrenamiento y civismo: lo que tienen en común

¿No te gusta la idea de tener que entrenar a tu perro? ¿Piensas que entrenarlo es algo que le haces a tu perro en vez de algo que haces por él o con él? Mucha gente se estremece con sólo pensar en tener que ordenarle constantemente cosas al perro.

A pesar de que entendemos tus dudas, debemos hablar por tu perro. Alimentarlo, amarlo y darle techo no es suficiente: él desea ser dirigido. Como un niño, el perro depende de ti para ser civilizado y aprender las mejores maneras de actuar en cada situación. Cuando lo educas, te conviertes en el héroe del perro.

Cuando el perro es joven no consigue controlar sus impulsos, pero permitirle portarse mal no es lo mejor que puedes hacer por él. Si no lo entrenas para que se porte bien, se convertirá en un malcriado. Tu perro necesita que le enseñes a manejar cada sentimiento, emoción o impulso. Reemplaza el término "entrenar" por "civilizar" y después acepta la responsabilidad que tienes con tu perro: ser su maestro, su amigo, su entrenador y su héroe. Las instrucciones que puedas darle serán el billete hacia una vida maravillosa.

Pregúntate qué perro tiene mayor libertad: ¿el que nunca ha sido entrenado y, por lo tanto, no puede salir de casa porque su comportamiento es problemático, o el que ha sido bien entrenado y te puede acompañar a todas partes? Un perro bien entrenado no sólo es civilizado sino que también se ha ganado su libertad.

Para saber más sobre cómo premiar a tu perro usando un *clicker*, consulta el capítulo 10.

7. **Una vez que tu perro se haya familiarizado con la instrucción "Sígueme", refuerza esta habilidad durante sus paseos fuera de casa.**

Anima a tu perro a caminar a tu lado y sé coherente en ello. A los perros les gustan los hábitos tanto como al hombre. Una vez que el perro ha aprendido la forma en que debe caminar junto a ti, pocas veces variará. Si eres diestro, haz que tu perro camine a tu izquierda. A pesar de que puede parecerte extraño al principio, es mejor que tu perro no se te atraviese cuando estés manipulando objetos.

Entrenarlo para que pida permiso

Cuando salgas a caminar con tu perro, puede que encuentren cruces, calles o riachuelos. Enséñale a detenerse y a mirarte de manera frecuente antes de cruzar a un nuevo terreno. Este ejercicio asegura que aprenda moderación y refuerza el sentimiento de seguridad y protección que esto produce. Cuando se detenga en espera de tu permiso, le estarás comunicando el hecho de que te aseguras de que él esté a salvo cuando entren en nuevos territorios.

Cuando lleguen a una curva, a un pasadizo u otro lugar por el estilo, haz que tu perro se detenga, diciéndole "Siéntate" o "Espera" (si tu perro no está familiarizado con estas órdenes, consulta el capítulo 4).

Aquí presentamos una serie de indicaciones que debes tener en cuenta cuando lo entrenes para pedir permiso:

- ✔ Si tu perro no se sienta ni se queda quieto, ayúdale a sentarse como se describe en el capítulo 4.
- ✔ Quédate quieto hasta que tu perro se haya sentado o se haya calmado.
- ✔ Di "Bien" y sigue tu camino con confianza.

Conocer y saludar

A medida que caminas con tu perro por espacios llenos de distracciones, probablemente se encontrarán con otras mascotas y también con admiradores humanos. No dejes que el perro te arrastre a través de la calle ni del parque para saludar. No sólo no es seguro sino que además es muy descortés y fácilmente puede terminar en un desastre.

Una mejor manera de portarse en esta situación es enseñarle a tu perro a sentarse o a esperar hasta que le des permiso. Ahora, si la otra parte se muestra dispuesta, puedes soltar a tu perro con la instrucción "Bien". Este entrenamiento es parte del aprendizaje del perro para pedirte permiso. Para hacerlo de manera efectiva tal vez tengas que enseñarle a controlar sus impulsos (ver la siguiente sección).

Enseñar a controlar los impulsos

Mantener los impulsos bajo control resulta difícil para todo el mundo y más aún para tu perro, el cual tiene respuestas similares a las de los niños pequeños. Esperar que tu perro ignore al gato de enfrente o el asado que está en la mesa de la cocina es como esperar que un niño pequeño no quiera comerse las galletas que está viendo en un plato frente a él. Esperar que tu perro ignore una distracción, sólo porque tú lo dices, exige tener un alto nivel de control sobre sí mismo y, sobre todo, mucho respeto por ti. Los tres ingredientes para dominar el control de los impulsos de tu perro son:

- ✔ **Madurez:** La madurez es el resultado tanto de la experiencia como del escenario biológico. Una distracción se vuelve menos atractiva cuantas más veces la viva tu perro. A medida que tu perro envejece, ocurren cambios físicos y psicológicos que también contribuyen a que su personalidad se relaje.
- ✔ **Tu interacción:** Si corriges a tu perro cuando él está reaccionando a una distracción, pensará que lo estás animando o compitiendo por el premio. Más bien, concéntrate en lo tuyo o distráelo antes de que tome el control de la situación.
- ✔ **T&C:** En términos profesionales, T&C significa *tiempo* y *coherencia*, los dos ingredientes necesarios para aprender cualquier habilidad. Cuanto más expongas a tu perro a distracciones, dándole rutinariamente las mismas instrucciones y teniendo la misma estructura, más rápido se acostumbrará a éstas y a reaccionar de forma automática.

Desanimar verbalmente

La palabra "No" debe ser enseñada como una instrucción, no como una corrección. Usar "No" como castigo sólo confundirá a tu perro, el cual, realmente, no tiene ni la capacidad mental ni emocional para entender el concepto de portarse mal. A pesar de que es una criatura relativamente sencilla y espontánea, puede aprender a controlar ciertos impulsos gracias a la confianza y el respeto que te tiene. Los niños, como los perros, pueden adaptarse a una serie de estructuras. Para enseñarle "No", ponle la correa y crea una situación que pueda despertarle interés (por ejemplo, pon un pañuelo en el suelo o una bandeja con comida en la mesa de centro de la sala). A medida que se aproximan a la distracción, observa las orejas del perro, su nariz y sus ojos para determinar en qué está concentrado. En el momento en que se ponga alerta por la distracción, tira de la correa o golpéate la pierna o golpea fuertemente la pared con la palma de la mano. No interactúes con tu perro hasta que se haya alejado de la distracción y, luego, vuelca la atención del perro en una actividad positiva y elógialo cariñosamente.

Si corriges a tu perro en la mitad de una acción, probablemente él interpretará tu atención como un juego interactivo y no como adiestramiento. Por otro lado, crea situaciones que te permitan corregirlo en el momento en que ni siquiera considere la posibilidad de portarse mal por la distracción. Si llegas demasiado tarde, es mejor no decir nada y esperar a que se presente otra oportunidad en que puedas contener a tu perro y tu mensaje pueda ser duradero.

Esto puede sonar ridículo, pero funciona: si la cosa que comúnmente distrae a tu perro es algo inanimado, como un pañuelo o un sándwich, pégale al objeto furiosamente y di "Sándwich tonto". No mires a tu perro. Después de varias veces, los perros empiezan a eludir o a ignorar el objeto que está castigado.

Aquí presentamos algunas instrucciones:

- **"¡No!"** Este término debe pronunciarse con un tono de finalidad, uno que tu perro aprenderá a respetar. Utilízalo selectivamente para acciones compulsivas que puedan poner en peligro a tu perro o a otros.
- **"¡Ni lo pienses!"** Si descubres a tu perro mirando u oliendo algo de forma cautelosa, no lo dudes, él lo está pensando seriamente. Pellízcalo suavemente en el trasero mientras, en un tono similar a un gruñido, le dices: "¡Ni lo pienses!" Si no se deja impresionar, aléjate mientras tiras de él firmemente. Crea situaciones en las cuales puedas practicar esta instrucción.

  Por ejemplo, una vez que tu perro haya aprendido a ignorar o eludir la mesa de la cocina donde se deja comida, pon un bocadillo en una de las esquinas. Después, coloca una lata llena de monedas justo enfrente del plato con el bocadillo. Mientras sales de la habitación, mira a tu perro seriamente y dile "¡Ni lo pienses!" Si escuchas el movimiento de la lata, regresa a la cocina de inmediato.

Si tu perro no ha mordido el bocadillo, dale un golpe a la mesa y di "¡Mesa tonta!" y dirige a tu perro hacia un hueso para morder o dile que se vaya a la cama. Repite este proceso cada dos días hasta que empiece a entender.

Si tu perro ha sido rápido y ya se ha comido su presa, déjalo que se la coma y retrocede unos párrafos, donde explicamos cómo enseñar la instrucción "No".

Un perro que no está entrenado suele necesitar un tirón de correa para que sepa que tú mantienes el control. Piensa que la correa es como una extensión de tu mano, siempre en contacto con tu perro (que es, en efecto, como tu perro lo ve). El tirón, sin embargo, debe ser suave. Sólo le recuerda que estás en contacto con él y que ésta es tu forma de que él te preste atención; no es un castigo.

Además de los elogios generales, enséñale a su perro una palabra específica como "Sí" o "Buen chico" para así decirle que estás complacido con la forma en que se ha portado y reforzar la cooperación. En las etapas más tempranas, utiliza esta palabra junto con una golosina u otro premio. Después de un tiempo, tu perro reaccionará feliz sólo con el sonido de las palabras y podrás usar las palabras como un premio, incluso si el perro está suelto y lejos de ti.

Enseñarle cómo acostarse

La instrucción "Echado" le pide a tu perro una posición sumisa y vulnerable. Inicialmente puede que él no sea muy fanático de esta instrucción, especialmente si todavía no te ve como el líder de la manada. Tu primera tarea es transmitirle neutralidad para que no le tema a la instrucción ni actúe defensivamente. A medida que practiquen, él será cada vez más cooperativo tanto en ambientes familiares y tranquilos como cerca de distracciones.

Cuando le enseñes la instrucción "Echado", dila sólo una vez. Es importante que tu perro se acostumbre a responder a mandatos de una sola palabra. Además, cualquier instrucción puede cambiar de sentido si se dice de forma repetitiva.

Empieza con el perro sentado a tu lado. Si tu perro no conoce esta instrucción, usa golosinas para guiarlo a la posición de sentado. Por ejemplo, muéstrale una golosina y después muévela desde arriba de la cabeza del perro hacia abajo, dibujando un arco descendente, hasta llegar al suelo, a unos 30 centímetros de distancia de las patas del animal. A medida que el perro se agacha para llegar al suelo, di "Echado" mientras sueltas la golosina en el suelo. No te preocupes si se lanza sobre ella velozmente, le puedes enseñar la orden "Quieto" en otro momento.

Cuando el perro colabore contigo de forma continua, sostén la golosina en la otra mano mientras dices "Echado" y usa una señal que se parezca al movimiento que haces con el brazo para guiarlo con la golosina a que se acueste. Si no colabora, puedes corregirlo físicamente usando el punto de presión del perro para esta posición (es el que está entre los omóplatos). Haz una pausa mientras llevas el premio hacia la boca del perro, elógialo y, finalmente, dáselo. Aumenta cada vez más la duración de la pausa: cuando empiece a mostrar señales de autocontrol, di "Quieto" durante la pausa.

Cuando estés utilizando una golosina para que se ponga en esta posición, mueve lentamente la golosina desde la nariz del perro hacia abajo, entre las patas delanteras. Dirigirlo verbalmente, como se describe en el capítulo 10, es ideal para señalizar todas las instrucciones: dirígelo a medida que lo atraes con una golosina y continúa usando esta señal siempre, incluso cuando hayas superado la etapa de atraerlo con comida.

- **Espalda recta y señalizar hacia abajo:** Una vez que tu perro coopere con la orden anterior ("Echado"), arrodíllate o siéntate al nivel y al lado de él. Mantén la espalda recta: tu objetivo es dirigirlo desde una postura erguida y firme.

  En esta postura, no debes bajar la mano hasta el suelo, más bien haz una señal corta, moviendo la mano hacia abajo, frente a la cara del perro. Si tu perro deja de moverse cuando tu mano se detiene, usa la otra mano para presionarlo suavemente, hasta la posición deseada.
- **De pie y señalizar hacia abajo:** Una vez que hayas completado la orden anterior, empieza gradualmente a dirigir a tu perro. Hazlo de pie. Si es necesario agáchate al nivel de tus rodillas pero mantén la espalda recta. Di "Quieto" una vez que el perro esté abajo. Desliza una correa debajo de tu pie para sujetar al perro en caso de que quiera escaparse y vuélvelo a poner en la posición hasta que lo sueltes diciendo "Bien".
- **Distracción y señalizar hacia abajo:** A medida que introduces esta instrucción en el día a día de tu perro, puede que notes que él responde cada vez menos. Aunque reaccione de inmediato dentro de casa, afuera esta instrucción puede cobrar un nuevo significado para él: ya no ve tu cara, no hay interacción entre ambos, hay sumisión… en fin, tu perro te puede mirar como si no te conociera. No te desanimes y, sobre todo, ¡no repitas la instrucción! Si mantienes unas cuantas golosinas en el bolsillo en todo momento podrás convertir cualquier situación

en donde el perro no esté respondiendo en una posibilidad de adiestramiento. Con el tiempo, el perro aprende que las mismas instrucciones tienen los mismos significados y, potencialmente, hay un premio en cada situación.

Quieto

Esta instrucción le enseña a tu perro a quedarse quieto y a controlar sus impulsos. Además de mejorar la habilidad de concentración del perro, si le pides, desde lejos, que se quede quieto, esto podrá ayudar a sosegar la ansiedad que crea la separación (ver el capítulo 14).

Lo mejor es comenzar en un ambiente donde no haya muchas distracciones para que tu perro se pueda concentrar en aprender esta habilidad:

1. **Empieza con tu perro en la posición de sentado.**
2. **Sitúate de tal forma que estés frente al perro. La nariz del perro debe quedar cerca de tus rodillas.**
3. **Haz una señal de "Quieto", mostrando la palma de tu mano justo enfrente de la cara del perro y di, con confianza, "Quieto".**
4. **Si se mueve, dile otra vez "Siéntate", repitiendo la instrucción de "Quieto" y la señal de la mano.**

Al principio tu perro se quedará en esta posición durante unos pocos segundos. Después podrás aumentar el tiempo e incluso la distancia que los separa.

Haz clases cortas, animadas y divertidas para asegurarte de que tu perro esté interesado y entusiasmado. Simplifica cada ejercicio, aumentando la seguridad de tu perro antes de pasar a distracciones más difíciles o a clases más largas. Si tu perro desobedece de manera constante, pregúntate si es que quizá estás exigiéndole demasiado. Facilita el ejercicio acortando el tiempo que el perro se debe quedar quieto y aumentando las posibilidades de éxito del ejercicio, en vez de buscar el fracaso.

Además de dar lecciones cortas e intensivas, practica a lo largo del día el ejercicio de "Quieto" con el perro estando a diferentes distancias de ti.

Cálmate

Usa la orden de "Quieto" durante períodos cortos en los cuales quieras que tu perro mantenga la posición y no se mueva. Si lo que buscas es que el perro se quede en un lugar particular pero no te importa mucho si se sienta o se acuesta y pretendes dejarlo ahí por un período largo de tiempo, usa la instrucción "Cálmate". Para enseñársela al perro:

1. **Ata una correa de un metro en un área que le sea familiar al perro, como una zona de juego** (ver el capítulo 3).

   Pon juguetes a su alcance.

2. **Trae a tu perro a esta área y dirígelo con una frase como "Ve y te acuestas".**

3. **Sujeta la correa al collar del perro para ayudarle a que se siente o se acueste.**

4. **Ordénale que se calme** (ver el capítulo 4).

   Si tu perro está nervioso, quédate a su lado hasta que parezca más calmado. Camina por la habitación o relájate cerca de él. No le prestes atención si protesta ladrando o quejándose, aunque lo puedes elogiar si lo ves morder un hueso o descansar calmadamente.

5. **Una vez que tu perro se sienta cómodo con esta rutina, ordénale que se calme y abandona la habitación por períodos cada vez más largos (que no pasen de los 30 minutos).**

   Si protesta salvajemente, obsérvalo cuidadosamente para prevenir que haga daños. Continúa practicando hasta que él se sienta más cómodo y se calme contigo en la habitación.

   Si tu perro parece agitado cuando regresas, no lo mires ni te dirijas a él hasta que se haya calmado. Recuerda, tú refuerzas cualquier comportamiento al que le prestes atención. Concentra tu atención en tu perro sólo cuando se haya calmado. Rápidamente, él aprenderá a aceptar tus ausencias y morderá su hueso, la cual es una actividad apropiada para liberar ansiedad.

Reconexión

La respuesta de tu perro a la instrucción "Aquí" o a cualquier otra mientras está suelto depende del deseo de él por estar cerca de ti. Esta mentalidad de manada deriva del instinto social del perro de reconectarse y de mirar a otros antes de actuar. Asumiendo que tu perro respeta las instrucciones que le das y confía en tu capacidad de control, él responderá. Si le enseñas de una manera animada y divertida, las siguientes instrucciones asegurarán que la orden "Aquí" se convierta en una de las favoritas de tu perro.

El indispensable "Aquí"

El hecho de que tu perro responda a tu llamado cuando está lejos de ti es una de las cosas más vitales que puedes enseñarle. Puede incluso salvarle la vida en caso de que esté yendo hacia una situación peligrosa. Si no responde a tu llamado, no tienes el control de la situación.

En términos "psicológicos", sin embargo, responder al mandato "Aquí" no es fácil para él. Piensa en lo que le pides a tu perro cuando lo llamas: le estás exigiendo que suspenda sus actividades de manera inmediata. Se supone que él debe dejar todo lo que está haciendo y correr hacia ti a toda prisa (una petición antinatural tanto para tu perro como para un hombre). Como si esto no fuera suficiente, debe disminuir la velocidad y detenerse de manera perfecta frente a ti. Y después, bueno, tal vez lo elogies un poco o le des un pequeño premio. Toma mucho esfuerzo y autocontrol que un perro responda a esta orden, especialmente si es joven o no ha sido entrenado.

Intenta utilizar el ejercicio de "Aquí" con tu pareja o un ser querido. Espera hasta que la persona esté concentrada en cualquier actividad, como jugar al golf, leer o ver la televisión. Llámala por su nombre. ¿Acaso se volvió para mirarte? Sin importar la respuesta, dile que venga hasta donde estás. ¿Tuviste suerte? ¡Lo dudamos!

Si usas este término para llamar a tu perro cada vez que lo quieres regañar o castigar, no te sorprendas si no responde o incluso si sale corriendo.

Para enseñar o volver a enseñar esta instrucción, divide el "Aquí" en tres partes, observando cada parte separadamente antes de practicar el ejercicio entero:

1. **Anima a su perro a que responda con entusiasmo al nombre.**

   Llámalo por el nombre mientras sacudes una taza llena de golosinas, un juguete o un *clicker* (capítulo 10). Llámalo de una forma amable, invitándolo a que se anime. Evita usar el nombre de tu perro si lo vas a aislar o lo piensas bañar y peinar. "Aquí" debe invitarlo a que mueva la cola animadamente.

2. **Para enseñarle que "Aquí" significa estar juntos y no separados, usa esta instrucción cuando estés interactuando físicamente con él o lo estés premiando.**

   De repente, "Aquí" se convierte en una instrucción bienvenida, dejando de ser desconocida para él.

3. **Ahora, usa la palabra "Aquí" para, desde la distancia, atraer a tu perro.**

   Empieza por llamarlo cuando tenga la correa puesta y esté a una corta distancia tuya. Di el nombre del perro, animándolo cuando responda. Date palmadas en las piernas o retrocede para animarlo a que venga hasta donde estás y elógialo o dale una golosina cuando lo haga.

"Aquí" debe ser la instrucción favorita de tu perro. No lo llames a cada segundo. Si empiezas a usar "Aquí" cada vez que quieres controlarlo, a él no le gustará la palabra. "Aquí" debe ser una cordial invitación a estar juntos.

Cuando el perro esté corriendo hacia ti desde la distancia, levanta los brazos al aire y di "¡Sí!" o "Buen chico" o da cortos aplausos para mostrar tu deleite.

Cómo lograr que esta clase sea divertida

Abstente de convertir la palabra "Aquí" en una instrucción seria. Puedes garantizar que tu perro responderá más rápidamente si conviertes esta instrucción en algo divertido para él. Utilízala a lo largo del día, mientras juegas con él.

Juego de salir corriendo y volver: Ponle una correa con la que lo puedas gobernar (ver el capítulo 10). Puedes hacerlo tanto dentro como fuera de la casa. Cuando el perro te preste atención, corre alejándote de él mientras dices "Aquí". Varía las distancias de la persecución, arrodíllate y prémialo con una golosina.

Jugar a esconderse: Puedes jugar solo o con un amigo. Con una taza de golosinas en la mano, espera a que tu perro se distraiga y escóndete detrás de un sofá o de un árbol. Llámalo por su nombre y sacude la taza, pero detén el juego si tu perro parece confundido. Cuando te encuentre, dile "Aquí" y prémialo.

Cómo controlar al perro cuando está suelto

El objetivo de entrenar a tu perro cuando no tenga puesta la correa es que te responda a ti antes que a cualquier otra persona, situación o cosa. Con frecuencia, los dueños desean soltar a sus perros mucho antes de que hayan madurado lo suficiente o sean realmente capaces de controlar sus impulsos. Este nivel de control requiere que el perro responda bien a una serie de instrucciones, incluido el "¡No!", el cual resulta bastante apropiado para detener los impulsos de persecución o exploración de tu perro. A medida que practicas estar distanciado de él mientras permanece suelto, usa una correa larga o una cuerda para restringir la posibilidad de que empiece a deambular por ahí. Utilízala hasta que puedas controlar mejor las distancias entre ambos.

¡No dejes a tu perro suelto, sin correa, en la calle! Incluso un perro bien entrenado puede dar rienda suelta a sus impulsos y salir corriendo a la mitad de la calle, poniéndose en peligro o asustando a la gente.

A medida que tu perro aprende a seguir instrucciones, se concentrará y se involucrará más en sus interacciones diarias. También se volverá mucho más consciente de tus estados de ánimo y de lo que es capaz de distraerlo; notará cuando no eres consecuente en tus instrucciones (como cuando tienes visita) y si tienes o no el mismo nivel de control sobre él cuando no está atado a una correa.

Si tu objetivo es tener un perro que responda a tus instrucciones, que pueda estar suelto y tranquilo, préstale atención a tu propio comportamiento. Cuando estés practicando tu habilidad de controlarlo desde lejos, sé muy consciente de sólo pedirle algo cuando puedas llevarlo a cabo, cuando estés seguro de que él sabrá responder adecuadamente o cuando puedas reforzar la instrucción.

Las primeras tres cosas en las que debes trabajar son: el nombre del perro, "Espera", "Bien" y "Vamos".

- ✔ **Nombre:** El nombre del perro, en realidad, debe significar "Mírame: el próximo sonido que salga de mi boca es una instrucción". Debe venir antes que nada. Es apropiado decir "Lassie, siéntate" o "Lassie, acuéstate", pero decir "Siéntate, Lassie" es un error, pues el perro responderá a su nombre esperando la instrucción, y te mirará a pesar de que la instrucción ya ha desaparecido en el aire.

Lo que debes esperar cuando llamas a tu perro por su nombre es que él te eche un vistazo rápido, igual que cuando llamas a un familiar por su nombre y éste levanta la cabeza para mirarte. Cuando tu perro te mire, anímalo. Si se acerca puedes ofrecerle una golosina, pero no es necesario. Si te ignora, ponle la correa y dale un pequeño tirón o ponte cerca del perro y tócalo para llamar su atención. Para el perro no es una opción ignorarte cuando lo llamas.

- **"Espera" y "Bien":** Este dúo de instrucciones le indican a tu perro que se detenga; su objetivo es que el perro congele sus movimientos. Varía el tiempo que debe quedarse quieto antes de ordenarle que se mueva con el uso de la palabra "Bien".
- **"Vamos":** Esta instrucción es similar a "Sígueme" y se usa para indicarle al perro que camine a tu lado izquierdo. "Vamos" no le indica esto pero sí lo anima a seguirte. Usa esta instrucción cada vez que vayan a cambiar de dirección. Si tu perro no responde, déjale la correa puesta y recuérdale, con un pequeño tirón, que no irse contigo sencillamente no está permitido.

La instrucción "Aquí" es un ejercicio de tres partes. Si llamas a tu perro por su nombre y él no responde, es poco probable que responda a la instrucción "Aquí". Si ignora tu llamado, tira de la correa suavemente y repite su nombre. Una vez que él te preste atención, di "¡Sí!" o "Bien" y luego di "Aquí" a medida que te arrodillas o corres hacia atrás, animándolo a cooperar. Si tu perro corre hacia donde estás pero no se detiene para reconectarse contigo, saca una golosina del bolsillo y muéstrasela para atraerlo. Después de todo, "Aquí" se supone que quiere decir "¡Estamos juntos y, cuando esto pasa, cosas buenas les pasan a los cachorros que son obedientes!"

Parte IV

Los perros no se portan mal: malentendidos y soluciones

En esta parte...

A pesar de que a veces el mal comportamiento de un perro puede ser frustrante, esto, a menudo, es una señal de agitación, incomodidad o la necesidad de atención. Con frecuencia se trata de una reacción a una ruptura en la comunicación entre el perro y su dueño o a la ausencia de liderazgo o de una familia organizada.

En esta parte te harás una idea de la perspectiva de tu perro: no sólo por qué hace lo que hace, sino también lo que está tratando de comunicar cuando lo hace. Gracias a este entendimiento descubrirás formas apropiadas de eliminar el "mal" comportamiento, mientras que, simultáneamente, animas a tu perro a comunicar sus frustraciones de una manera mucho más apropiada. Además, obtendrás las herramientas necesarias para enfrentar una serie de ansiedades y comportamientos agresivos que pueden afectar tu relación con él.

Capítulo 13

Comportamiento problemático: entenderlo y solucionarlo

En este capítulo

- Comprende el comportamiento problemático de tu perro
- Aprende la forma de mandar a tu perro a dormir
- Corrige los ladridos excesivos
- Enséñale a tu perro a no saltar encima de la gente
- Entrena a tu perro para que permanezca dentro de casa

El comportamiento problemático es una cuestión subjetiva. Obviamente, morder la alfombra es un problema universal, como también lo es el que tu perro haga sus necesidades dentro de casa, pero muchas personas disfrutan de un perro animado que salte encima de la gente y no se molestan porque haya unos agujeros en el jardín de casa. En este capítulo examinamos cuidadosamente algunas de las frustraciones más comunes desde la perspectiva del perro y te ofrecemos remedios sencillos para ellas, en caso de que estés buscándolos.

Filosofía personal y el perro problemático

Imagínate dos cachorros cairn terrier de cuatro meses que han empezado a hacer lo que los terriers normalmente hacen cuando crecen: ladrarle a cualquier sonido que venga del otro lado de la puerta, de la ventana, de la calle o de la ciudad. Recuerda que los terriers nacieron para ladrar (ver el capítulo 6). Cualquier comportamiento problemático que tenga un perro es una cuestión de psicología; pero no de la psicología del perro, sino de las reacciones psicológicas que tiene la gente con la que el perro vive e interactúa.

Sonia es una joven que trabaja en una agencia de publicidad. Ha estado viviendo con uno de estos terriers, Toto, desde hace ocho semanas, y ahora está empezando a pensar que comprar este enérgico cachorro fue un grave error. Ella quería tener un perro juguetón y cariñoso y Toto, con seguridad, lo es. Sin embargo, los ladridos excesivos la están desesperando. Toto le ladra a todo y a todos y parece que ella ya no puede tener una conversación telefónica sin ser interrumpida por los ladridos de su perro.

Compara esta situación con la de Silvia, una maestra de escuela que compró a uno de los compañeros de camada de Toto. Se suponía que este cachorro, Bruno, debía acompañar a la madre de Silvia, medio inválida, especialmente cuando Silvia estuviera en el trabajo. La madre de Silvia, Edith, siempre fue una mujer tímida;

Cuando la mecánica supera la psicología

Muchas veces una solución mecánica es mejor que una solución de comportamiento. Ten en cuenta estas rápidas soluciones mecánicas a los problemas de comportamiento más comunes entre los perros:

- ✔ **El perro se mete dentro de los armarios de la cocina:** Se soluciona con cerraduras a prueba de niños.
- ✔ **El perro sale corriendo por la puerta apenas esta se abre:** Se soluciona poniéndole la correa al perro antes de abrir la puerta.
- ✔ **El perro muerde los zapatos:** Se soluciona manteniendo los zapatos que no estás usando dentro del armario o zapatero.
- ✔ **El perro busca comida en la cocina:** Se soluciona manteniendo al perro fuera de la cocina cuando no estés presente o guardando la comida en vez de dejarla afuera, al alcance del perro. (Si el perro trata de llevarse la comida cuando estás presente, normalmente se soluciona con un "¡No!" firme, reforzado con un sonido duro.)
- ✔ **El perro se sube a la cama y trata de dormir con la gente:** Se soluciona cerrando la puerta de la habitación o poniendo al perro en su propia cama, al lado de la tuya.

Ninguna de estas soluciones requiere un diploma de Harvard. Observa tu ambiente y mira si puedes cambiarlo para eliminar el comportamiento indeseado de tu perro, con lo que podrás ahorrar mucho tiempo de entrenamiento o el costo de contratar a un experto en comportamiento animal.

la angustiaba la idea de mudarse a la ciudad para vivir con su hija después de la muerte de su marido y el empeoramiento de su salud. Edith había oído historias sobre bandas urbanas y ladrones que entraban en las casas que parecían desocupadas o fáciles de asaltar y, a menudo, le hacían daño a cualquier ocupante. Para esta mujer mayor, el estado de alerta en que se mantenía Bruno y los sonidos que hacía el perro la tranquilizaban; además, él la acompañaba y se dejaba acariciar. Edith le mostró a Silvia un artículo donde se decía que la posibilidad de que entraran ladrones en una casa se reducía sustancialmente si había un perro que ladrara desde adentro, sin importar el tamaño del perro. Silvia no había visto a su madre sentirse tan segura desde que había llegado a la ciudad. Con cada ladrido, Edith decía: "Bruno sólo está haciendo su trabajo. Les está haciendo saber que la casa está protegida".

Ambos perros muestran el mismo comportamiento. Sin embargo, Sonia considera que el comportamiento de su perro es un problema, mientras Silvia siente que tiene el perro perfecto para su situación. La cuestión no es tanto lo que los perros están haciendo sino, más importante aún, cómo los dueños interpretan y responden a este comportamiento.

No importa qué tipo de comportamiento problemático tenga tu perro, las opciones que tienes a su disposición son las mismas que tiene todo el mundo:

- **Acéptalo.** Obviamente, si el comportamiento de tu perro no te está molestando, como en el caso de Silvia y su madre, no tienes ningún problema. Si el comportamiento te molesta sólo un poco, puedes reorganizar tu espacio para eliminar el efecto inmediato de la molestia y sentirte a gusto. De este modo, si Sonia normalmente habla por teléfono en la cocina, donde Toto le ladra a todo lo que ve pasar por la ventana, ella sencillamente puede irse a hablar al comedor.

- **Deja que el perro continúe igual, pero cambia la forma en que te sientes al respecto.** Cambiar las actitudes de la gente y las respuestas emocionales al comportamiento de un perro es, con frecuencia, mucho más fácil de lo que puedes llegar a creer. Por ejemplo, Sonia es una mujer que vive sola y, tal vez, si hubiera leído ese artículo de cómo los ladridos disminuyen la posibilidad de que algún ladrón entre en casa, se sentiría mejor con los ladridos protectores de Toto.

  Para mostrar cómo se pueden cambiar las actitudes, tenemos el caso de una mujer llamada Susana y su retriever Lucas que, como todos los labradores, era bastante social y amaba el juego de atrapar y recoger cosas. Lucas estaba enloqueciendo a

Susana, pues le encantaba ir por toda la casa recogiendo cosas y dándoselas a ella. Todo el día le ofrecía juguetes, pantuflas, medias y revistas. Un día Lucas apareció con unas gafas que se le habían perdido a la hija de Susana, y otro día llegó con las llaves que ella había buscado frenéticamente. Fue ahí cuando Susana se dio cuenta de que este comportamiento no estaba nada mal. Es más, convirtió en un juego la manía de Lucas de recogerlo todo. Ahora entra en una habitación y dice: "Lucas, ¡encuentra cosas!", y el perro busca por todo el piso. Esto le ayuda a mantener la casa ordenada, a recuperar objetos perdidos y a redefinir los comportamientos del perro para que no sean un problema.

- **No cambies el comportamiento del perro. Cambia el ambiente para que el perro limite o bloquee el comportamiento que te molesta o, sencillamente, deja de verlo como un problema.** Mucha gente, cuando se enfrenta a un comportamiento problemático, tiende a concentrarse demasiado en él. Considera la historia de Javier y Pecas.

  Javier compartía su vida con un collie amoroso pero obsesionado con la basura. Amaba a su perro Pecas en todos los aspectos, pero le abrumaba la frustración que sentía cada mañana cuando regresaba a casa después de ocuparse de sus asuntos y encontraba el suelo de la cocina repleto de basura. A pesar de que lo había intentado todo, desde gritarle hasta llevarlo a la escena del crimen para que oliera y pegarle, nada funcionaba.

  Sin embargo, una vez que Javier se convenció de la importancia de examinar su papel en este círculo vicioso, la solución real fue fácil y obvia. Dado que la reacción de Javier asustaba a Pecas, el perro se ponía más nervioso y ansioso cuando Javier se estaba preparando para salir. Se le aconsejó estar siempre equipado con juguetes más apropiados para el perro, como huesos y golosinas, y también realizar un cambio bastante sencillo que solucionó el problema para siempre: comprar un cubo de basura que tuviera una tapa con una pequeña cerradura.

- **Cambia los comportamientos del perro para que coincidan con lo que consideras apropiado.** En la práctica, éste es el primer método psicológico o de entrenamiento en el que la mayoría de la gente piensa. En el resto del capítulo nos centraremos en soluciones de este tipo: sin embargo, debes tomar ciertas decisiones cuando optes por cambiar el comportamiento de tu perro:

  - ¿Cuánto tiempo quieres invertir? A menudo, cambiar el comportamiento del perro por completo puede llevar mucho tiempo o involucrar a un entrenador profesional costoso.

- ¿Cuánto quieres cambiar el comportamiento de tu perro? A menudo, con un poco de entrenamiento, el comportamiento problemático se puede cambiar drásticamente, pero no puede ser eliminado por completo.

Supón que tu perro está haciendo sus necesidades dentro de la casa todos los días: obviamente es un problema. ¿Necesitas que tu perro nunca, nunca haga sus necesidades en la casa otra vez, o puedes soportar que le ocurra una vez cada mes o algo parecido? La primera solución puede tardar mucho y ser muy laboriosa, mientras que la segunda puede lograrse bastante rápido. Obviamente, adoptar la segunda alternativa puede requerir que tengas que cambiar un poco tus actitudes para aceptar que tu perro haga una transgresión ocasional.

✔ **Deshazte de tu perro**. La razón original por la que te hiciste con un perro seguramente era la de mejorar tu vida y darle al perro un buen hogar donde vivir. Si ninguna de estas dos cosas está sucediendo (tu calidad de vida no es la mejor ni tu casa es la ideal para tu perro), es hora de reconsiderar las cosas. Si no estás dispuesto a enfrentarte con el comportamiento problemático de tu perro, si no tienes tiempo de cambiarlo o de cambiar tu actitud para acomodar la situación a tu vida, entonces todos estarán mejor si encuentras una nueva casa para él, una casa donde se aprecien sus cualidades. Es una decisión difícil de tomar, pero hay que tener presente el bienestar tanto de la familia como del perro.

Puede ser que hayas escogido una raza que no se ajusta a tus necesidades y condiciones de vida (como Sonia, que estaría mejor si tuviera un perro de una raza que casi nunca ladrara) o, por desgracia, puede que estés en un momento de la vida en el que estarías mejor sin tener un perro.

Tener una caseta para perros

Es útil tener un área cerrada para tu perro, como una caseta, una sección de un cuarto o una zona de juego (ver el capítulo 4), pues le da a tu perro una sensación de seguridad y comodidad en tu casa. Los primos salvajes de tu perro vivieron en guaridas, o bien en un área hueca (cerrada por todos los lados, excepto por uno), cuevas o agujeros cavados por ellos mismos. Esta guarida les proporcionaba comodidad y seguridad y era un lugar seguro al cual podían ir cuando no querían ser molestados. Dentro de tu casa, la caseta para perros o un área pequeña y apartada es sencillamente el sustituto de la guarida.

Las casetas vienen en diferentes materiales y tamaños. Tanto si compras o construyes la caseta o si decides encerrar a tu perro en una habitación pequeña, el área debe ser lo suficientemente grande como para que el perro se pueda levantar, dar vueltas y acostarse con las patas extendidas. Pon un material de cama cómodo en esta área y asegúrate de que tu perro no haga sus necesidades en él.

A pesar de que la caseta (ver la figura 13-1) pueda parecerte una jaula, a la mayoría de los perros les gusta. Ubica la caseta en una habitación que le sea familiar al perro. Es ideal ponerla al lado de tu cama por las noches y en una habitación llena de cosas durante el día.

La forma más rápida de animar a tu perro a que entre en su caseta es con golosinas y con un sistema de premios. Una vez que tu perro ha dejado de dudar, dirígelo con una frase o palabra clave como "A tu casa". Si le estás enseñando esto a un perro mayor, incrementa gradualmente el tiempo que el perro se debe quedar adentro. Inicialmente, cierra la puerta de la caseta sólo durante uno o dos minutos y prémialo por su comportamiento. Después, cierra la puerta e intenta irte de la habitación durante unos minutos. Vuelve, dale una golosina y déjalo salir. Aumenta, de manera gradual, el tiempo que pasas alejado de él.

Si tu nuevo perro se queja durante la noche estando en su caseta, determina si algo va mal o si está físicamente incómodo (los cachorros que tienen menos de 12 semanas se deben sacar a medianoche si se quejan o lloran). Si nada parece estar mal, ignóralo, pues tus intentos de calmarlo le prestan atención, lo cual es un premio para el perro y los quejidos se convertirán en un hábito.

Figura 13-1: Casetas típicas. Pon una sábana sobre los tres lados de la caseta hecha de alambre, para darle una sensación de guarida

Cómo silenciar los ladridos excesivos

Retrocede a los tiempos ancestrales y rápidamente te darás cuenta de que los ladridos de los perros eran una de las ventajas principales del vínculo entre el hombre y los canes. Siendo vocalmente una mejor alerta que la de los lobos, que aúllan de noche, el ladrido del perro se presentaba como una advertencia para nuestros ancestros primitivos.

A pesar de que muchos perros todavía ladran para advertir sobre algo, pocas personas aprecian la profundidad de esta habilidad y la devoción de la tarea. Además, los perros que ladran continuamente durante la noche en el patio o en una casa vacía a cualquier cosa que ven son considerados una molestia y, a menudo, atraen la atención indeseada de la comunidad e incluso multas por romper ciertas reglas de silencio. Esta situación puede crear un problema para el siempre deseoso, constantemente en vilo y a veces aburrido perro de nuestra era moderna.

Los libros de casos de todos aquellos que estudian el comportamiento de los perros están llenos de quejas. Estas quejas son algo por el estilo de "Mi perro le ladra a cada cosa que ve, incluso cuando estoy en casa con él. Se pone al lado de la puerta o de la ventana y ladra. Le digo que pare, le grito para que se calle, pero nada lo hace detenerse. Creo que tratar de corregirlo está empeorando la situación".

Los perros ladran para defender su territorio, por lo que es bastante natural que un perro ladre más cuando está en casa que cuando está afuera. Es importante entender qué le genera esta reacción y qué está tratando de decirte.

Los ladridos son un sonido de alarma (ver el capítulo 3). Con ello, el perro no está emitiendo ninguna amenaza de agresión, a menos de que los ladridos estén mezclados con gruñidos.

El ladrido que se escucha de manera más común en la casa involucra una serie de dos a cuatro ladridos con pausas entre cada serie. Suenan algo así como "guau-guau… guau-guau-guau… guau-guau". Puedes traducir esta alarma clásica como "Llama a la manada. Algo está pasando y debemos investigarlo". Indica que el perro percibe que algo está pasando alrededor de la casa o afuera y está tratando de llamar la atención de su manada y del líder de esta. El problema es que la mayoría de la gente no puede reconocer lo que el perro está tratando de decir ni que él necesita una respuesta.

Dado que el perro está siendo ruidoso, la gente normalmente trata de silenciar a su mascota gritándole "Cállate", "Basta con ese ruido". En ese tipo de respuestas está el error, pues tu perro interpreta esos gritos como "guau-guau... guau-guau-guau... guau-guau". Tu intervención ahora le confirma a tu perro que te sientes de la misma forma en que él lo hace, así que no te sorprendas si siente que él ha hecho lo correcto y continúa ladrando, incluso más fuerte aún. Después de todo, lo estás animando a ladrar.

La forma apropiada de parar los ladridos de tu perro es reconocer que son realmente una señal con un significado especial. Él quiere que investigues algo. Una respuesta más apropiada es mirar por la ventana o fijarte en la puerta y, calmadamente, decirle "Bien por cuidarnos". Acarícialo y llámalo desde donde estés. Él interpretará esta secuencia como "Le pedí al líder de mi manada que se fijara en lo que está pasando y mi líder no ve ningún problema. Por lo tanto, no necesito seguir ladrando". Eventualmente, la frase "Bien por cuidarnos" lo silenciará y lo hará venir a tu lado.

Nota que esta solución no evita que tu perro ladre. Es normal que les ladre a animales o gente que se acercan a tu casa. No querrás eliminar los ladridos por completo pues tienen el propósito útil de alertarte sobre la presencia de alguien. Sin embargo, sí quieres que los ladridos paren rápido y quieres mantener al perro bajo control y la comunicación es la forma de lograrlo.

Perros que ladran a los vecinos

Cuando tu perro le ladra a tu vecino, está protegiendo su territorio. Aunque la protección del perro es justificada, los vecinos están ahí para quedarse, por lo que es mejor para todos resolver estas confrontaciones diarias.

El truco está en organizar las cosas de tal forma que los vecinos no sean vistos como gente que traspasa el territorio de tu perro. Sigue este proceso sencillo de tres pasos:

1. **Presenta tu perro a los vecinos en un área común o neutral, como el área que está entre las dos propiedades.**

   Deja que el perro haga el primer movimiento y huela o salude a tu vecino, quien debe mantenerse de pie, quieto, sin mirarlo ni acariciarlo hasta que el perro se haya calmado. Si tu perro parece temeroso o demasiado agresivo, ponle la correa y sobórnalo con golosinas o con un juguete. Si no se relaja, busca ayuda profesional. No lo fuerces a aceptar a nadie; puede que actúe a la defensiva.

2. **Pídele a tu vecino que venga a tu casa y se quede un rato.**

   Asegúrate de que tu vecino interactúe con el perro. Dile que use el nombre del perro, que lo llame unas cuantas veces, que le ofrezca golosinas y que juegue un poco con él.

3. **Haz que tu vecino regrese a su casa y, con algunas golosinas en el bolsillo, haga que el perro se acerque a la cerca que separa las dos casas.**

   Tu vecino debe mostrarse alegre con tu perro, llamarlo por su nombre y ofrecerle una golosina a través de la reja.

Recuérdales a los vecinos que si tu perro les ladra de nuevo, ellos deben llamar al perro por su nombre y acercarse a él para saludarlo. Recuerda que el perro normalmente ladra para advertir la presencia de extraños, y ahora los vecinos no deben pertenecer a esta categoría.

Ladridos excesivos en el patio

Muchos perros ladran cuando se les deja afuera, solos. A pesar de que los ladridos pueden molestar a todos, gritarle al perro rara vez tiene el efecto deseado. Lo primero que hay que hacer para solucionar este problema es examinar por qué el perro ladra.

Primero, hay que saber que los perros son animales sociales y que están más cómodos y felices cuando están en la presencia de otros, ya sean perros o personas. Segundo, piensa en tu casa como si fuera la guarida de tu perro. Aislado de los demás, el perro se frustra, se siente solo y aburrido, lo cual puede empeorar fácilmente y convertirse en miedo e inseguridad si el ambiente que lo rodea es ruidoso o impredecible.

La solución a este tipo de ladridos es simple: limita el aislamiento del perro fuera de la casa y llévalo adentro. Incluso si tienes que dejarlo solo por tu horario, lo puedes encerrar en una habitación o en una caseta y estar seguro de que estará más feliz si está rodeado de olores y cosas que le recuerdan a su familia.

Si tu perro ladra cuando no estás en casa, recuerda que los ladridos reducen la posibilidad de que entren ladrones en casa. Un perro que ladra puede llegar a ser bastante útil pues está protegiendo tu casa.

Otros ladridos molestos

Los perros más difíciles de silenciar son aquellos a los que les encanta ladrar (tanto a objetos que se mueven, a sonidos o cosas que ven) por el simple gusto de hacerlo. El primer paso para controlar el ruido persistente es poner atención a los sonidos que están haciendo. Como los niños parlanchines, su lema puede ser "Ladro, luego existo".

La forma más rápida e inteligente de silenciar a tu perro es enseñarle a ladrar cuando se lo indiques. Una forma sencilla de hacerlo es seguir esta rutina:

1. **Ponle la correa y átala a una reja u otro objeto inmóvil.**
2. **Párate a unos pocos metros de distancia y provoca a tu perro con un juguete; cuando esté emocionado o frustrado y empiece a ladrar, inmediatamente dale la instrucción "Ladra" y prémialo con el juguete.**
3. **Cuando el perro ladre de manera correcta con la instrucción "Ladra" y con el juguete como premio, cambia el premio, primero una golosina y después un elogio verbal.**
4. **Al final de una larga serie de ladridos, di "Silencio" y después prémialo; cuando tu perro reconozca esta instrucción, aléjate un poco de él.**

   Aprender este paso puede implicar varias repeticiones. Sé paciente.
5. **Cuando tu perro responda apropiadamente a tus instrucciones, vuelve para darle el premio.**

   Finalmente, te puedes alejar más y cambiar a premios verbales.
6. **Por último, con los bolsillos llenos de golosinas, saca a tu perro y llévalo afuera a afrontar situaciones en las que normalmente ladra; cada vez que empiece a ladrar, varía la duración del tiempo en el que puede ladrar antes de decir "Silencio". Prémialo de forma inmediata por su cooperación.**

Puedes usar la instrucción "Silencio" como un interruptor para detener la mayoría de los ladridos cuando estés presente. Sin embargo, el tiempo que el perro permanezca callado dependerá de lo que hagas justo después. Distraer a tu perro con juegos o una pequeña sesión de entrenamiento puede ayudarlo a concentrarse en ti, no en la situación que provocó los ladridos. Con el tiempo, su silencio será más prolongado y el perro se controlará mejor.

Ladrar en el coche

Cuando se deja solo un perro en el coche, a menudo se convierte en ladrador frenético. Esto ocurre, principalmente, por dos factores:

- ✔ El instinto del perro es salir corriendo cuando ve algo que lo asusta o lo sobresalta. Esto no lo puede hacer cuando está dentro de un coche. Ladrar es su forma de llamar a sus compañeros de manada para que lo ayuden.
- ✔ El coche se convierte en el límite de su territorio y esta área compacta debe ser defendida a toda costa. Dado que no llega ningún tipo de ayuda, el perro debe cambiar su ladrido y convertirlo en una combinación de advertencias y amenazas. Cuando la cosa que lo preocupa (una persona pasando en frente del coche) se aleja, esto se convierte en un premio para tu perro, por lo que, seguramente, ladrará de nuevo en una situación similar.

El comportamiento errático de un perro dentro de un coche puede asustar a los peatones y resultar bastante molesto. Si el coche se está moviendo, el ruido que haga el perro puede distraer al conductor e, incluso, generar accidentes.

La solución más simple a este problema requiere, en realidad, menos tiempo que el que empleamos en describirla. Éste es el sitio ideal para usar la caseta para perros. Si tienes un coche amplio o una camioneta, pon la caseta en el maletero. Si tienes un sedán y un perro pequeño o mediano, pon la caseta en el asiento trasero y asegúrala usando el cinturón de seguridad. Ahora, todo lo que necesitas hacer es poner al perro en la caseta junto con un juguete que pueda morder. Las paredes de la caseta bloquearán la mayoría de los emocionantes eventos que suceden fuera del automóvil, lo cual es útil para ciertos perros. Sin embargo, el mayor beneficio es que el perro entiende que su caseta es su guarida y que, en ésta, siempre está seguro y nadie lo molestará. Sin amenazas ni ansiedad, no tiene necesidad de ladrar y el problema se soluciona.

Masticar

Masticar es un acto tan natural para los perros como lo es el tocar para los niños y la gente en general. Para reconocer lo que motiva a tu perro a masticar, debes considerar la edad así como también algunas interrupciones externas que a menudo disparan las ganas de masticar en los perros mayores:

- **Curiosidad:** De la misma manera en que los bebés quieren tocar y sostener cualquier cosa que puedan alcanzar, los perros muy jóvenes (hasta que tienen 12 semanas) usan la boca para conocer nuevos objetos. La mejor solución es convertir tu casa en un lugar a prueba de cachorros. Quita los objetos que tu perro pueda alcanzar, pero si logra atrapar alguno, quítaselo calmadamente y reemplázalo con un objeto apropiado, como un hueso o un juguete que pueda morder. No lo regañes a esta edad. No tiene sentido y, además, crea tensión innecesaria en tu casa; es como regañar a un bebé de seis meses por tirarte del pelo.
- **Cambiar de dientes:** Los cachorros, como los niños, cambian de dientes. Sus "dientes de leche" son desplazados por la llegada de los dientes que se van a quedar para siempre y esto causa que las encías les molesten, les duelan y a veces sangren. Esto ocurre más o menos al tiempo en que tu cachorro empieza a mordisquear los muebles. Francamente, esta reacción tiene mucho sentido: si el perro no puede encontrar de inmediato un juguete que pueda morder, por lo menos siempre sabe dónde se encuentra la pata de la mesa. Debes adecuar las áreas de las diferentes habitaciones con unos juguetes que tu perro pueda masticar. Asegúrate de sujetarlos a algo para que tu perro no se los pueda llevar. Además, esconde los objetos que él pueda atrapar para masticar y rocíalos con una sustancia que tenga un sabor desagradable para el perro.

  La etapa en la cual cambian de dientes es también el momento en que muchos perros aprenden el juego de recoger algo y salir corriendo. Después de todo, ¿quién puede culparlos? Recoger un objeto y hacer que tú lo persigas por toda la casa para atraparlo es muy divertido y emocionante. Dado que lo que le gusta al perro es que le prestes atención, lo mejor que puedes hacer es alejarte o salir de la casa durante tres minutos. En otro momento, tiéntalo y ubica el objeto en algún lugar de la casa donde el perro pueda atraparlo. Ponle la correa y camina con tu perro junto al objeto. En el momento en que muestre interés por el objeto, tira de la correa hacia atrás y di "¡No!" Después, dirígelo hacia una actividad más apropiada.

A menudo comparamos el hecho de que a los perros mayores les guste masticar cosas con la rebeldía de un adolescente: el comportamiento en sí mismo representa un malestar más profundo; por tanto, lo peor que puedes hacer es regañar a tu perro después de que haya perpetrado el delito. Para solucionar el problema, lo primero que debes hacer es determinar si el comportamiento es apropiado para la edad; si no lo es, pregúntate qué cambió en la relación entre ambos para que él se comporte así de inquieto y agitado. Si el problema de que tu perro lo mordisquea todo es relativamente reciente, piensa si se debe a aburrimiento, frustración, ansiedad o búsqueda de atención (hablamos de alternativas a estas situaciones en los capítulos 14 y 15).

No dejes que tu perro salte encima de la gente

Tanto en las películas como en los dibujos animados, puede ser divertido cuando un perro grande se dirige directamente a la mujer vestida de blanco, salta encima de ella para saludarla, la tira al suelo y deja huellas de barro en su vestido. En la vida real, sin embargo, este comportamiento es pocas veces aceptado. La forma de evitarlo depende de lo que motiva al perro a que salte, en primera instancia.

Comportamiento incompatible

Para evitar los molestos saltos del perro, todo lo que necesitas hacer es encontrar un "comportamiento incompatible" con el acto de saltar. En los perros, el comportamiento incompatible con saltar es hacer que el perro se siente. Esto resulta fácil porque la mayoría de la gente ya le ha enseñado a su perro a sentarse con una instrucción verbal o una señal. Obviamente, si el perro está sentado, no puede saltar a la vez.

Para hacer que tu perro no le salte encima a la gente cuando la está saludando, sencillamente dile "Siéntate" cuando vas a abrir la puerta o entrar en la habitación por la mañana. Lo puedes premiar con golosinas, caricias o elogios.

Otro ejemplo de comportamiento incompatible es cuando el perro se sube a los sofás y sillones. Él está buscando un lugar cómodo donde pueda descansar. La solución es darle una cama propia o ponerle un suave colchón en el suelo. Se le debe mostrar esta alternativa y debe ser puesto ahí en caso de que salte al sofá. Obviamente, el perro no puede descansar en el sofá y en su cama a la vez.

Tu perro puede tener muchas razones para saltar. Si salta durante el saludo, lo que él quiere es tener contacto con tu cara.

Dado que cualquier tipo de atención (tanto positiva como negativa) refuerza el comportamiento, mucha gente, sin querer, premia los saltos del perro. Cualquier reacción que involucre tocar es considerada una interacción. Si empujas a tu perro o lo tiras del pelo, puede que estés motivando su comportamiento.

Algunos libros de adiestramiento sugieren medidas muy drásticas, como ponerle las rodillas en el pecho al perro cuando salte sobre ti. Estos métodos no funcionan muy bien e, incluso cuando sí lo hacen, sólo consiguen que el perro deje de saltar encima de la persona que lo castiga por esto.

Saludar saltando

Es importante que elogies a tu perro por sentarse en vez de saltar. Sin embargo, es igualmente importante que el perro sea completamente ignorado cuando salte. No digas "Perro tonto" o "¡No!", pues eso significa que le estás prestando atención. No empujes al perro porque tocarlo es premiarlo. Sencillamente actúa como si el perro no estuviera ahí, excepto cuando le dices que se siente. Cuando lo hagas, prémialo con golosinas y caricias.

Si ignorar a tu perro no funciona, cúbrete la cara con los brazos y continúa ignorándolo hasta que se haya calmado. Indícale que se siente o lánzale un juguete para que lo atrape.

Saltos encima de otras personas

Si tu perro brinca encima de otras personas cuando estás presente, la solución es simple: dile que se siente antes de que salte, prémialo y, después, deja que tu visita lo acaricie y le dé un premio por sentarse de manera cortés. Si está muy excitado, mantenlo con la correa puesta y cógela para prevenir que interfiera o átalo lejos de la puerta hasta que se haya calmado.

Obviamente, esta solución no funciona cuando no estás cerca y tu visita no sabe que debe pedirle al perro que se siente para prevenir que le salte encima. Existe una solución bastante simple:

La mayoría de la gente le enseña a su perro a sentarse usando la palabra "Siéntate" o haciendo una señal con la mano. Lo que debes hacer es entrenar a tu perro para que se siente con una señal adicional que puede ser usada durante los saludos. En este caso, la señal que debes usar se realiza con las dos manos, palmas arriba, mostrándoselas al perro, como se ve en la figura 13-2.

Es fácil entrenar al perro para que responda a esta señal. Ponte enfrente del perro y di "Siéntate" (lo cual él ya entiende) y haz la señal con la mano. Dale una golosina cuando responda. Una vez que él se acostumbre a ver la señal junto con la instrucción verbal, trata de usar solamente la señal y mira si tu perro la descifra. Si no, sigue practicando, usando tanto la mano como la voz. Cuando el perro entienda que cuando subas las dos manos él debe sentarse, estará listo para que conozca gente nueva, incluso si tú no estás presente.

La razón por la cual esta nueva señal previene que tu perro salte es que es la misma señal defensiva que la mayoría de las personas tienen para protegerse cuando están asustadas de que algo (como un perro grande) se les pueda echar encima. De esta manera, cuando algún visitante vea que tu perro se le aproxima, puede hacer este movimiento automático con las manos (sin instrucciones por tu parte). Tu perro, ya bien entrenado, interpreta esta reacción como "Siéntate" y el problema se resuelve. Recuerda, un perro que se sienta no puede saltar.

Figura 13-2: Señal para que el perro se siente. Esta señal reduce los saltos

Cómo entrenar a tu perro para que no haga sus necesidades dentro de casa

A pesar de que varios estudios científicos demuestran que este problema es la frustración número uno de los dueños de perros, no necesitas un gráfico para convencerte de que no es divertido tener un perro que no sabe salir de casa para hacer sus necesidades. Si todavía estás sufriendo por esta razón, no te preocupes, en seguida te vamos a ayudar.

Si tu cachorro es joven y está acostumbrado a dormir en su caseta para perros, tus esfuerzos serán muy pocos, ya que, instintivamente, evitará ensuciarla. Una de las primeras lecciones que aprende de su madre el cachorro es mantener limpia el área donde duerme, lo cual se lo enseña al consumir todo el desperdicio que producen los cachorros.

Todas las facetas del comportamiento de tu perro tienen que ver con su evolución. Antes de la domesticación, las guaridas donde nacían los perros se mantenían limpias para así remover cualquier olor de desperdicios que pudiera atraer a un depredador hacia la camada de indefensos cachorros.

Si tu cachorro hace sus necesidades en su caseta, tal vez se trata simplemente de que es demasiado grande para él. Una caseta grande le permite hacer sus necesidades en una esquina y descansar en la otra. El objetivo, claramente, es que tu cachorro se controle cada vez más y no haga sus necesidades estando adentro de la caseta. Si has comprado una caseta para perros grandes, construye una barrera para limitar el espacio; puedes introducir en la caseta un pedazo de cartón del tamaño adecuado para reducir el espacio.

La rutina para hacer sus necesidades

La rutina es clave para que tu perro no haga sus necesidades dentro de casa. Establece un horario e insiste en que todos los miembros del hogar lo respeten. Organiza las horas de las comidas, las salidas a la calle y los períodos de juego. A continuación te presentamos una rápida lista de consejos:

- ✔ Los cachorros y los perros que no han sido entrenados necesitan salir después de hacer la siesta o después de haber sido

Aprender de los mayores

La gente con experiencia te dirá que es mucho más fácil entrenar a un cachorro para que no haga sus necesidades dentro de la casa si ya tienes un perro entrenado que sepa la rutina. El truco es dejar que salgan juntos. El cachorro observará al perro mayor y, con la simple observación, aprenderá lo que se espera de él.

Este consejo nos lleva a una recomendación obvia. Si tienes un perro mayor en casa y temes que le quede poco tiempo de vida, puede ser útil traer un cachorro antes de que muera el perro mayor. Esta será una gran oportunidad para el cachorro pues el perro mayor será su mentor y el cachorro aprenderá de él algunas habilidades básicas. Tener un cachorro en la familia, además, suele mejorar la calidad de vida y el nivel de actividad del perro más grande e incluso puede llegar a alargarle la vida.

Para asegurarte de que escoges a un cachorro que sea compatible con el otro perro, consulta el capítulo 5. Un cachorro dominante puede afectar emocionalmente a un perro mayor pacífico y amoroso.

encerrados durante un tiempo ya que generalmente, cuando no hay mucha actividad, se disparan las ganas de ir al baño. Esto significa que lo primero que debes hacer por la mañana, inmediatamente después de que los saques de su caseta, es darles la oportunidad de hacer sus necesidades. Después de una larga noche, los cachorros a menudo no alcanzan a llegar a la puerta, por lo que es mejor que los lleves en brazos hasta la puerta durante la primera semana.

- ✔ Un cachorro no ha desarrollado la fortaleza de los músculos de la vejiga y debe poder salir con frecuencia, particularmente después de comer, beber, jugar, dormir y estar aislado. Un cachorro entre las 6 y las 14 semanas debe sacarse unas ocho o más veces durante el día. Este número se irá reduciendo gradualmente durante los siguientes seis meses.

- ✔ Si tu perro hace sus necesidades con mucha frecuencia, puede que tenga una infección interna o parásitos. Habla con el veterinario inmediatamente.
- ✔ Lleva a tu perro siempre al mismo sitio para que haga sus necesidades. Puedes identificar esta zona con ramas de algún árbol o designarle un árbol específico. ¿Tienes un patio con una cerca? Hasta que tu perro haya sido entrenado, debes acompañarlo para animarlo y reforzar sus hábitos.

- No confundas tus objetivos. Cuando lo saques para que vaya al baño, llévalo a esta zona e ignóralo mientras hace sus necesidades. No lo lleves a caminar ni juegues con él hasta que haya terminado.
- Enséñale palabras clave y rutinas para reforzar su participación. Puedes hacer sonar una campana o invitarlo a que ladre antes de salir. Di “Afuera” mientras lo diriges a la zona designada. Después, dale una clave con otra frase, tal como “Rápido”, o “Ve al baño” mientras esté en el proceso.
- Al repetir la misma frase mientras tu perro hace sus necesidades, le estás indicando lo que quieres que haga y, finalmente, él podrá aprender a ir al baño con esta frase.
- Una vez que haya hecho sus necesidades, tómate el tiempo de premiarlo con tu atención, con un juego divertido o una caminata. Si se apresura a meterse dentro de la casa de nuevo, tu perro aprenderá a dilatar el proceso de ir al baño para así poder pasar más tiempo contigo.

- La mayoría de los cachorros pueden aguantar las ganas de ir al baño entre seis y ocho horas. Saca a tu perro antes de llevarlo a la cama, incluso si lo tienes que despertar de un sueño profundo.

Cuando ocurren accidentes

Enfréntalo: los accidentes ocurren. A pesar de que los perros aprenden rápidamente las rutinas, todos estamos expuestos a un desliz ocasional. Los accidentes ocurren por una serie de razones:

- El perro ha estado aislado durante mucho tiempo o no se le dio el tiempo necesario para hacer sus necesidades durante la última salida.
- Está sufriendo de una infección o una enfermedad.
- Se despertó de una siesta y tomó mucha agua y nadie se dio cuenta, por lo que no lo dejaron salir.
- Llegaste a casa más tarde de lo habitual y el perro no aguantó.

Si el perro tiene un accidente, no lo regañes ni restriegues la nariz del perro en sus orines. Los perros raras veces hacen la conexión entre el castigo y su comportamiento anterior. Estos duros castigos sólo les enseñan a asustarse contigo. Si descubres a tu perro en el acto y lo castigas, sólo le estás enseñando a esconderse dentro de la casa para hacer sus necesidades.

Si descubres a tu perro en el proceso de ir a hacer sus necesidades dentro de casa, interrúmpelo y llévalo afuera a la zona indicada (sin usar palabras fuertes ni castigarlo). Si va al baño afuera, elógialo. Recuerda ser paciente; algunos perros tardan más tiempo que otros en aprender que deben ir al baño fuera de casa.

Lo mejor que puedes hacer cuando te enfrentes a este desastre ocasional es limpiar. Usa un producto especial para eliminar los olores o sencillamente limpia el área con vinagre blanco o con alcohol. Estos limpiadores matarán cualquier olor o vestigio que pueda desencadenar en el perro las ganas de hacer sus necesidades allí otra vez.

No utilices productos que tengan amoníaco ya que huele lo suficientemente parecido a la orina como para atraer a tu perro a que haga sus necesidades en esa área otra vez. Tampoco dejes que el perro te observe mientras limpias pues tus actividades pueden atraerlo a ese mismo lugar.

Capítulo 14

Aprende a combatir los malos comportamientos producidos por la ansiedad

En este capítulo

- Aprende a reconocer el miedo
- Cómo enfrentarte al hecho de que tu perro se orina por ser sumiso
- Cómo curar la ansiedad por la separación
- Cómo enfrentar los miedos y las fobias de tu perro

El miedo, la ansiedad y el estrés son los principales ingredientes de los problemas psicológicos humanos y son igualmente importantes en el comportamiento canino. Algunas veces resulta evidente cuándo tu perro está preocupado o tiene miedo. En otros momentos sólo sabes que tiene miedo después de que se ha comportado de forma molesta, lo cual puede incluir destruir los muebles y los objetos, ladrar mucho y muy alto o aullar cuando no estás o, incluso, comportamientos que parecen una agresión sin motivo, como morder a alguien. Para ayudar a tu perro a combatir esta ansiedad, lo primero que debes hacer es ser capaz de reconocerla.

La cara del miedo

Las señales más obvias de que un perro está ansioso o tiene miedo son orejas hacia atrás, cola gacha, lloriqueos, gemidos u otros sonidos de tono alto y vueltas sobre sí mismo (ver la figura 14-1). Un perro ansioso puede responder de diferentes maneras, dependiendo del tipo de miedo que tenga.

Figura 14-1: Posición típica de miedo, un poco agachado

El miedo no es una emoción simple y a menudo aparece en formas únicas y en diversos grados. La forma más fuerte y obvia del miedo llega cuando un perro siente que su vida está en peligro. En esta situación, sólo tiene dos opciones: puede escaparse de la situación o puede pelear con el individuo que lo está amenazando.

Entre los perros encontrarás algunos que muerden por miedo. Estos perros se sienten abrumados y puede parecer que estén actuando

El miedo social normal y la comunicación

Resulta fascinante que no haya más perros que usen la agresión cuando tienen miedo o se sienten amenazados. Sin embargo, como ocurre con muchos otros comportamientos, existe una explicación evolutiva. Parece que a la evolución dejó de gustarle la agresión entre miembros del mismo grupo, a no ser que no haya otra opción. En las manadas de lobos, por ejemplo, es importante para su supervivencia que se mantengan juntos, lo cual requiere lazos sociales fuertes. Dentro de las manadas de lobos evolucionó una jerarquía para organizar la interacción del grupo, con el lobo más inteligente al frente al resto de la manada.

Un lobo nervioso o miedoso puede sentir un conflicto intenso cuando se le acerca un ejemplar más dominante. Sin embargo, salir corriendo o mostrarse agresivo no es una respuesta social apropiada. Por esta razón, los lobos, y por ende los perros, aprendieron gestos más apropiados para comunicar respeto, sumisión y miedo. En efecto, esta habilidad social les permite mantenerse en el grupo, compartir al estar en compañía y, sobre todo, evadir conflictos.

Los ojos tienen la clave

Si tu perro está jadeando o muestra cualquier otra señal de estrés, observa cuidadosamente sus ojos. En los hombres, el estrés, la ansiedad y la emoción causan la dilatación de las pupilas. Lo mismo pasa con los perros. Si tienes un perro de una raza en la que puedas ver el tamaño de sus pupilas, fíjate si están más grandes de lo normal. En caso afirmativo, tu perro está bajo algún tipo de presión.

Claramente, este diagnóstico requiere que sepas de qué tamaño son las pupilas de tu perro cuando no está preocupado. Aprovecha ahora para mirarlo y determinar un patrón con el cual puedas comparar después.

tanto de forma inapropiada como impredecible en situaciones cotidianas. Si un trauma ha hecho que un perro quede tan asustado con una persona o una situación como para que decida atacar para salvarse, el perro necesita, desesperadamente, ser condicionado de nuevo para que consiga aceptar el estímulo. A pesar de que este proceso puede tomar tiempo y exigir paciencia, no es algo imposible de hacer.

Un perro que tiene miedo optará siempre por salir corriendo de la amenaza que lo está asustando, ya sea imaginaria o real. Piensa en el perro que le tiene miedo a la gente desconocida y que se esconde inmediatamente cuando suena el timbre de la casa. En el mundo salvaje, esta reacción sería una habilidad de supervivencia; en la casa en cambio, crea confusión, ya que a la mayoría de la gente le encanta compartir a su perro como si fuera otro miembro de la familia. Si cualquier otro miembro de tu familia se escondiera cada vez que llegara un visitante, buscarías ayuda de inmediato. De la misma manera, debes preocuparte si tu perro está mostrando estos niveles de ansiedad.

A veces, el miedo se manifiesta y el perro no puede esconderse. Esta situación crea un impulso por pelear o por salir corriendo y, cuando no le dejan otra opción, el perro reaccionará agresivamente debido a su impulso natural de sobrevivir. En la vida salvaje, esta reacción puede verse como si el perro estuviera rodeado por un depredador más grande, como un oso o un león. En la vida cotidiana, sin embargo, esta reacción puede producirse cuando un perro es atado, encerrado o acorralado.

Destrezas sociales y resolución de conflictos

Afortunadamente son pocos los perros que muerden a los hombres debido al miedo. Los perros aceptan a las personas como si fueran otros perros y, a menudo, utilizan las mismas destrezas sociales que les ayudaron a ellas a adaptarse a vivir socialmente a lo largo de su evolución.

Los perros que experimentan miedo constante a menudo tienen una historia de aislamiento social o negligencia. Si un cachorro es aislado de la gente o de otros perros durante su período temprano de socialización (ver el capítulo 8), será incapaz de aprender a comunicarse y a jugar de manera apropiada. Cuando sea adulto y esté en situaciones sociales, este impedimento se evidenciará de inmediato mediante muestras de miedo y agresión.

Cuando un perro se ha socializado normalmente, desarrolla destrezas de comunicación naturales para evadir los conflictos y el estrés con otros miembros del grupo. Obviamente, en caso de conflicto, escapar y pelear son todavía opciones posibles. De las dos, pelear es la menos probable.

La señal más común que utiliza un perro sumiso para evadir un conflicto es agachar el cuerpo mientras encoge tanto el estómago como la cabeza cerca del suelo y mira hacia arriba. Esta señal es exactamente opuesta a la que expresa dominancia, que consiste en ponerse erguido, con la cola y las orejas hacia arriba y el pelo erizado para mostrarse más grande. En el caso de la sumisión, lo que el perro está diciendo es: "No discutamos" o "Acepto tu liderazgo y tu más alto estatus social".

La presencia de una señal que se ha convertido en ritual, como agachar el cuerpo, no es una indicación de miedo físico sino, más bien, una forma de evadir la temerosa posibilidad de la confrontación. Esta postura no es nada diferente de la de un campesino que le hace una reverencia al rey para mostrar respeto y reconocer su jerarquía.

Reconoce las señales del estrés

Afortunadamente, la mayoría de nuestros perros no tienen episodios de miedo incontrolable, pero sí pueden sufrir con una variedad de situaciones estresantes y preocupantes. Las siguientes señales indican estrés:

Historias de camadas

Muchos de los gestos que indican ansiedad, preocupación o comportamiento sumiso y que resultan del miedo, en realidad evolucionan de situaciones que han ocurrido en la camada del perro. Después de que los cachorros son alimentados, la madre, con la nariz, empuja a cada cachorro para que se ponga bocarriba o de costado y lo lame de pies a cabeza. Cuando empieza a lamer la cara y el cuello de un cachorro, la reacción de éste es levantar la pata y acostarse sumisamente hasta que su madre termine de lamerlo. Después, cuando los ojos del cachorro se han desarrollado por completo, sólo se necesita que la madre lo mire fijamente para que él se acueste y levante la pata.

Los cachorros a menudo tratan de calmar a su madre o a otros miembros de la camada lamiéndolos cuando están actuando de manera hostil o amenazante. Después, cuando el perro es más maduro, puede lamer para causar el mismo efecto. Por ejemplo, puede lamer la mano de su dueño en caso de que éste se muestre enojado con él.

- ✔ **Jadear:** Los perros no sólo jadean o sudan cuando tienen calor sino también cuando están experimentando emoción o ansiedad. De esta manera, cuando un perro que no se ha movido mucho ni ha estado expuesto a temperaturas muy altas empieza a jadear vigorosamente, esto significa que está ansioso o emocionado. Obviamente, la emoción puede ser producida por diferentes eventos, tales como anticipar una caminata. Pero si el feliz evento no está pendiente, es posible que el perro esté ansioso, preocupado o, incluso, tenga algún tipo de dolor.
- ✔ **Pata sumisa:** Una sutil señal de sufrimiento se da cuando el perro levanta la pata delantera. A pesar de que mucha gente puede interpretar esto como un gesto tierno, señala un conflicto emocional, que combina el miedo social con una dosis de inseguridad. Por ejemplo, el levantar la pata delantera como señal de estrés evolucionó del comportamiento sumiso que los cachorros mostraban en su camada. Este gesto es también muy común en cachorros y significa no sólo estrés, sino algo que se puede interpretar como "necesito que hagas algo por mí".

La pata sumisa es muy común durante la etapa temprana de adiestramiento, cuando los perros no están muy seguros de qué se espera de ellos. Si se ha puesto al perro en una posición de sentado y se le ha dicho que se quede quieto, por ejemplo, los perros que levantan la pata son también los que con mayor probabilidad se acuesten o salgan corriendo hacia su dueño antes de que el tiempo de entrenamiento haya terminado.

- **Lamer obsesivamente:** Ésta es una señal de estrés o ansiedad. Los perros adultos pueden revelar estrés cuando hacen algo que se parece a lamer el aire. El perro mueve la lengua hacia fuera y hacia dentro como si estuviera lamiendo algo o a alguien que le está causando estrés, pero el animal está demasiado lejos como para tocarlo o demasiado asustado como para acercarse a tocarlo. Lamer el aire es casi siempre un indicador de que el perro está ansioso.

El síndrome del perro que se orina

La escena es no poco común. Llegas a casa, o llega un visitante o te encuentras con alguien en la calle, y cuando intentan saludar a tu perro, lo ves agachándose en el suelo y notas que orina algunas gotas o que está sobre un charco de orines. Este comportamiento basado en la ansiedad no es un problema de adiestramiento: es una señal de que algo en la situación está estimulando en tu perro sentimientos extremos de preocupación. Los expertos denominan este problema *orinar por sumisión.*

Como muchos otros comportamientos del perro, puedes rastrear el origen de este problema en los sucesos experimentados por él con el resto de la camada. Los cachorros muy jóvenes necesitan ser estimulados por los lamidos y los empujones de su madre para poder orinar o defecar. Si el cachorro no responde lo suficientemente rápido, la madre puede darle un pequeño golpe en el área de los genitales para así empezar a mover las cosas. Los chillidos del cachorro indican que esta acción es desagradable para él. Después, cuando el cachorro es mayor y tiene la vista bien desarrollada, la madre sólo tiene que mirarlo como si fuera a empezar el ritual de siempre y, automáticamente, el cachorro hace sus necesidades. Este paso le ahorra tiempo a la madre (como también le evita al cachorro la incomodidad de los empujones) y prepara a los cachorros para seguirla afuera cuando necesiten ir al baño.

Psicológicamente, los cachorros aprenden de forma temprana a responder a una mirada o a un gesto dominante orinando por sumisión. A medida que maduran, aprenden a controlar este comportamiento y, dependiendo de sus experiencias, puede que nunca vuelva a aparecer durante la madurez. Sin embargo, en casos de estrés severo (lo cual varía, dependiendo del temperamento y de las experiencias del perro), el orinar por sumisión puede ocurrir y convertirse en un problema para el dueño del perro.

Orinar por sumisión es un comportamiento involuntario que no puedes corregir enojándote. Para resolver el problema es preciso que controles cualquier muestra de emoción.

Antes de tratar de solucionar el problema, analízalo. ¿Cuándo ocurre?

- ✔ ¿Cuando llegas a casa?
- ✔ ¿Cuando tú u otras personas miran al perro?
- ✔ ¿Cuando te muestras enojado con el perro o lo regañas?
- ✔ ¿Cuando te agachas para acercarte a él o cuando tratas de levantarlo?
- ✔ ¿Cuando el perro conoce gente nueva o entra en lugares desconocidos para él?

Una vez que identifiques las situaciones que causan que tu perro se orine, puedes solucionar el problema en unas semanas, dependiendo de tu habilidad, coherencia y la gravedad de la situación.

Qué hacer para que el perro no se orine en situaciones de estrés

Dado que orinar por sumisión se produce, de manera predecible, cuando tu perro saluda a una persona cuyo tono de voz o estatura transmiten autoridad, puedes predecir de manera fácil en qué momento ocurrirá esto. Cuando interactúes con estas personas, que para el perro parecen figuras de autoridad, cuéntales los esfuerzos que has hecho por corregir la situación y pídeles que ignoren al perro por completo o hasta que éste se les acerque. También puedes ofrecerle a la persona una taza llena de golosinas para el momento en que se aproxime a tu perro.

La buena noticia es que un perro joven normalmente supera este problema a medida que madura y puede predecir sus interacciones con los demás. Para resolver este problema basado en la ansiedad, resulta de suma importancia que le ayudes a estar más seguro de sí mismo. Por otro lado, castigarlo sólo intensifica su ansiedad y empeora las cosas.

La esencia de la corrección es eliminar cualquier señal de amenaza durante esos momentos críticos que has identificado como la fuente de ansiedad para el perro. Por ejemplo:

- Si tu perro se orina cuando te le acercas, no te le acerques de forma directa. Levántate de manera silenciosa, date la vuelta y agáchate.
- No le digas nada al perro.
- No tengas contacto visual con él.
- No extiendas la mano.
- Permite que el perro se te acerque.
- Cuando el perro llegue hasta donde estás, acarícialo suavemente debajo del mentón. No le muestres la palma de la mano directamente ni muevas el brazo por encima de su cabeza. Si al acariciarlo se vuelve a orinar, deja de hacer esto durante unos días y después inténtalo de nuevo.

Si tu perro se motiva con las golosinas, usa una taza o un *clicker*, o pon las golosinas en tu mano y muéstraselas para exteriorizar su concentración. Anímalo a que se te acerque (ver el capítulo 10).

Además, haz todos los esfuerzos cotidianos necesarios para subirle la autoestima:

- Utiliza un tono de voz no muy alto cuando interactúes con él en el día a día.
- Utiliza cursos de obediencia o deportivos y usa comida y elogios para estimular el interés y la cooperación de tu perro. Usar instrucciones tan simples como "Siéntate" puede calmarlo cuando conoce a gente extraña.
- Cuando una persona desconocida se aproxime, pregúntale si quiere darle una golosina al perro. Es importante que desvíe la mirada (preferiblemente hacia el suelo) mientras que llama a tu animal por su nombre.

- Si tu perro realmente les tiene miedo a los extraños, pregúntale a tu visitante si puede sostener tu mano para que, de esta manera, tu perro pueda olfatearlos a los dos.

El efecto de esta cuidadosa reunión social puede condicionar de nuevo, lentamente, el miedo del perro, para convertirlo en lo que será una eufórica anticipación de encuentros sociales.

Aplaca la ansiedad por separación

La *ansiedad por separación* es un concepto que abarca una serie de reacciones extremas que puede llegar a tener un perro cuando su dueño lo deja solo en casa. Las reacciones clásicas son:

- ✔ Morder de manera destructiva o clavar las garras en la puerta, en ropa, muebles, objetos y demás.
- ✔ Automutilarse, como cuando el perro se lame de manera excesiva, se rasca mucho o se entierra sus propias garras.
- ✔ Excavar en el jardín o en las plantas; rasgar las alfombras o la ropa de cama.
- ✔ Orinar dentro de casa.
- ✔ Protestar con aullidos y ladridos.
- ✔ Dar muestras de hiperactividad o frenesí cuando llegas o te vas.

Nuestros libros de casos están llenos de estas historias: Sultán, el border collie que, de manera casi literal, rasgó todo el papel de la pared de una cocina; Roko, el boxer que excavó una pared con sus patas y dientes y creó un hueco entre dos habitaciones; y muchos otros perros que, diariamente, destruyen muebles y ropa cuando están solos. La ansiedad por separación es demasiado común hoy en día cuando muchos perros se dejan solos durante horas prolongadas y se espera que se entretengan solos. A estas pobres criaturas no les gusta destruir cosas (en cada caso que hemos contado, el perro estaba muy ansioso, hasta el punto de llegar a experimentar el verdadero pánico).

Acéptelo o no, la gente es la principal causa de la ansiedad por separación. A pesar de que la mayoría de los perros sufren de ansiedad por separación cuando son adolescentes, si se controla adecuadamente, esta fase del desarrollo pasará rápidamente. Si no se controla correctamente, este problema psicológico puede durar toda la vida.

La ansiedad por separación tiene raíces evolutivas. En una manada, los cachorros se quedaban en su guarida con un guardián mientras el adulto (lobo o perro) salía al campo a cazar o a explorar. A medida que los cachorros maduraban y se convertían en adolescentes, la secreción de hormonas adultas presagiaba un rito: ahora eran incluidos en las actividades de los adultos. Adelantándose en el tiempo al día de hoy, a pesar de que los cachorros aceptan tus salidas y entradas de casa, un perro adolescente tiene que ajustarse emocionalmente a la separación entre ambos ya que sus impulsos le están diciendo, de manera casi literal, que se una a ti.

Metafóricamente hablando

Imagínate que eres un niño de ocho años y que tu guardián te deja solo en casa sin decirte cuándo regresará. A medida que pasan los minutos, probablemente estarás más ansioso, aburrido o preocupado. Puede que mires la fotografía de tu guardián, que está en la pared, o que encuentres un objeto familiar que te dé consuelo. Cuando tu guardián finalmente llegue a casa, te sentirás feliz y aliviado y exhibirás vigorosamente tus emociones.

Los perros experimentan una ansiedad similar y ésta es especialmente fuerte cuando la sienten por primera vez durante la adolescencia. Si disfrutas dándole gusto a tu perro o respondes a cada exigencia de atención por parte de él, tus salidas y, por ende, la separación entre ambos, será mucho más pronunciada. Dado que no es posible tener una rápida conversación telefónica, el perro tratará de llamarte con sus ladridos y aullidos. Si tu perro es del tipo no verbal, puede que visualice imágenes de tus actividades en la casa, como leer o ver televisión y que busque prendas que le son familiares y que tú te has puesto.

¿Cómo puede ser una señal de amor el que tu perro arrastre tus zapatos por toda la casa? A pesar de que él no está contento en ese momento, con seguridad está pensando en ti cuando lo dejas solo.

Cómo empieza todo...

Aquí esbozamos cómo una reacción común puede tornarse, comprensiblemente, en un evento que le produce ansiedad al perro. Tú consigues un cachorro y lo dejas solo mientras vas al trabajo. Cada vez que regresas a casa, lo saludas alegremente con muchas caricias, elogios y atención. Dado que, por lo menos inicialmente, mantienes un horario regular, el perro empieza a anticipar estas interacciones.

Pero claro, no importa lo regular que sea su rutina, llegará un día en que regresarás a casa tarde. Dado que los perros tienen un buen sentido del tiempo, tu cachorro empezará a ponerse nervioso y a preocuparse. Puede que se imagine el sonido de tus pasos o tu llegada pero, cuando esto no sucede, se vuelve ansioso. Aquí es cuando se acerca al libro que estás leyendo, a tus zapatillas o al mando a distancia del televisor, que siempre usas. Si él no puede tenerte, por lo menos puede tener tu olor y el sabor asociado con los aceites y el sudor de tu cuerpo. Así que el perro olfatea, prueba y, al final, mastica el objeto para acercarse a tu presencia.

Finalmente, tú llegas a casa, sólo que esta vez no habrá un final feliz. El cachorro te ve y, en un acto de inocencia, te saluda rutinariamente, tal vez añadiendo un componente casi histérico debido al descanso que siente al verte. Tú te unes al saludo pues esta muestra de amor es reconfortante (esto es hasta que ves cómo quedó el libro que estabas leyendo, tus zapatillas o el mando a distancia del televisor). Comprensiblemente, a esta escena le sigue otra donde tú tienes una reacción de frustración, como gritar o llevártelo hasta donde se encuentran los restos del objeto que él mordió.

Sin embargo, es poco probable que el cachorro comprenda la situación pues su mente sólo puede concentrarse en tu llegada a casa. Si en este momento el cachorro chilla y trata de escapar es porque está aterrorizado, ya que la persona a la que él busca cada vez que se siente incómodo es ahora la que está en contra de él. Además, dado que el castigo no se asocia con el impulso de morder cosas, el perro no puede hacer ninguna conexión con el comportamiento. Por el contrario, el perro conecta la reacción que tienes con tu llegada y tu separación con los eventos que, con certeza, seguirán a continuación. Esto, en el diccionario de cualquiera, se deletrea ¡A-N-S-I-E-D-A-D P-O-R S-E-P-A-R-A-C-I-Ó-N!

Así, cuando te vas de casa, tu perro, de manera impulsiva, buscará objetos que lo reconforten y se pondrá cada vez más ansioso cuando se dé cuenta de que estás a punto de irte. Toda esta interacción no sólo no corrige el comportamiento ansioso del perro, sino que además ahora es bastante probable que él desarrolle un concepto de ti un tanto confuso. En la mente del perro te convertirás tanto en un ángel como en un demonio, o en un doctor Jekyll y un mister Hyde en un mismo cuerpo. Si este patrón se repite unas cuantas veces, el perro puede desarrollar ansiedad ante tu llegada, lo cual se añade a la ansiedad que siente con tu ausencia. Una de las consecuencias posibles es el problema de orinar por sumisión (ver la sección anterior en este mismo capítulo llamada "El síndrome del perro que se orina"). El cachorro ahora buscará mucho más tu compañía cuando estés en casa pues necesita la seguridad y tranquilidad que le da el interactuar contigo. Cuando respondes, esto hace que te extrañe mucho más cuando no estás, y este ciclo en el que el perro se consuela con actos destructivos contra tu propiedad, seguido de castigos seguramente cada vez más severos, continuará. Este patrón genera con el tiempo otros problemas y, en última instancia, puede destruir la relación entre los dos.

Síndrome de ansiedad por separación de segunda mano

Un perro que ha sido adoptado a menudo muestra señales de separación por ansiedad y, en varias ocasiones, esto es resultado de su última separación: el verdadero abandono. La mayoría de los perros que han pasado por una perrera revelan algún tipo de ansiedad por separación cuando llegan a sus nuevos hogares. De repente, un perro que estaba con una familia en donde existía un ambiente predecible es llevado al inevitable caos con el que se encuentra en una perrera. Y, finalmente, lo llevan a una nueva casa, donde no conoce a los miembros de la familia ni tampoco los rituales ni las reglas. A estos perros muchas veces no les dan la instrucción adecuada y, cuando los dejan solos, no tienen idea de lo que deben o no hacer.

En estas situaciones lo mejor es aislar al perro hasta que se sienta cómodo con sus alrededores y sus rutinas. Sigue los consejos de condicionamiento que se explican en este capítulo para calmar el problema de la ansiedad por separación.

Cómo solucionar problemas de ansiedad y de aislamiento

Para resolver el problema de la ansiedad por separación, todos los esfuerzos deben ser dobles:

- ✔ La experiencia emocional de tu perro debe ser no sólo entendida sino también reconocida.
- ✔ El comportamiento inapropiado del perro debe ser redirigido hacia actividades más apropiadas.

Resolver la ansiedad de un perro requiere, más que nada, que los dueños cambien su actitud.

Llegadas y salidas

A pesar de que todos amamos a nuestros perros y nos deleitamos con sus alegres formas de saludarnos, nuestras llegadas y salidas tienen que convertirse en un evento menos dramático. Si permites que con las llegadas y salidas se cree una escena frenética, tu perro nunca se calmará cuando lo dejes solo. Cada sonido se convertirá en una alerta, cada golpe en la puerta será una razón para poner su cuerpo a toda máquina. A pesar de que puede tranquilizarlo esa caricia que le das antes de irte, esto sólo refuerza la inevitable separación y deja al perro bastante agitado.

Los siguientes sencillos esfuerzos te ayudarán a avanzar en este sentido, ya que buscan restarle importancia a tu ausencia y condicionar a tu perro para que pueda estar solo:

- **Cuando salgas de casa**, baja las cortinas para bloquear cualquier distracción. Pon la radio o la televisión para que el perro oiga sonidos humanos y para callar así los sonidos de afuera. Ponte la ropa para salir y, sin decirle nada al perro, vete.

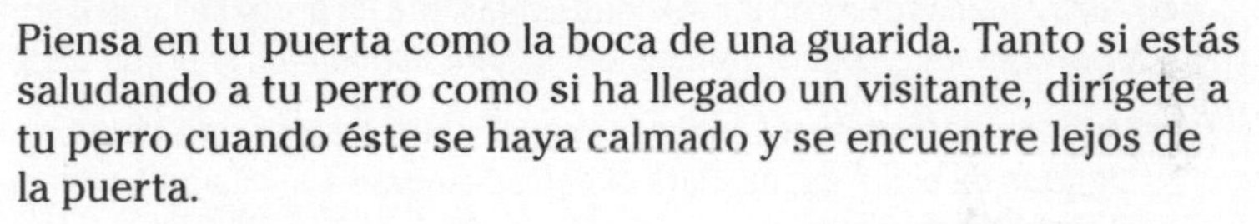

  Piensa en tu puerta como la boca de una guarida. Tanto si estás saludando a tu perro como si ha llegado un visitante, dirígete a tu perro cuando éste se haya calmado y se encuentre lejos de la puerta.

- **Cuando entres en casa**, sé igualmente silencioso. A pesar de que tu perro puede estar demasiado emocionado de verte, ignóralo durante uno o dos minutos. Quítate el abrigo, guarda tus cosas y entra en el área principal. Cuando el perro se haya calmado, salúdalo calmadamente y sigue. Si deseas un intercambio más exultante, juega con el perro en un ambiente apropiado.

Cuando el aburrimiento parece ansiedad

Algunos perros destructivos no son ansiosos sino que, sencillamente, no hacen suficiente ejercicio y se aburren. Tienen mucha energía y necesitan una buena carrera en el parque. Para romper este círculo de destrucción, auméntale el ejercicio a tu perro. Cuando salgas de casa, déjale su hueso o su juguete favorito pues estos están especialmente diseñados para liberar el exceso de energía.

Los juguetes que contienen artículos comestibles deben lavarse cada vez que el perro los use. Ten la precaución de guardarlos cuando estés en casa.

Ayuda a calmar los miedos y las fobias de tu perro

Muchos perros sienten temor ante situaciones, lugares o gente específica en algún momento de su vida. Es una reacción natural a la inexperiencia: cuando un cachorro es expuesto a una serie de

Cuando los perros se lamen a sí mismos de forma obsesiva

Éste es un tema importante ya que existen muchas teorías acerca de las causas. Ninguna de estas teorías es incorrecta pero cada una se refiere a una situación única. Como con todos los comportamientos problemáticos, existen diferentes estímulos que generan ciertas respuestas, y puedes interpretar la reacción de tu perro de diferentes maneras.

Aquí esbozamos varias de las razones por las que un perro se lame a sí mismo, o lo que se conoce en los círculos profesionales como *lamido acral granuloma:*

- ✔ Muchos dermatólogos piensan que el aburrimiento es el factor más común en algunos de estos casos. Para el perro, lamerse a sí mismo es una forma de pasar el tiempo.
- ✔ Algunos creen que la dermatitis alérgica crea estrés en la piel, por lo que ésta se inflama y pica, lo cual desencadena este comportamiento.
- ✔ Un cuerpo extraño, como una espina, astilla o una picadura de abeja puede generar una reacción en la piel, lo cual atrae la atención del perro hacia ese lugar.
- ✔ El dolor de los huesos o de las articulaciones puede llamar la atención del perro hacia esa área; en un intento por aliviar el dolor, el perro se lame en esa zona.
- ✔ Los estímulos psicológicos, como la ansiedad por separación, una nueva mascota o un niño en la casa o la invasión del perro del vecino en el territorio de tu perro, pueden crear estrés psicológico. La forma de aliviar este estrés es el autoestímulo, como escoger un área en la cual concentrarse y lamerla durante largo rato.
- ✔ El hipotiroidismo también puede ser una causa de este problema. Especialmente en labradores negros es una buena idea que un especialista examine la glándula de la tiroides. La medicina para la tiroides puede ser lo que tu perro necesita para solucionar esas lesiones en la piel.

Si tu perro sufre de esta afección, habla con tu veterinario y consulta con un especialista del comportamiento.

estímulos sensoriales desconocidos, éste se sobresalta y mira a las figuras de autoridad para saber qué hacer. Si se desenvuelve adecuadamente, un cachorro se acondicionará al evento y lo integrará a su memoria. Por ejemplo, la primera vez que suena el teléfono puede sobresaltarse, pero después de ver lo que pasa cuando suena, puede que el sonido ni siquiera lo despierte cuando esté completamente dormido.

Si no se desenvuelve bien, sin embargo, el perro puede contener miedo residual o, peor aún, desarrollar una fobia y tratar de esconderse cada vez que el estímulo se presenta. ¿Conoces algún perro que trate de esconderse cada vez que hay una tormenta eléctrica? ¿Vive contigo uno de estos perros? Los perros pueden desarrollar un miedo o una *fobia* (lo cual es irracional pero se manifiesta como una fuerte respuesta de miedo) con cualquier cosa. Aquí exponemos una serie de situaciones de nuestro libro de casos:

- ✔ Sirenas de la policía
- ✔ Aspiradoras
- ✔ El sonido de la lluvia contra el techo
- ✔ Suelos de linóleo
- ✔ El reflejo de una olla de metal en el techo de la cocina
- ✔ Hombres grandes
- ✔ Cortadoras de césped
- ✔ Camiones que hacen mucho ruido
- ✔ El sonido de un violín
- ✔ El sonido que hace una tostadora cuando está listo el pan
- ✔ Ver una gran masa de agua, como un lago

Los seres humanos pueden contribuir a mitigar el miedo de los perros de diferentes maneras, tanto en lo referente a lo que hacemos como en cuanto a lo que no hacemos; por ejemplo, la falta de socialización (ver el capítulo 8). Cuanto más se exponga un perro a diferentes situaciones, especialmente durante los primeros seis meses de vida, más familiar será para él la vida cotidiana.

La mejor manera de prevenir que el perro se paralice de miedo por algo es ayudarlo a que socialice.

Algunos perros aprenden miedos imitando la reacción de la gente ante ciertos eventos. Una situación común es cuando un perro pequeño es levantado del suelo si un perro más grande se aproxima. A pesar de que puede que haya un elemento de realidad en este acto protector, es mucho mejor que la gente permita que su perro pequeño socialice con perros de todos los tamaños y edades para asegurarse de que estará cómodo con su entorno cada vez que salga de casa.

Otro caso es cuando una mujer se muestra preocupada o prevenida cuando se encuentra en la calle con hombres grandes y desconocidos. Cada vez que ella camina con su perro y se encuentra con un hombre desconocido, se pone nerviosa. Dado que todos los perros son sensibles al lenguaje corporal y están programados para oler el miedo, este perro aprenderá que cada vez que su dueña se encuentra con un hombre, a ella le da miedo. No es una sorpresa, entonces, que el perro también aprenda a estar ansioso en estas situaciones. De esta manera, los perros pueden aprender a tenerles miedo a personas específicas, definidas por su sexo, tamaño o raza.

La segunda manera en que los perros pueden aprender miedos y fobias es cuando son premiados por tener miedo. A pesar de que nadie, de manera consciente, premia el miedo del perro, la diferencia que existe entre el idioma humano y perruno a veces puede provocar malentendidos. Si, por ejemplo, tu perro se sobresalta cuando oye un trueno, tu respuesta natural puede ser hablarle de forma afectuosa y agacharte para calmarlo. A pesar de que esta actitud funciona con los niños pequeños, tu postura, los tonos suaves de tu voz y las caricias para calmar al animal le comunican un mensaje muy diferente. En esencia, el que te agaches le dice que estás tan inseguro como él y, en un nivel psicológico básico, estás premiando a tu perro por tener miedo.

La clave para resolver muchos de los problemas de comportamiento de tu perro es "premiar los comportamientos que deseas e ignorar los que no deseas". Para aplicar esta filosofía a los comportamientos miedosos se necesita algo de ingenio, ya que a veces es difícil reforzar el buen comportamiento cuando tu perro se encuentra asustado. Sin embargo, puedes solucionar este dilema si juegas con el miedo para solucionarlo.

Jugar para calmar el miedo

Para solucionar comportamientos miedosos es útil reproducir las condiciones que causan el miedo. De este modo, si el perro les tiene miedo a los truenos, debes reproducir el sonido de los truenos, y si les tiene miedo a los hombres con sombrero, debes conseguir a un hombre que esté dispuesto a ponerse un sombrero en frente de tu perro. Es mejor si puedes controlar la intensidad o la distancia a la que tu perro se encuentra de la situación o estímulo que le produce miedo. Afortunadamente, si tu perro les tiene miedo a ciertos sonidos, existen grabaciones de efectos sonoros fáciles de conseguir.

Aquí está lo que debes hacer:

1. **Prepara una actividad, un juego o un pasatiempo divertido para estimular las reacciones de miedo de tu perro.**

   Actividades de persecución o de atrapar algo son excelentes opciones (si tu perro no las conoce, enséñaselas).

2. **Preséntale el estímulo que le produce miedo (en un tono bajo o a una distancia específica) y, de manera instantánea (antes de que tu perro tenga tiempo de asustarse), empieza la rutina de juego.**

   Al principio, tu perro puede parecer confundido o volver al estado de miedo.

3. **Si tu perro está confundido o tiene miedo, continúa el juego de forma alegre (tal vez mientras procuras que el estímulo sea un poco más débil) durante unos minutos y después detente.**

4. **Haz otra cosa durante cinco minutos y no le prestes atención al perro.**

5. **Repite todo el proceso.**

   Puedes repetir este proceso alrededor de unas cuatro veces, dos veces al día. Sabrás si estás progresando cuando el perro empiece a mover la cola y te mire en el momento en que comienza el estímulo que le causa miedo. Después, auméntale un poco la intensidad al estímulo y continúa.

Trabajar para reducir el miedo

Si le has enseñado a tu perro instrucciones de obediencia básicas (ver el capítulo 12), usa estas instrucciones para ayudarle durante los momentos de miedo. Tus instrucciones le comunican varias cosas:

- ✔ Tú no tienes miedo.
- ✔ Este estímulo es una experiencia cotidiana y no hay por qué preocuparse.
- ✔ Cuando tu perro tenga miedo, él debe mirarte para saber qué hacer, no colapsarse por el miedo.

Comienza con un nivel bajo del estímulo que le produce miedo al perro (ver la sección anterior). En vez de jugar, usa una correa de entrenamiento y golosinas como premio para dirigir y animar la cooperación de tu perro. En el momento en que notes el estímulo, dile a tu perro que te siga y llévalo alrededor de la casa, al patio o a la calle. Detente de manera ocasional y dile que se siente o que se acueste y dale muchas golosinas por ponerte atención y obedecerte.

Tu perro puede mostrarse desorientado y puede mirarte como si tú hubieras perdido la razón. Sin embargo, la seguridad en ti mismo es contagiosa; con sólo atenderlo cuando está calmado y no mostrarte con miedo, él pronto aprenderá a incorporar la situación al banco de su memoria cotidiana. Gradualmente, aumenta la intensidad del estímulo que le causa miedo al perro y continúa con tu rutina de trabajo.

Usar una correa y golosinas como premio para dirigir a tu perro en situaciones de miedo tiene una gran ventaja: equivale a tomar a un niño de la mano cuando tiene miedo. Considera la posibilidad de usar este procedimiento para exponer a tu perro a un episodio de la vida real que le cause miedo. Por ejemplo, si estás afuera con tu perro y empieza una tormenta real, dile que venga adonde estás y empieza a practicar. Nadie tiene por qué saber que le estás haciendo psicoterapia a tu perro por la fobia que éste tiene con los truenos, aunque muchos se preguntarán qué hace una persona empapada caminando con un perro empapado y dándole golosinas empapadas.

Capítulo 15

Comprende y corrige el comportamiento agresivo de tu perro

En este capítulo

- Entiende las señales y las causas de la agresión canina
- Evalúa si tu perro tiene tendencias agresivas
- Descubre la importancia de la diferencia entre razas
- Controla y reeduca a un perro agresivo

La mayoría de la gente piensa, erróneamente, que el propósito principal de la agresión canina es herir. En realidad, lo que el perro quiere es cambiar el comportamiento de la persona o criatura que está con él. La agresión canina es un tema complejo y es importante manejarla o redirigirla de forma apropiada. Afortunadamente, sólo un porcentaje pequeño de perros eleva su frustración, miedo, o desafío social a un nivel peligroso. La agresividad fuera de control puede tener orígenes genéticos o en comportamientos debidos a alimentación insuficiente, falta de socialización y trato o manejo brusco no intencional.

Reconoce las señales

Los perros no muerden sólo porque pueden hacerlo. Ellos reaccionan a una serie de situaciones, de manera que, una vez que hayas reconocido cada una de éstas, estarás mejor preparado para entender la reacción de rabia o tensión de tu perro. No todos los perros reaccionan a la misma situación de estrés y muchos son totalmente mansos. Si tu perro está siendo agresivo, hazte las siguientes preguntas sobre su comportamiento:

- ¿Ocurre cuando alguien lo mira fijamente o lo amenaza, como en el momento en que lo están disciplinando o saludando?
- ¿Ocurre cuando él se siente acorralado?
- ¿Ocurre cuando su comida o un objeto están en peligro?
- ¿Ocurre cuando compite con otro perro o persona por algo que es limitado, como comida, juguetes o atención?
- ¿Ocurre cuando se le molesta al dormir?
- ¿Ocurre cuando alguien se aproxima a su territorio?
- ¿Ocurre cuando compite por un objeto o un sitio de descanso?

Lee el lenguaje corporal

Los perros revelan sus intenciones agresivas mediante ciertos cambios en la expresión facial, la postura corporal, los movimientos y, más sutilmente, en el comportamiento social. Si observas a tu perro cuidadosamente, te darás cuenta de que él te da muchas señales antes de que sus amenazas agresivas puedan alcanzar un nivel físico. Sin importar cuál es la emoción que subyace (pueden ser tanto deseos de dominación como exhibiciones de miedo), son señales de peligro. La agresión física real, en la que los dientes del perro atacan la piel, es el último paso de lo que, usualmente, es una elaborada progresión de señales agresivas. Estas incluyen:

- Mirada directa, fija y prolongada.
- Tener el pelo del lomo erizado.
- Gruñir.
- Mostrar los dientes.
- Adoptar una postura encorvada.
- Caminar de manera tensa.
- Tener la cola enroscada entre las piernas o muy alta, por encima del lomo y hacia fuera.
- Si el perro tiene orejas quietas, las baja hacia los lados. Parecen una ensanchada letra V, similar a las alas de un avión.

Muchas de estas señales se pueden observar antes de que se produzca una reacción. Piensa en tu perro cuando era un cachorro. ¿En esa época te parecían tiernas estas manifestaciones? Ciertamente tú no eres el único. La primera vez que tu cachorro juega con un pañuelo y te seduce con una expresión de alegría, es adorable. Pero estas travesuras pierden su encanto y, muy pronto, los mismos comportamientos con los que alguna vez reíste pueden producirte frustración. Obviamente, este cambio de reacción tiene sentido para las personas, pero no para los perros. De repente, para ellos, la misma persona que siempre han buscado para interactuar (es decir, tú) está ahora en su contra, mostrando señales que ellos interpretan como agresión.

Gruñir mientras juega y mordisquear pueden parecer gestos "dulces" o, por lo menos, inofensivos en un cachorro; sin embargo, estos comportamientos pueden ser la punta del iceberg que hunda o destruya la relación con tu perro. La respuesta para resolver el problema no es usar la fuerza o ser brusco, sino darle al animal la oportunidad de socializar y entrenarlo (ver el capítulo 8 para más información sobre cómo convivir con un cachorro).

¿Qué significa no usar la fuerza o ser brusco? Mucha gente no es consciente de que perseguir, gritar o golpear a un perro puede provocar

Comportamiento humano

El comportamiento humano juega un papel muy importante en la agresión canina. Ciertos comportamientos aumentan o disminuyen la posibilidad de una mordedura de perro. Por ejemplo, en el 53% de muertes por mordedura de perro existen indicios de que el animal había sido provocado al ser golpeado en la cara, que se le habían tirado cosas o que, de alguna forma, había sido víctima de algún tipo de agresión humana. En el caso de los niños, las mordeduras son más probables cuando ellos corren, gritan o chillan. Es interesante notar que una hora de lección "a prueba de mordeduras" ha conseguido reducir en un 80% la posibilidad de que un niño sea mordido por un perro.

El comportamiento del dueño del perro es también importante. Los perros que se mantienen atados o restringidos a un pequeño patio son aproximadamente tres veces más propensos a morder a alguien y causar su muerte; y no sólo hablamos de quienes entran en su territorio, sino también de la gente que estos perros pueden encontrarse cuando se escapan o cuando se les deja salir del patio. Otra estadística importante es que los perros que han sido entrenados para ser obedientes (aún cuando sólo haya sido una simple clase de principiantes donde la gente se pone en un círculo y el instructor les muestra cómo hacer que Bosco se siente, venga y se acueste) muestran casi una reducción del 90% en la posibilidad de incidentes por mordeduras. Este resultado, probablemente, se presenta gracias a la educación no sólo del perro sino también del dueño.

una agresión. Todo intento de cambiar el comportamiento de un perro de esta manera es visto como un tipo de confrontación. Frecuentemente, un perro criado en este ambiente se vuelve defensivo y protector, lo cual, al madurar, puede llevarlo a ser agresivo.

El problema es que una vez que los comportamientos agresivos se desarrollan, nunca desaparecen por sí solos. Rápidamente, los perros se vuelven diestros en usar la agresividad como herramienta para conseguir lo que quieren o como protección en situaciones de estrés. Si tu perro está siendo agresivo o tu cachorro está mostrando tendencias hacia un comportamiento dominante, haz todo lo que esté a tu alcance para contener o controlar este comportamiento, limitarlo y, finalmente, eliminarlo. El primer paso es saber identificar el momento y si tu perro está mostrando señales de agresión.

Evalúa las tendencias agresivas de tu perro

Frecuentemente podemos parecer ciegos ante las fallas de comportamiento de aquellos que amamos. Es por esto que, algunas veces, los niños pueden estar encaminados hacia comportamientos delincuentes o inaceptables antes de que admitamos que el problema existe. Lo mismo ocurre con nuestros perros. Es difícil admitir que el mismo perro que duerme al lado de tu cama pueda ser una amenaza para alguien.

Ahora es el momento de evaluar honestamente la situación. Hazte las siguientes preguntas:

- ¿Tu perro te gruñe o les gruñe a otras personas o animales?
- ¿Alguna vez te ha gruñido o te ha mostrado los dientes (a ti o a otros miembros de tu familia)?
- ¿Tu perro muerde, gruñe o te amenaza cuando tratas de quitarle los juguetes u otros objetos o cuando intentas recoger o acercarte a su comida?
- ¿Tu perro muerde, gruñe o te rechaza de alguna forma cuando lo bañas y lo peinas o lo examinas?
- ¿Tu perro gruñe, muestra los dientes, se agacha, se encoge o enrosca la cola entre las piernas cuando es acariciado, especialmente cuando tus manos pasan por encima de su cabeza?
- ¿Tu perro mordisquea tus tobillos o los de los niños cuando juegan?

- ✔ ¿Ignoras el hecho de que tu perro mordisquea, muerde las manos, gruñe al jugar o exhibe otros comportamientos con la boca porque piensas que es "tierno" o porque es obviamente demasiado pequeño como para que pueda hacerle daño a alguien?
- ✔ ¿Te ves forzado a inventar excusas para cubrir el comportamiento antisocial y maleducado de tu perro?
- ✔ ¿Te preocupa que tu perro pueda reaccionar de una forma poco amigable cuando un extraño u otro perro se le acercan?

Si has respondido afirmativamente aunque sólo sea a una de estas preguntas, entonces tu perro tiene muchas posibilidades de volverse agresivo. El hecho de que estés leyendo esta sección detenidamente puede significar que tienes algunas preocupaciones acerca del nivel de agresividad de tu perro. Es importante que leas las sugerencias en este capítulo. Sin embargo, si te das cuenta de que las reacciones de tu perro están empeorando o de que alguien en tu casa le tiene miedo, busca ayuda de algún especialista en comportamiento animal o de un entrenador que se especialice en manejar problemas de agresión.

Ten en cuenta las características de la raza de tu perro

Muchas razas tienen un potencial genético agresivo. Los terriers han sido criados para pelear contra otros animales y, en términos generales, se muestran bastante retadores frente a otras mascotas, a no ser que hayan crecido con ellas. Ciertas razas protectoras como los akitas, los gran pirineos y los rottweilers se muestran menos inhibidos a la hora de morder a la gente. Dado que la raza juega un papel importante en estos comportamientos, la gente ha llegado a creer que ciertas razas son intrínsecamente malas. La imagen negativa de los pit bulls es, en cierta parte, el resultado de algunos reportajes sensacionalistas, reforzados luego por el cine y la televisión.

La gran pregunta para la cual todo el mundo quiere una respuesta es si la raza de un perro es el mejor pronóstico para conocer su potencial agresivo. Una serie de estudios comisionados por el Centro Nacional para la Prevención y el Control de Heridas de Estados Unidos ha examinado casos de muertes por mordeduras de perros recopilados durante varias décadas. En esta base de datos hay ciertas tendencias que son evidentes, pero el hecho de que una raza en particular esté a la cabeza de la lista de perros con problemas puede no ser del todo significativo.

Obviamente, las razas más comunes y populares necesariamente serán las más representadas y estudiadas con respecto a ciertos problemas de comportamiento dada su cantidad. Consecuentemente, debes tener en cuenta cuántos perros existen de una raza en particular.

Parece que, en comparación con su popularidad, ciertas razas tienen significativamente menos probabilidad de aparecer involucradas en mordeduras mortales aún cuando los perros sean grandes y fuertes. Dejando de lado las razas que son simplemente demasiado pequeñas para hacer daño mortal, las cuatro razas con menos probabilidad de estar implicadas en estos incidentes, aún cuando tienen la fuerza y el tamaño para hacerlo, son (empezando con las que, en promedio, muerden mortalmente con menos frecuencia): los labradores retrievers, los dachshund, los golden retrievers y los bulldogs. Puede ser que la popularidad de los labradores retrievers y los golden retrievers como mascotas de familia venga, en parte, por el hecho de que estos perros son bastante inofensivos.

Basándonos en estadísticas estadounidenses acerca de las mordeduras mortales de perros, las ocho razas responsables de la mayoría de estos trágicos casos de agresión son (empezando por las más peligrosas):

- ✔ Todos los tipos de pit bulls (incluyendo el pit bull terrier americano, el bull terrier de Staffordshire, el Staffordshire americano y los bull terriers).
- ✔ Los malamutes de Alaska.
- ✔ Los chow chow.
- ✔ Los san bernardo.
- ✔ Los huskies siberianos.
- ✔ Los akita.
- ✔ Los rottweiler.
- ✔ Los pastores alemanes.

No asumas que todos los perros de estas razas nacen con un instinto exagerado por morder. La ciencia sólo nos da las bases de la probabilidad. Que un golden retriever o un rottweiler se vuelva agresivo depende de con quién viva, de cómo fue criado y de cómo haya sido entrenado e integrado a la sociedad humana. No existe duda de que hay rottweilers muy simpáticos y golden retrievers desagradables y sus dueños deben ser responsables por sus actos, sin importar si el resultado es bueno o malo.

Códigos de color

Algunas veces, más que las características de ciertas razas, los factores genéticos pueden pronosticar o predecir la agresión. Por ejemplo, es bien sabido que ciertas líneas de springer spaniels tienen una condición genéticamente heredada llamada *síndrome de la rabia,* que hace que, de repente o sin ninguna advertencia, estos perros empiecen a morder o a atacar lo que sea que esté cerca de ellos. Este ataque puede durar desde un par de segundos hasta un minuto, pero cuando se acaba, el perro actúa como si nada hubiese pasado. Hoy en día es posible determinar si esta condición es parte del carácter o de la estructura hereditaria del perro.

Un factor genético común de ciertas condiciones es el color del pelo del perro. Algunos cocker spaniels ingleses pueden morder de repente y sin advertencia en lo que pareciera una versión más moderada del síndrome de la rabia encontrado en los springer spaniels. Estudios hechos en la Universidad de Cambridge demuestran que esta condición puede ser, en parte, pronosticada gracias al color del pelo. Los cocker spaniels ingleses que tienen el pelo de un solo color son mucho más propensos a sufrir de estas condiciones que los perros con pelo de dos o más colores. Además, entre los perros con pelo de un solo color, los de pelo rubio o rojizo son los más propensos a morder.

Descarta factores médicos

Si tu perro está mostrando tendencias agresivas —y esto no era un problema en el pasado—, descarta cualquier causa médica antes de intentar solucionar el comportamiento de tu perro. Obviamente, si una lesión, enfermedad u defecto físico o neurológico es la causa de la agresividad, ningún entrenamiento o readaptación del perro va a ser eficaz hasta que el problema haya sido solucionado.

Cuando la agresión aparece de repente, puede que una dolencia, como dolor de dientes, del lomo o de las articulaciones, esté afligiendo a tu perro. Si mueves o tocas a un perro que tiene dolor, este puede morderte o atacarte. Lo único que el perro está tratando de decir con su comportamiento es: "¡Para! ¡Me estas haciendo daño!" Pide cita con tu veterinario inmediatamente.

Entre algunas otras condiciones médicas que pueden ser la causa de la agresión repentina de tu perro se encuentran:

- **Hipertiroidismo:** Estudios recientes han mostrado que condiciones relativamente comunes que causan que la glándula de la tiroides produzca, de manera anormal, pequeñas cantidades de hormonas pueden estar asociadas con comportamientos agresivos en más de 50 razas de perros. Además de la agresividad, otros signos de desequilibrio son: pérdida excesiva o total de pelo en alguna parte del cuerpo, infecciones, alergias, tendencia a ganar peso o, en hembras vírgenes, períodos irregulares. El hipertiroidismo es muy fácil de tratar con medicamentos apropiados y suplementos hormonales.
- **Encefalitis:** Esta enfermedad puede ser causada por virus o bacterias. El moquillo y la rabia son tipos virales de encefalitis. Estas condiciones pueden aparecer en perros de cualquier edad y, ocasionalmente, aunque es raro, en perros que hayan sido vacunados. Los incidentes agresivos repentinos son comunes si un perro sufre de esta condición. La encefalitis es fácilmente diagnosticable si se analiza el *fluido cerebroespinal* (el fluido transparente del cerebro y la columna vertebral) y la enfermedad es tratada con antibióticos y medicamentos antivirales.
- **Hipoglucemia:** Éste es el término médico para describir un descenso en el nivel de azúcar en la sangre. La hipoglucemia puede también causar grandes cambios en el estado anímico de la gente y es frecuentemente la causa del mal humor y de los ataques de ira que tienen las personas en dietas estrictas para adelgazar. Además de la agresividad, los síntomas de la hipoglucemia pueden incluir debilidad aparente (tambalearse) y una mirada vidriosa y atontada. Por lo general, puedes tratar fácilmente esta condición cambiando la dieta del perro y los horarios de la comida.
- **Lesiones en la cabeza o tumores cerebrales:** Una lesión o hinchazón en el cerebro puede interferir con las actividades mentales normales. La hinchazón, la presión o la pérdida de sangre en el cerebro frecuentemente derivan en una variedad de síntomas neurológicos y de comportamiento y a menudo terminan en agresión. Si los cambios en el estado anímico de tu perro y los incidentes agresivos están también acompañados por síntomas como confusión o desorientación, irritabilidad, aumento de los quejidos o los ladridos, o cambios en el nivel de actividad (bien sea desde una especie de apatía hasta un estado de emoción exagerada), pídele a tu veterinario que examine la posibilidad de que haya una lesión en la cabeza. Otros signos importantes incluyen cambios en la manera de caminar, posturas anormales, inclinación de la cabeza, temblor, vueltas excesivas, caídas frecuentes o falta de equilibrio.

  La agresividad también puede ser el resultado de la *hidrocefalia.* Esta condición congénita se produce cuando los espacios

Modifica el cerebro rabioso de tu perro

Si la química cerebral es la causa de la agresión y de los cambios de ánimo de tu perro, tu veterinario puede prescribir ciertas drogas tipo fluoxetina para ayudar a aumentar la cantidad de serotonina en el cerebro. Sin embargo, si sospechas que la química cerebral de tu perro es sólo parte de la causa de la agresión o se presenta en respuesta a los tratamientos contra la agresión, puedes hacer dos cosas:

La primera acción está relacionada con el 5-hidroxitriptamina (5-HTP), un aminoácido que se produce naturalmente en el cuerpo y que ayuda a producir serotonina. En muchos países es promocionado como un suplemento alimenticio y está disponible sin prescripción médica en tiendas naturistas y en algunas farmacias. Está dirigido a la gente que quiere un antidepresivo y algo que le pueda ayudar a dormir, pero funciona porque aumenta la producción de serotonina en los extremos nerviosos y, de esta manera, ayuda a reducir las tendencias agresivas en muchos perros. Como en el caso de la fluoxetina, los efectos pueden no ser vistos antes de seis semanas de tratamiento, y si dejas de administrar la droga en cualquier momento, no ganas nada. Con frecuencia las dosis de 5-HTP son recomendadas como "refuerzo" a un tratamiento contra la agresión.

La segunda acción todavía está siendo estudiada, pero parece prometedora. En la Universidad de Tufts, un grupo de investigadores estudiaron la posibilidad de cambiar la dieta de los perros por una dieta baja en proteínas y libre de conservantes (aunque si el único conservante que se usa es la vitamina E, esto parece estar bien). Este cambio en la dieta parece reducir ciertas clases de agresión en un considerable porcentaje de perros. De este modo, cambiar la dieta de tu perro agresivo puede valer la pena ya que si funciona podrás ver los efectos en más o menos una semana y, de hecho, no tienes mucho que perder.

llenos de fluido en el cerebro (los *ventrículos*) se agrandan. Dada la presión que se le pone al cerebro, el tejido cerebral que lo rodea sufre una presión similar a la que causa la hinchazón por heridas o tumores, produciendo síntomas similares. Esta condición es más común en razas pequeñas y en aquellos perros con caras aplastadas, como los carlinos y los pequineses. Los síntomas se manifiestan cuando la condición se agudiza, lo cual puede ocurrir sólo en la edad adulta.

- **Desequilibrios químicos del cerebro:** En algunos perros, igual que en algunas personas, se producen desequilibrios de la química cerebral. Ciertas condiciones humanas comunes como la depresión clínica, los trastornos de obsesión compulsiva, los ataques de ira y los cambios en el estado anímico también se dan en los perros y pueden ser el resultado de tales desequilibrios. La *serotonina*, una hormona que sirve como neurotransmisor, juega un papel muy importante en el control químico de la agresividad y en los cambios anímicos cerebrales, especialmente cuando están presentes otras condiciones relacionadas con los comportamientos impulsivos.

Los desequilibrios del cerebro no tienen una fácil solución pues la serotonina no puede ser administrada con una inyección o pastilla. Sin embargo, en los seres humanos, y ahora en los perros, se está utilizando una droga que no permite que la serotonina que existe en el cerebro se descomponga y sea reabsorbida por los extremos nerviosos, aumentando así la cantidad disponible para el uso del sistema nervioso. La droga más conocida de este tipo es la fluoxetina, la cual, de varias maneras, ha sido usada exitosamente en el tratamiento de algunas formas de agresión canina.

Diferentes tipos de agresión

Hubo un tiempo en que el comportamiento agresivo se consideraba un problema aislado, por lo que todos los perros recibían el mismo tipo de tratamiento. Hoy en día, sin embargo, sabemos que la agresión se presenta en muchas formas, cada una con causas y requisitos de tratamiento propios. Es muy importante que entiendas qué le está pasando a tu perro cuando actúa agresivamente. Si trata de morderte porque lo tocas donde le duele, éste es un comportamiento excusable, pero no lo es si trata de morderte porque quieres que se baje del sofá: esta actitud exige que tomes alguna medida al respecto.

Agresión dominante

La forma de agresión más común y más fácilmente tratada es la que está relacionada con asuntos de dominio. La *agresión dominante* se observa en un perro que gruñe o muerde a los miembros de la familia con el objetivo de controlar su comportamiento y, de esta manera, ascender en la jerarquía del grupo o familia. Puedes pensar que este comportamiento es repentino e inesperado, pero en realidad ha sido bien planeado y es intencional y, muy probablemente, empezó a manifestarse cuando tu perro era apenas un cachorro. Cuando un ejemplar está maduro sexual y emocionalmente, esto es, entre los ocho meses y los tres años de edad, olvida muchas de las restricciones asociadas con ser un cachorro. Es en este momento cuando tu perro pone a prueba la autoridad y busca asegurarse de que los ejemplares de tu confianza (él incluido) están coordinando actividades de grupo. Esta motivación lo incita a desafiar a los miembros de tu familia y demás mascotas, quienes, desde el punto de vista del perro, no son tan dominantes como lo es él.

A medida que tu perro evalúa tu vida familiar, puede tratar de intimidar a los miembros más vulnerables, como los niños y otras mascotas, con el único propósito de conseguir más control social. Si tiene éxito, puede llegar a desafiarte también a ti. Si empieza a bloquear la entrada de habitaciones o les gruñe a los miembros de la familia que se acercan a su comida, a sus juguetes o a sus lugares de descanso, busca ayuda profesional inmediatamente.

Desde el punto de vista de tu perro, si tú no eres autoritario y razonable, no tienes las dotes que se requieren para ser un buen líder. Y como alguien debe liderar el grupo, el perro se asignará el cargo a sí mismo. ¿El resultado? Tu perro se vuelve agresivo para reafirmar su liderazgo. Desafortunadamente, el comportamiento amenazante del perro puede estar relacionado con tu personalidad y con la manera en que interactúas con él. Sin embargo, tú eres la variante más fácil de cambiar, asumiendo que estés dispuesto a modificar tu comportamiento para el beneficio de todos.

El tema de la agresión por dominación ha sido confirmado con los resultados de los estudios realizados por la Western University of Health Sciences de California, los cuales demuestran que los dueños más amables con sus perros son los que con mayor probabilidad tienen que luchar contra la agresión dominante de sus perros. Las muestras de este comportamiento se pueden observar en gente que trata a sus perros como si fueran niños pequeños, cediendo a sus caprichos, dándoles comida de la mesa y dejándolos que duerman sobre camas y sofás sin incomodarlos.

La agresión dominante puede ir en aumento y, cuando va dirigida a los niños, puede ser bastante peligrosa. Muchas de las mordeduras que se encuentran registradas son, de hecho, de perros de familia que muerden a los niños. No olvides que los perros que son peligrosos cuando están alrededor de niños generalmente no han sido bien socializados. Sin embargo, de todos modos es importante supervisar siempre las interacciones entre perros y niños. Un niño puede tratar de tomar un juguete o alguna otra pertenencia que el perro estima mucho y el perro puede ver esta acción como una pérdida de su artículo preciado y una amenaza a su estatus. Esto puede convertirse en un escenario perfecto para un incidente de mordedura.

Niveles de mordeduras

Los perros, como la gente, utilizan la agresividad para subrayar algo. No todas las mordeduras son iguales y algunos científicos, como Ian Dunbar, clasifican la agresión relacionada con mordeduras en seis niveles diferentes:

Nivel 1: Ésta es una amenaza y un fallo intencional: el perro intenta morder el aire y no tocar la piel. Este intento por "advertir" es, frecuentemente una señal dada por perros que han socializado bastante y están diciendo: "Desiste y déjame tranquilo".

Nivel 2: Los dientes entran en contacto con la piel, pero no la hieren. Puede haber dolor y moratones, pero no hay sangre visible. Esta advertencia sugiere que la próxima vez el perro usará de verdad los dientes como arma.

Nivel 3: Éste es el primer nivel donde la piel resulta herida. Se produce un solo mordisco y hay de uno a tres puntos quirúrgicos, pero ninguna herida es más profunda que la mitad del largo del colmillo. Esto intenta ponerle un final inmediato a la confrontación pues amenaza con que el conflicto pueda escalar al siguiente nivel y causar verdadero daño. Un perro que produce mordiscos de nivel 3 está en camino de convertirse en una verdadera amenaza. Su comportamiento debe controlarse de inmediato.

Nivel 4: El perro está ahora tratando de herir y está ejerciendo mucha presión; el mordisco puede necesitar de uno a cuatro puntos quirúrgicos, con una herida con más profundidad que el largo de medio colmillo. Esta mordedura puede estar acompañada de ruptura y moratones; es probable que requiera atención médica. Estas lesiones frecuentemente se producen cuando el perro atrapa y sacude lo que tiene en la boca. La acción indica que el perro no tiene inhibición para morder, y si no se toman las precauciones necesarias, puede hacer un daño irreparable a su siguiente objetivo o víctima.

Nivel 5: Implica varias mordeduras de nivel 4. Este perro está actuando peligrosamente, tal vez porque siente amenazada su vida y ahora ha perdido la habilidad normal de juzgar las situaciones. Este perro es una verdadera amenaza para su familia y para la sociedad en general, y debes tomar las medidas necesarias para solucionar la situación.

Nivel 6: El perro ha matado a una mascota o a una persona. Este nivel no requiere ninguna explicación: es la situación que estamos tratando de evitar a toda costa.

Agresión posesiva

Con la *agresión posesiva* el perro, en esencia, está diciendo: "¡Esto es mío, tú no puedes tenerlo ni tocarlo!" Este tipo de agresión está relacionada normalmente con la comida o los juguetes y es más común en perros que:

- ✔ Cuando eran cachorros tenían que competir con otros cachorros por la comida.
- ✔ Viven en hogares donde hay más mascotas, o incluso niños, que pueden ser vistos como rivales que desean las posesiones o la comida del perro.
- ✔ Estuvieron en perreras, y aunque pueden haber llegado allí procedentes de un ambiente seguro, fueron abandonados en la perrera, en donde se ven rodeados de situaciones

Niños a prueba de mordeduras

El primer paso para proteger a los niños de las mordeduras de un perro es aprender a leer las expresiones faciales y el lenguaje corporal que los perros usan para transmitir amenaza, frustración o miedo, y enseñarles esto a los niños. Esto es sólo educación básica de seguridad, es como enseñarles a los niños a que miren hacia ambos lados de la calle antes de cruzar.

Dado que, por naturaleza, los perros llaman la atención de los niños, debes enseñarles cómo deben acercarse a un perro. Primero, haz que el niño le pregunte al dueño del perro si puede acariciarlo. Después debe extender una mano. Si el perro se le acerca calmadamente para olfatearlo, está diciendo que le gustaría que fueran amigos. Tú puedes supervisar al niño mientras consientes al perro, pero si éste se gira, gruñe o baja la cabeza, no debes permitir que el niño continúe.

Si un niño está jugando y un perro se le acerca rápidamente, la técnica de "quedarse quieto como un estatua" es efectiva para reducir la posibilidad de que el perro lo muerda:

- ✔ Enséñale a tu niño que los perros no persiguen estatuas.
- ✔ Pídele que piense en una estatua, y cuando se le acerque el perro, que se quede muy quieto, que cruce los brazos sobre su pecho y mire hacia el cielo (desanimándolo a que haga cualquier contacto visual o interactúe con el perro de alguna manera).
- ✔ Como las estatuas son aburridas, el perro finalmente se irá. Cuando lo haga, debes irte despacio en reversa hasta que desaparezca de tu vista.

El dilema del perro mimado

No todos los lobos o perros quieren ser el líder de la manada, pero necesitan saber que alguien tiene el control y está tomando las decisiones. Puede parecer extraño saber que la ansiedad de un perro puede aumentar cuando él consigue lo que quiere sin ningún esfuerzo. Frecuentemente éste es el caso de los dueños de los perros mimados, quienes creen que darles a sus perros todo lo que quieran y no pedirles nada a cambio es una forma de mostrarles amor. Dado que normalmente sólo el líder tiene acceso a todos los recursos de la manada, este tipo de tratamiento puede hacer que el perro sienta que él debe estar a cargo, lo cual quiere decir que él ahora tiene la responsabilidad de tomar todas las decisiones, aún cuando no esté seguro de qué hacer o pueda no entender qué está sucediendo. Esta incertidumbre, combinada con el hecho de que no hay nadie más ejerciendo el rol de liderazgo, evaluando la situación y tomando decisiones, está destinada a crear miedo y ansiedad en el perro.

Cuando tratas de consolar a un perro asustado, frecuentemente fracasas porque tus tonos de voz consoladores y tu postura corporal pueden ser vistos por el perro como si tuvieras miedo o, simplemente, porque el perro no ha aprendido a verte como el líder. El perro razona que dado que no tienes el calibre de un líder, no estás en condiciones de tomar decisiones o de poder evaluar una situación para el resto de la manada, incluyéndolo a él.

desconocidas. Estos perros suelen cuidar celosamente su espacio y sus posesiones.

No esperes hasta tener un perro adulto con un problema de sobreprotección de su comida o juguetes. Enséñale a tu cachorro que está bien que lo toques cuando él está comiendo y que tus manos cerca de su plato de comida no significan que vayas a quitárselo. Cuando le des la comida, arrodíllate al lado del perro mientras él come. De vez en cuando, interrumpe la comida para ofrecerle un premio especialmente sabroso, como un pedazo de pollo o hígado, que seguro le resultará más apetecible que las bolitas del plato. Después de que se haya acostumbrado a esto, esconde el premio en la mano, pon la otra mano en la taza de comida y cuando él empuje con la cara, abre la mano y dale el premio. Después, deja que termine su comida pero contigo todavía vigilando o rondando cerca. De esta forma, él aprende que tu presencia a las horas de comer es una buena cosa y no una amenaza.

Puedes usar métodos similares con los juguetes, huesos u otros objetos con los que él se haya vuelto posesivo. Ofrece cambiar el objeto por un premio especial y después devuélvele el objeto. De esta forma, él aprenderá que está bien dejar que manipules los objetos que le pertenecen porque no tienes la intención de quitárselos o robárselos permanentemente.

Sin embargo, no olvides el principio de no-confrontación cuando lidies con la agresión: si tu perro persiste en mantenerse posesivo sobre un juguete o un objeto, debes hacer que éste desaparezca para siempre de su vida.

Agresión basada en el miedo

El sentimiento que más comúnmente incita a un perro a morder a un desconocido es el miedo. Normalmente la *agresión por miedo* se produce por carencia de socialización temprana. Los primeros signos del problema no son agresivos: el perro empieza por esconderse detrás de una persona u otro perro cuando está estresado o huye de todo contacto humano y canino. También puede orinarse en situaciones que percibe como una amenaza, que pueden ser casi todo. El problema es que más tarde aprende a usar la agresión con frecuencia porque cree que esta actitud hace que la amenaza desaparezca.

Cuando tu perro acepta que eres el líder, consigue controlar la ansiedad y el miedo: los perros buscan a su líder para saber cuándo una situación o un visitante se presentan como una amenaza o un desafío. Si el líder no muestra miedo ni preocupación, el perro no tiene razón para preocuparse (hay más información sobre este tema en la sección "Controla la agresión").

Agresión territorial

Los perros se sienten más seguros en su territorio (en su hogar, en el patio o en el coche). Desafortunadamente, muchos perros ven a los visitantes como una amenaza potencial, en especial aquellos que no han aprendido a percibir a la gente de manera positiva. Los perros, por lo tanto, ladran para avisar al resto de la manada o de la familia que algo está pasando y también para advertir que usarán la fuerza si es necesario. Desde el punto de vista del perro, esta técnica es muy efectiva. Por ejemplo, cuando el cartero llega, el perro ladra mientras él introduce las cartas en el buzón, y luego se marcha. En la mente del perro, el resultado prueba que la respuesta agresiva funciona; la próxima vez será incluso más agresivo con el cartero.

En términos generales, la forma más fácil de controlar la agresión territorial es asegurándose de que el cartero, los repartidores habituales y los recogedores de basura no le sean extraños al perro. Presenta tu perro a estas personas e incluso haz que le den una golosina o lo mimen. Esta presentación no va a evitar que tu perro siga avisándote cuando alguien llegue a tu puerta, pero sí va a calmar las cosas y modificará el comportamiento de protección territorial agresivo con la gente que conoce.

Agresión predatoria

Los perros evolucionaron de una especie de depredadores que corrían rápidamente, y para algunos perros, correr y perseguir es el equivalente de lo que es bailar para el hombre: una manera divertida de participar en el ritmo del universo. Mientras que para algunos perros la persecución es lo único importante, otros disfrutan asaltando al final de la persecución, lo cual significa mordisquear a un ciclista, a un niño en una patineta o a una persona que corre. En otras palabras, estos perros están imitando los patrones agresivos de sus antepasados cazadores. Algunas razas, incluyendo los perros que reúnen el ganado, los terriers y los perros de caza, son más propensas a mostrar estos patrones de comportamiento.

Como siempre, la prevención es la mejor medicina. La socialización temprana y cambiar el deseo del cachorro de perseguir los juguetes que se le cruzan por delante son las mejores formas de prevenir la agresión predatoria. Si tu perro ya está persiguiendo a los ciclistas, entonces ya es necesaria alguna clase de terapia de aversión. Busca algunos amigos para que practiquen estas actividades con el perro, pero primero ármalos con pistolas de agua. Cuando tu perro los persiga, algo inesperado ocurrirá. El ciclista o el vehículo ahora se detiene, el perro recibe un disparo de agua y oye un grito que dice "¡No!" Para muchos perros esta respuesta es bastante adecuada como terapia de aversión.

Si tu perro se muestra indiferente a la pistola de agua o si su respuesta agresiva se incrementa, busca ayuda profesional. Mantén tu perro con un collar y una correa de entrenamiento y corrígelo de inmediato si se agita con una distracción inapropiada.

Agresión maternal

Es obvio que las hembras que acaban de dar a luz defiendan agresivamente a sus cachorros de cualquier amenaza. Este uso de fuerza es incontrolable puesto que una perra hará lo que sea necesario para proteger a su camada. La socialización temprana con una amplia variedad de gente puede reducir la posibilidad de tal agresión cuando la hembra tiene cachorros.

Desafortunadamente, las perras tienen una complicación adicional que parece diferenciarlas de otros animales domésticos. Parece ser que estando o no embarazadas, después de ovular, todas las hembras pasan por un período de dos meses en el cual el cuerpo está repleto de las mismas hormonas que están presentes durante el embarazo. A algunas hembras esta experiencia puede provocarles cambios fisiológicos propios del embarazo, como producir leche. En las tres o cuatro últimas semanas de este *falso embarazo*, la hembra puede empezar a actuar de manera extraña respecto a ciertos objetos, como bolas de tenis, medias, muñecos de peluche o zapatos. Normalmente, ella los recoge y los esconde debajo de la cama o de otro mueble. Además, puede volverse bastante posesiva con estos objetos y puede gruñir o morder a quien se le acerque o la moleste. Como en el caso de un embarazo de verdad, el problema no será tan grave si la perra ha socializado bien con la gente. Sin embargo, el único preventivo verdadero es la esterilización temprana.

Si tu perra tiene este problema, ningún método de comportamiento va a curar la agresión. Los tratamientos de hormonas pueden eliminarlo o simplemente puedes esperar a que la situación desaparezca por sí sola en algunas semanas, como normalmente ocurre. Sin embargo, durante el tiempo en que esta forma de agresión se pueda manifestar, lo mejor es que aísles al animal y, sobre todo, no permitas que niños y gente distinta de los miembros de la familia se acerquen a la colección de juguetes que está protegiendo como si fueran su camada.

Controla la agresión

Cuando se está luchando contra la agresión, el primer paso para combatirla es cambiar la opinión que tiene tu perro sobre ti: debe aprender a respetarte como un líder, no como un seguidor o un compañero. Imagina que te presentan al presidente de tu país; puede que no te guste su programa político, pero no dejarás de hablarle respetuosamente y claro, no tratarás de morderlo. Es importante que los miembros de la familia, incluyendo los niños, sean tratados con respeto. Tu perro debe aprender que, en esta manada, todos los perros de dos patas tienen mayor jerarquía que los de cuatro.

Para reestructurar la forma en que tu perro piensa acerca del lugar que ocupa dentro de tu grupo familiar, debe aprender a seguir a su guía y, para esto, debes actuar como tal. Ciertos comportamientos caracterizan al líder del grupo y lo distinguen de sus seguidores: tiene la primera opción de cualquier comida, puede dormir donde desee, va el primero a inspeccionar cualquier hoyo o territorio nuevo, puede exigir atención cuando quiera. Si tu perro te respeta (y a tu familia), es menos probable que trate de retarte. Sin embargo, debes reforzar tu liderazgo.

Cuando trates con un perro agresivo, usa una forma de aproximación con la cual no se sienta confrontado. Los intentos de confrontar a un perro usando la fuerza sólo harán que él responda igual, lo cual incrementará el nivel de agresión en la relación. Si el problema está basado en miedo, confrontación o dominio, tu perro verá tus represalias como una agresión activa y dudará de tu autoridad y de su propia seguridad. La confrontación no sólo lo hará más susceptible sino que la inseguridad empeorará cuando tú, la persona que lo amenaza o lo hiere, esté cerca.

He aquí dos acciones que puedes considerar para intentar cambiar la visión de tu perro en caso de que esté mostrando señales de agresividad (si la agresión persiste, busca ayuda profesional):

- **Darle de comer con la mano:** Una acción que puede animar a tu perro a concentrarse en tus instrucciones y en tu presencia es alimentarlo con la mano. Durante el próximo mes, y en cualquier oportunidad que tengas, dale todas las comidas con la mano si ha respondido a tus instrucciones, tales como "Ven", "Siéntate", "Quieto" y "Echado", mezclando las órdenes para reforzar la atención. El proceso completo debe ocuparte entre 5 y 10 minutos.

Si le das comida blanda o de lata, puedes sacar porciones en cucharas. Si tu perro rechaza participar en este programa porque no responde a tus órdenes, pospón la actividad durante un par de horas hasta que le entre hambre.

Cada vez que tu perro responda a una orden, dale su comida al tiempo que lo elogias y lo acaricias suavemente (acuérdate de que el líder puede tocar a quien quiera.) Si vives con tu pareja o con niños, anímalos a que participen en esta actividad.

Después de que el perro se haya calmado y la agresividad y el miedo se hayan moderado, puedes abandonar paulatinamente la rutina de darle de comer con la mano durante el desayuno o la cena. Él todavía tiene que venir y sentarse, pero ahora le darás su plato de comida como recompensa. Al principio, la taza sólo contendrá parte de la comida, de manera que él tendrá que obedecer a dos o tres instrucciones adicionales antes de que termines de darle toda la comida. Luego, puedes dársela toda de una vez.

- **Tocarlo:** Un método sencillo que puede fortalecer tu posición dominante es simplemente tocar a tu perro. Más allá de las caricias diarias, este método implica caricias sistemáticas por todo el cuerpo, imitando el patrón de lamer que una madre realiza con sus cachorros. Esta manera de tocar no sólo ayuda a establecer un lazo emocional, sino que también es una expresión de tu dominio y control.

  Toca a tu perro sistemáticamente casi todos los días. Enséñales a todos en la familia este ritual, especialmente a los niños, dado que su posición en la jerarquía familiar es la más vulnerable (abandona este procedimiento inmediatamente si tu perro se muestra agresivo, y busca ayuda profesional cuanto antes).

  El siguiente procedimiento es muy sencillo. Mientras dices el nombre de tu perro varias veces en un tono calmado, haz que se siente o se quede en frente tuyo. Toma su cabeza entre tus manos. Acaríciale las orejas, el cuello y el hocico, mirándolo a los ojos mientras lo haces. Luego, desliza ambas manos sobre el cuello, el lomo y los costados. Continúa suavemente deslizando las manos sobre el pecho y después a lo largo de cada una de las patas delanteras. Si el perro está sentado, levántalo gentilmente y acaríciale la barriga y el lomo y después continúa acariciándolo a lo largo de las patas traseras. Finalmente, pasa los dedos rápida y suavemente sobre la cola (o por el área de la cola, si se la han cortado). Termina agarrando la cabeza del perro otra vez por un momento y di su nombre con entusiasmo.

  Toda esta rutina sólo te robará entre 30 segundos y un minuto, y tu perro probablemente disfrutará de toda esa atención, pero aún más importante, reconocerá que se ha dejado tocar, lo cual significa que está más abajo en el rango social que aquel que lo ha estado tocando.

Si tu perro es sensible en algún área, no evites tocarlo ahí a menos que se muestre agresivo (en este caso, busca atención profesional inmediatamente). Prepara a tu perro para que acepte ser acariciado en esta área, ofreciéndole comida o un premio que pueda lamer de tus dedos (como queso para untar o paté), a medida que gradualmente aumentas el contacto en esta área sensible.

Prevén la agresión

Sin duda alguna, el objetivo es prevenir el comienzo de la agresividad. Para esto, tu perro debe aceptar con gusto tu liderazgo y dirección.

Si acepta que tú y tu familia están en un nivel más elevado en el rango del liderazgo de la manada, será menos probable que te desafíe agresivamente. Sin embargo, tu liderazgo puede ser cuestionado. Un buen enfoque para asegurarte de que te respetará —un proceso que debes iniciar antes de que tu perro demuestre agresión— es el sistema de cooperación familiar.

El *sistema de cooperación familiar* le recuerda a tu perro que él forma parte de una estructura familiar y que no está a cargo o en el centro de ella. Tú estableces qué comportamientos deben ser recompensados para así moldear el comportamiento de tu perro. Usando este sistema, el animal aprende a respetar tus instrucciones.

Así es como funciona:

- ✔ Como líder del grupo, tú nunca debes dejar que tu perro salga deprisa por una puerta o una barrera frente a ti. Para evitarlo, usa las instrucciones “Espera” y “Bien”.
- ✔ Cuando el perro esté descansando en su lugar favorito, haz que se mueva de vez en cuando, usando la expresión “Permiso”. Elogia a tu perro por su cooperación, dejando que regrese a la posición original.
- ✔ Ocasionalmente, quítale un objeto o algo de comida (empieza a hacer esto cuando todavía es un cachorro, cuando es menos agresivo y es más fácil de controlar). En el momento en que lo hayas hecho, elogia a tu perro por no ser agresivo y devuélvele el objeto o dale algo de comer adicional (ver la sección anterior sobre la agresión posesiva).
- ✔ Todo, desde los juguetes, el juego y la atención, debe ser ofrecido sólo después de que haya respondido a una instrucción simple, como “Siéntate” o “Echado”. Ignora todas las exigencias que él haga para que le prestes atención, como ponerte las patas encima o ladrar. Aléjate de él, cúbrete la cara con los brazos o tira de la correa. Indícale inmediatamente, otra vez, que se siente.
- ✔ Usa las lecciones descritas en los capítulos 3 y 12 y atiende las sugerencias para enseñarle a responder a las instrucciones de toda la familia. Habla en un tono claro, rápido y con sonidos similares a ladridos, identificando lo que quieres que haga

(como "Siéntate" o "Ven") o hacia dónde quieres que vaya (al coche, arriba, a la cocina). Esto hará que el perro gradualmente se acostumbre a tu liderazgo y dirección y ayudará a eliminar cualquier pensamiento de agresividad.

Si el perro ya está gruñéndote, busca ayuda profesional. La agresividad ha alcanzado niveles peligrosos y está más allá del alcance de este libro.

¿La castración o la esterilización pueden ayudar a tu perro?

Los niños y las niñas son diferentes y esta diferencia no es superficial. Igual ocurre con los perros machos y hembras. Cuando se trata de la agresión canina, el culpable más frecuentemente es un macho adolescente y el asunto está relacionado con el dominio. Los perros machos son 6.2 veces más propensos a morder a la gente, y los perros vírgenes tienen 2.6 veces más probabilidad de atacar que los que han sido castrados o esterilizados.

Castrar o *esterilizar* son formas de deshacerse del factor sexual porque se elimina el aparato productor de hormonas: los testículos en los machos y los ovarios y el útero en las hembras.

La hormona masculina de la testosterona es la responsable de varios comportamientos de un perro, como el de marcar territorio al orinar, la agresión contra otro perro o el deambular para conquistar territorios nuevos y buscar una pareja. La castración reduce inmensamente los niveles de testosterona y, por lo tanto, ayuda a controlar estos comportamientos.

Las hormonas femeninas, por otro lado, inciden en la personalidad canina sólo durante los ciclos del celo, es decir, dos veces al año. Durante estos momentos es más probable que la hembra orine y deambule marcando su territorio. La progesterona, una de las hormonas del ciclo femenino, tiene generalmente un efecto calmante; sin embargo, también estimula una actitud posesiva y protectora hacia sus cachorros, o cualquier cosa que sirva como sustituto de ellos, como sus juguetes o niños pequeños. La esterilización pone fin a este potencial de agresión dos veces al año.

No pienses que castrar o esterilizar es la cura de todo: raramente tiene efecto en las mordeduras causadas por miedo, la agresión territorial (la defensa natural de un perro cuando algo se acerca a su casa) o la agresión predatoria (la tendencia a perseguir cosas que se mueven y a mordisquearlas o morderlas).

Castrar o esterilizar incide muy sutilmente en la personalidad del perro. Los perros castrados o esterilizados parecen prestar más atención a la gente porque se ocupan menos de las actividades sexuales de otros perros. Además, castrar o esterilizar a un perro que no es todavía un adulto parece detener su personalidad en esa etapa, por lo menos en lo que respecta a ciertas características de los cachorros.

Dado que el tiempo ideal para castrar o esterilizar a un perro es justo antes de la pubertad, realizar este procedimiento se convierte en una herramienta útil en las razas que tienden a presentar tendencias agresivas marcadas durante la madurez. En general, es menos probable que un cachorro muestre una actitud dominante u otras tendencias que puedan llevar a la agresividad más adelante. Por lo tanto, si tienes una de estas razas y te gusta la personalidad del cachorro a los seis meses, ésta será una buena razón para castrarlo o esterilizarlo a esta edad, si tienes el consentimiento de tu veterinario.

Parte V
Los decálogos

En esta parte...

Dado que entender a tu perro es primordial para amarlo por completo, en esta parte te damos nuestros mejores diez consejos para que te mantengas conectado a él tanto emocional como psicológicamente. Usa esta información como un recordatorio rápido y compártela con tus amigos que también aman a los perros.

Capítulo 16

Diez formas de comunicación silenciosa

En este capítulo

- Usa la postura corporal, el contacto visual y señales con la mano para dirigir a tu perro
- Crea lazos con tu perro mediante el silencio y la serenidad

Si tu objetivo es compartir la vida con un perro que disfrute de tu compañía y le dé prioridad a tus opiniones, puedes influir en su comportamiento de muchas maneras, y todo sin decir una palabra.

Los hombres y los perros difieren en su estilo de comunicación. La gente habla, habla y habla; aprendemos escuchando. Los perros, en cambio, aprenden mirando, siguiendo instrucciones e imitando a los demás. Dado que tu perro no puede interiorizar tus experiencias vitales, es responsabilidad tuya traducir tu mensaje a un medio que el perro pueda entender y con el que se pueda relacionar. En otras palabras, quédate callado y empieza a comunicarte en silencio.

Contacto visual

Tu perro es listo y a él le gusta comunicarse contigo. Tus respuestas verbales, sin embargo, no son ideales para él porque hablas durante todo el día. Desde la perspectiva de tu perro, el contacto visual es más seguro: sea negativo o positivo, asegura la interacción.

Si miras a tu perro, él repetirá el comportamiento que te hizo mirarlo.

El contacto visual es tan importante que influye en el comportamiento de tu perro a lo largo del día. La siguiente lista te muestra cómo el simple contacto visual influye en el comportamiento de tu perro:

- **Saltar:** Si miras a tu perro cuando él salta, saltará de nuevo. De hecho, la principal razón por la cual tu perro salta es para ver si le prestas atención. Cuando lo mires al saludarlo o cuando él se te acerque, asegúrate de que tenga las cuatro patas en el suelo antes de saludarte.
- **Protocolo a la hora de la comida:** Si miras a tu perro mientras estás comiendo, lo estás invitando a participar del banquete. ¿Te sorprende que sea capaz de encontrar a la persona que esté dispuesta a compartir con él la comida y que se sitúe justo al lado de la silla de esa persona? Es mejor darle la comida antes de sentarse a comer y luego ofrecerle la cama para que descanse o un juguete para que mastique. Asegúrate de que nadie mire al perro mientras comen.
- **Ladrar:** Si miras a tu perro en el instante en que él ladra, adivina qué pasará: ladrará de nuevo. Si quieres que tu perro esté callado, concéntrate en él cuando esté en silencio.
- **Modales al caminar:** El objetivo de caminar con tu perro cuando él tiene la correa puesta es que te siga e ignore las distracciones del ambiente. Si tú lo sigues, en la opinión del perro, lo estás mirando para que él sea quien interprete lo que lo rodea.
- **Modales en la puerta:** La puerta de tu casa es la boca de la guarida de tu perro y quien sea el que gobierne esta entrada vital es el líder. Si estás quieto detrás de tu perro cuando vas a salir o cuando llegan visitantes, adivina qué ocurre: en la mente de él, estás esperando que él sea el que lidera. Tu vida será mucho mejor cuando le enseñes la instrucción "Atrás" y lo elogies por obedecerte.
- **Vigilar los muebles de la cocina:** El perro se da cuenta del interés que tienen para ti los muebles de la cocina y probablemente saltará para mirar qué hay ahí apenas tenga las patas lo suficientemente largas (o, si tienes un perro grande, puede que incluso sólo tenga que levantar un poco la cabeza para ver qué hay). Si esta reacción genera una interacción inmediata, la repetirá. Concéntrate en otros comportamientos, como darle algo para que mastique o lanzarle una bola y desanima el interés de tu perro con un enfático "No".
- **Saltar sobre los muebles:** Si no te atrae la idea de que tu perro se acueste en el sofá o los sillones de tu casa, ten en cuenta lo que tus ojos alcanzan a comunicarle a tu perro. Aunque tu tono de voz sea placentero o desagradable, si puede llamar tu atención cuando salta sobre el sofá, convéncete de que se convertirá en una diversión diaria para él. Coloca una cama en el suelo y calmadamente desanímalo tirándole del collar o de la correa. Préstale atención sólo cuando esté descansando en el suelo.

- **Perseguir:** Si tu perro persigue a los niños, a los gatos o a los coches y le gritas, el contacto visual y la atención verbal lo animan a seguir haciéndolo.
- **Masticar objetos y jugar a recoger cosas y salir corriendo:** La imagen es familiar: tu perro toma un objeto prohibido, se aleja para que no lo puedan alcanzar y espera la inevitable persecución. En los dibujos animados esto es divertido; en la vida real, no tanto. Pero, de nuevo, el contacto visual le comunica a tu perro mucho más que tus palabras.
- **Hacer las necesidades dentro de casa:** Muchos perros son activos pero viven tan aburridos que harán cualquier cosa para llamar la atención, incluso orinarse. Si tu perro hace sus necesidades en casa mientras te mira directamente y después se queda mirando cómo limpias el desastre, tu contacto visual (de nuevo) garantiza que lo haga otra vez.

Para más ideas de cómo resolver estos problemas, consulta la parte IV.

Postura corporal

Tu perro está mucho más sintonizado con tu postura corporal que cualquier persona. Imagínate que ves a un ser querido encorvado en un rincón: tu vacilación inmediata sería normal pues no sabrías si debes ayudarle o preguntarle qué le sucede.

En el momento en que te encorvas, tu perro interpreta que algo pasa. Los perros se encorvan por una de estas tres razones:

- Quieren jugar.
- Están asustados.
- Están investigando algo interesante.

Un rápido consejo para hacer que tu perro venga hacia ti: grita fuerte, haciendo un sonido carrasposo para llamar su atención. En vez de perseguirlo o regañarlo, encorva el cuerpo, agáchate y rasguña el suelo. La curiosidad asegurará la participación del perro.

La postura ideal para dirigir a tu perro o para calmarlo en situaciones estresantes es estar erguido y relajado a la vez.

Tacto

Nadie puede discutir el poder de una buena caricia amorosa. Además, con los perros el tacto simboliza la jerarquía: a un perro dominante y respetado le está permitido olfatear o tocar a los miembros de su grupo porque todos están comprometidos con el bienestar de todos.

Escoge un momento en que tu perro esté calmado y no haya desorden a su alrededor. Pon la mano en forma de pala y acarícialo con movimientos largos y relajantes. Habla calmadamente, como sueles hacerlo, y toca a tu perro desde la nariz hasta la cola. A pesar de que las patas son sensibles al tacto, acarícialas cada una por separado. Si el perro duda, dale una golosina para asegurar que tendrá una asociación positiva al tacto.

Actitud

¡La actitud lo es todo! Tu perro aprende, juzga y te respeta basándose no en lo que dices sino en la manera en que actúas. Esta comunicación silenciosa es continua: si tienes éxito mostrándote como un líder seguro de ti mismo, tu perro te mirará y respetará tus instrucciones. Finge esta actitud incluso cuando no sepas qué hacer.

Cuando le estés enseñando una nueva rutina o le estés presentando una situación, actúa cómodamente, como si la situación te fuese familiar. Tu seguridad reconforta a tu perro. Por otro lado, la repetición de instrucciones confunde y puede asustar. Tu ejemplo silencioso es todo lo que él necesita para sentirse seguro.

Planea con anterioridad tus reacciones a las situaciones cotidianas. De esta manera no te aturdirás y, en cambio, podrás darle a tu perro la seguridad de que eres capaz de dirigirlo y ayudarle.

Indiferencia

La atención que le prestes a tu perro es la principal motivación que él tiene en la vida; de hecho, se va a pasar horas repitiendo los comportamientos que garantizan la interacción contigo. Sin esta mutualidad, la relación no podría existir. Si puedes asimilar el poder de esta conexión, entonces te será fácil deducir que no prestarle atención es una forma de moldear su comportamiento, para bien o para mal.

Préstale atención a tu perro cuando se haya llevado una zapatilla, pero ignóralo cuando esté mordiendo un hueso calmadamente, y será fácil predecir cuál de los dos comportamientos repetirá. Ignóralo cuando te salude calmadamente con un juguete, pero reacciona cuando salte sobre ti; adivina qué acción va a repetir.

Define las respuestas ideales a situaciones cotidianas: desde que el perro muerda un hueso mientras miras la televisión hasta lanzarle la pelota cuando quiere atención, y después concéntrate en su buen comportamiento.

Algunas veces la solución más fácil para remediar los comportamientos negativos es sencillamente cubrirse la cara con los brazos (lo cual señaliza un retiro en la interacción del grupo). El comportamiento indeseable será abandonado rápidamente a favor de uno que sí funcione.

Imitación

Si quieres fastidiar a alguien, sea una persona o un perro, todo lo que necesitas hacer es saltar y actuar como un loco. Si notas que el comportamiento de tu perro es a menudo maniático y fuera de control, fíjate en cómo reaccionas tú. ¿Se te sube la tensión? Si es así, estás imitando la reacción del perro, lo cual sólo empeora las cosas. Una mejor forma de aproximarse a la situación es revertir la tendencia:

- ✔ Haz una lista de los momentos o las situaciones que emocionan o estresan demasiado a tu perro.
- ✔ Practica las instrucciones “Atrás”, “Siéntate” y “Quieto”, como se describe en el capítulo 12.
- ✔ Colócale una correa larga al perro o déjalo suelto pero con una correa corta para controlarlo rápidamente en caso necesario (ver el capítulo 11).

Si tu perro es sensible a distracciones sonoras como el timbre de la puerta o la aspiradora, llévalo con una correa puesta y pídele a un ayudante que simule el sonido periódicamente mientras tú lo diriges de manera despreocupada (si se sobresalta, lee acerca de las zonas rojas en el capítulo 13). A pesar de que en un inicio puede que el perro reaccione de inmediato y se agite, pronto imitará tu calmada actitud frente al sonido.

Ejemplo

Si persigues a tu perro, tanto afuera como adentro de la casa, él pensará que necesitas que te dirijan. Por ejemplo, si el perro toma un objeto y gritas y lo persigues, en la mente del perro, estás jugando con él. La fijación del perro por el objeto no disminuirá, como tampoco lo hará tu frustración.

Tu perro puede aprender de tu ejemplo: juega con sus juguetes, inspecciona obstáculos interesantes como una pila de madera o persigue a un gato. Escoge un área apropiada para excavar o construye una arenera y juega allí hasta que el perro se te una.

Señales

Los perros miran, la gente escucha. Ajusta tu sistema de enseñanza a una forma con la cual tu perro se sienta más cómodo. Incorpora señales con las manos a las instrucciones verbales. Un perro que mira a su dueño para saber qué debe hacer no se alejará demasiado de él. Aquí describimos una serie de señales para que las practiques con tu perro:

- ✔ **Siéntate:** Mover la mano desde justo encima de la nariz del perro hasta sus ojos.
- ✔ **Echado:** Apuntar desde la nariz del perro hasta el suelo, entre las patas.
- ✔ **Ven:** Un movimiento amplio con la mano y después dirigido hacia el suelo.
- ✔ **Sígueme:** Una palmada fuerte en el muslo.
- ✔ **Bien:** Uno o ambos brazos hacia arriba, como al levantarlos en señal de júbilo.

Liderazgo

Quienquiera que vaya delante es el que manda. Cuando camines con tu perro en ambientes desconocidos, enséñale a seguirte. Cuando ocurra lo impredecible —que se les acerque un perro o un extraño, por ejemplo—, el perro te mirará de manera automática e imitará tu respuesta.

Además, enséñale a tu perro a respetar tu autoridad en las entradas y puertas. Él las ve como la boca de su guarida.

Enséñale la instrucción "Atrás" (ver el capítulo 12) y utilízala antes de saludar a invitados. Estimúlalo siempre para que se contenga y se concentre antes de entrar o salir de algún lado.

Seducción

Imagínate a alguien que repetitivamente te grita instrucciones: "Pásame la sal, la sal, la sal". No quieres ni escuchar ni colaborar y el tono de voz cada vez más alto sólo empeora las cosas. ¡Tu perro se siente igual!

Una mejor manera de enseñarle a tu perro una instrucción es atraerlo silenciosamente con golosinas o su juguete favorito y hacer que se siente o se acueste, como se describe en el capítulo 12. Una vez que se sienta cómodo con la postura, puedes asociar una palabra clave con ésta. Sin embargo, el verdadero proceso de aprendizaje ocurre en silencio.

Capítulo 17

Diez malentendidos comunes

En este capítulo

- Entiende lo que los abrazos, los besos y el movimiento de la cola significan para un perro
- Entiende la culpa y el rencor en los perros
- Aprende lo que significan para el perro el liderazgo y el control
- Reconoce la manera en que tu estrés afecta a tu perro

Parece que todo el mundo cree entender a los perros y su comportamiento. La gente basa esta creencia en "hechos" que puede haber escuchado de sus padres, amigos o conocidos.

Desafortunadamente, si la gente actúa con base en información errónea, pueden producirse malas experiencias, deterioro de la confianza y posiblemente aumento en la agresividad del perro. En este capítulo reemplazamos los cuentos populares con hechos.

Todo perro quiere ser el líder de la manada

Los perros no tienen las mismas ambiciones que los hombres: ser el perro número uno de la manada es más una carga que un honor. La verdad es que los perros quieren que los miembros humanos de su manada les asignen un rango y que sean ellos, los hombres, quienes los dirijan y tomen las decisiones. Si ya hay alguien que toma las decisiones, el perro no tiene por qué estar en guardia y puede atender otros asuntos en su agenda, como hacer la siesta o jugar.

El rango dentro de una manada no tiene que ganarse con la fuerza física. Un líder de manada fuerte controla el acceso a la comida, la bebida y los lugares de descanso y mantiene un estado anímico estable. De hecho, lo único que este líder espera a cambio es respeto y atención por parte de su grupo.

El simple acto de hacer que el perro se gane las atenciones, como obedecer una instrucción simple como "Siéntate" antes de darle comida, o incluso antes de acariciarlo, le comunica que estás al mando.

Sin una figura de autoridad y una estructura adecuada, tu perro puede llegar a estresarse bastante. Este estrés es la fuente de muchos problemas de comportamiento ya que él piensa: "Si nadie en mi manada está al mando, entonces alguien debe tomar las decisiones y el único que queda soy yo". De este modo, el perro se ve forzado a asumir una posición de liderazgo y a estar siempre vigilante, lo cual lo convierte en un perro dominante y hasta agresivo.

Una cola que se mueve significa un perro feliz y amistoso

Éste es uno de los mayores malentendidos acerca del comportamiento de los perros. En realidad, el hecho de que un perro menee la cola puede significar diferentes cosas, dependiendo de la velocidad con que la mueva y de su posición.

Un meneo feliz es, en realidad, un gesto de sumisión, donde a menudo el perro agacha el lomo un poco y sus caderas parecen moverse con cada meneo de la cola. Traducido, este gesto significa: "Tienes mi respeto y sé que no me harás daño". Un perro que da esta señal es bastante amigable.

Contrasta ese amplio meneo con uno en donde la cola del perro está hacia arriba y los movimientos incluyen meneos muy cortos de lado a lado a grandes velocidades. Éste es el meneo de un perro dominante que está diciendo: "Aléjate de mí, dame espacio".

Para una descripción más detallada de cómo interpretar los movimientos de la cola, consulta el capítulo 3.

Los perros entienden el lenguaje humano

Cuántas mascotas pacientes no han escuchado las diatribas constantes de sus dueños: "¿Cuántas veces te he dicho que no te subas al sofá? Este comportamiento es sencillamente inaceptable y me estás haciendo enfadar. No quiero que lo vuelvas a hacer".

Pregúntale a uno de esos dueños y puede que diga que su perro sabe exactamente de qué se le está hablando. Trata de preguntarle al perro: probablemente esté roncando.

Los perros pueden aprender palabras específicas. Un perro es capaz de aprender alrededor de 165 palabras o señales. Además, los perros están bastante sintonizados con el tono de voz de sus dueños e instintivamente lo relacionan con un estado emocional. Las personas con voces graves son generalmente reverenciadas, mientras que los miembros de la familia que tienen voces más agudas son, a menudo, ignorados.

Un perro, no importa lo inteligente que sea, no puede procesar frases gramaticales completas.

Un perro temeroso no morderá

Un perro muerto de miedo es una escena triste. Una persona normal y corriente puede sentirse atraída por la escena y mostrarse deseosa de ayudar, pero pocos consideran que este animal temeroso pueda ser una amenaza. Sin embargo, aproximarse a este perro no es una buena idea. El perro teme por su vida y probablemente morderá sin advertir ni dudar. Cuando los perros temerosos muerden, lo hacen en serio.

Los animales que tienen miedo son más propensos a morder que los animales dominantes.

El pánico incita a un perro a hacer cualquier cosa para reducir la amenaza. Si te alejas de un perro con miedo, él detendrá la amenaza de agresión: en esencia, hiciste lo que él te pidió que hicieras. Sin embargo, cuando te alejas puede salir corriendo detrás de ti y atacarte, porque tu presencia representa todavía cierta amenaza: podrías regresar y hacerle daño; sus emociones carecen de lógica.

Debes ver a todos los animales que tienen miedo como seres potencialmente agresivos.

Los perros saben cuándo se han portado mal

Ésta es la escena: llegas a casa y Zar se te queda mirando, le echa un vistazo a la cocina y después sale corriendo a esconderse.

Entras en la cocina y ves que hay basura por todo el suelo (evidencia, de nuevo, de que tu perro ha estado escarbando en la basura para encontrar cosas que comer). Tu conclusión es obvia: Zar se estaba sintiendo culpable por lo que hizo y sabía que había hecho algo mal, por lo cual se escondió de ti.

Desafortunadamente, tu obvia conclusión es errónea. Recuerda que los perros tienen una mente equivalente a la de un niño de dos a dos años y medio de edad. Los sentimientos de culpa no aparecen hasta cerca de los cuatro años de edad en los hombres y las nociones del bien y del mal puede que no se formen por completo incluso en personas adultas.

Entonces, ¿qué está pasando aquí? Tu perro ha aprendido que cuando la basura está en el suelo y tú entras en casa, a los perros les suceden cosas malas. Él no sabe que es el responsable del caos ni hace la conexión; sencillamente está mostrándose temeroso por el castigo que anticipa.

Si tu perro tiene problemas con la basura y todavía crees que se siente culpable, esparce un poco de basura en la cocina y deja que Zar te vea hacerlo. Sal de la casa durante cinco minutos y, cuando regreses, fíjate que se asustará de igual manera a pesar de que él sabe que no es responsable de ello.

A veces los perros se portan mal por rencor

Margarita sale todo el día a hacer unos recados y deja a su perro Bosco solo en casa. Cuando regresa, encuentra destrozados los cojines del sofá. Cuando su marido llega del trabajo, ella le explica: "Bosco estaba tan afectado porque lo he dejado solo tanto tiempo, que ha destruido los muebles por rencor y venganza".

Es una bonita historia, pero no es verdadera. El rencor y la culpa son emociones que se desarrollan tardíamente y la mente de los perros (equivalente a la de un niño de dos años) nunca alcanza este estado. Bosco mordió los cojines porque estaba aburrido. Si hubiera tenido algo más interesante que morder, como un hueso, el sofá de Margarita estaría intacto.

Otra de las razones por las cuales los perros deciden destruir objetos de la casa es porque puede que estos tengan tu aroma. Los objetos con los aromas más fuertes son los que utilizas más frecuentemente, por lo que crees, naturalmente, que el perro ha escogido ese objeto para molestarte. Sin embargo, ese comportamiento es producto de la falta que le haces, no de que esté rencoroso porque te has ido.

Los perros odian a los gatos

Naturalmente, los perros persiguen a los gatos, pero esta reacción no es motivada por odio. Los perros provienen de una raza de predadores que perseguían, mataban y comían muchos animales pequeños. Sin embargo, el fácil acceso a la comida que tienen los perros hoy en día gracias a nosotros ha disminuido su instinto de caza. Catalógalo como "la llamada de la naturaleza salvaje" o sencillamente como diversión, los perros persiguen de forma natural a cualquier animal que trate de escaparse de ellos, incluidos los gatos. Los sabuesos de vista y los terriers son las razas más propensas a perseguir gatos.

Al contrario de otras presas salvajes, cuando un gato es atrapado, peleará. Tal confrontación es ruidosa y peligrosa para ambos animales y si has presenciado un evento como éste, con certeza lo recordarás. Sin embargo, si te fijas en las estadísticas, te darás cuenta de que el 56% de los dueños de perros también tienen gatos y estos conviven de una manera feliz, lo cual significa que la armonía entre ellos es factible.

A los perros les gusta que los abracen

A la mayoría de los perros no les gusta ser abrazados. No es nada personal, pero como parte de su herencia salvaje, los perros interpretan cualquier restricción de movimiento como una amenaza ya que correr cuando se sienten en peligro es lo primero que quieren hacer para defenderse. A pesar de que la mayoría de los perros toleran una fuerte palmada o un medio abrazo, un abrazo completo y fuerte puede ser demasiado restrictivo.

Enséñales a tus hijos cómo interactuar con tu perro. Anímalos a que extiendan las manos para que el perro pueda olerlas. Si el perro se va, los niños no deben evitarlo. Si el perro olfatea sus manos de forma calmada, enséñales a tus hijos la manera apropiada de acariciarlo, pero asegúrate de que no lo abracen.

Tu estrés no afecta a tu perro

La mayoría de la gente cree que sus niveles de estrés no afectan para nada al bienestar de sus mascotas. Y a pesar de que está demostrado científicamente que acariciar a una mascota reduce el estrés, hay estudios que también demuestran que tu estado de tensión y ansiedad pueden afectar a tu perro.

Cuando estás ansioso, emites aromas llamadas *feromonas* que le comunican al perro tu estado psicológico. Cuando emites estos aromas, tu perro busca la fuente del peligro que está causándote tanta agitación. A medida que te pones más ansioso, el nivel de actividad del perro puede elevarse. Puede incluso pensar que el estrés que tienes lo causó él. Tu tensión se convierte, así, en la tensión del perro.

Los perros, además, son unos expertos para leer el lenguaje corporal. Pueden detectar cuál es tu estado anímico con sólo mirar tu postura y la forma en que te mueves.

Evita entrenar a tu perro cuando estés estresado. Usa ese tiempo para relajarte o hacer actividades que alivien tu mal humor antes de entrenar o hacer cualquier otra cosa con tu perro.

Los lamidos de tu perro son besos

Probablemente uno de los mitos más generalizados acerca del comportamiento de los perros es que el equivalente de un lamido es un beso. En realidad, los lamidos de un perro pueden tener muchos significados diferentes. Dar afecto y saludar son sólo dos de estos.

Tal vez el significado más común de un lamido proviene de la historia evolutiva temprana de los perros. En la vida salvaje, cuando una madre loba vuelve de cazar, ella ya ha comido. Cuando entra en la guarida, los lobeznos la rodean y comienzan a lamerle la cara. Para un romántico, este gesto puede parecer como una expresión de amor, con todos los cachorros sobresaltados de emoción por el regreso de la madre. El propósito real de lamerle la cara es mucho más funcional.

Los perros salvajes tienen un reflejo regurgitante bastante desarrollado. Los cachorros que ya no están alimentándose de la leche materna lamen la cara y los labios de la madre para hacer que la madre vomite la comida. Este material parcialmente digerido es fácil de transportar para la madre y representa una cena ideal para los cachorros.

Así que la próxima vez que tu perro te lama el rostro, pregúntate si no será que está hambriento. Tal vez él sencillamente esté pidiendo algo de comer. La gente por lo general se siente halagada con las demostraciones de afecto de sus perros y es común que premiemos con una golosina lo que percibimos como una atención amorosa. Esto se convierte en un círculo vicioso.

Capítulo 18

Diez formas de convertirte en el líder de tu perro

En este capítulo

- Descubre cómo se comunica un buen líder
- Comprende por qué todos los perros necesitan un líder en el que puedan confiar

Los líderes hacen mucho más que mandar a sus seguidores: ellos dan ejemplo de buen comportamiento y mantienen una forma de autoridad calmada, incluso en los momentos de crisis. Si quieres que tu perro te respete más, sigue los sencillos pasos que te mostramos en este capítulo.

Controla los recursos

En cualquier grupo de perros el líder controla los recursos: desde la comida hasta la elección de los lugares donde descansar. Dado que tu perro ve la relación contigo y con tu familia como si fueran otros perros, enfatiza esta autoridad organizando los horarios de las comidas.

Enséñale a tu perro a controlar sus modales

Ordenarle algo a alguien, bien sea una persona o un perro, es de malos modales. "Tráeme esto, haz aquello, ráscame la espalda". Una persona que se comporte de esta manera pronto es puesta en su sitio; sin embargo, muchos perros se salen con la suya diciendo cosas parecidas mediante su comportamiento.

Evalúa la forma en que tu perro reclama tu atención: poniéndote las patas encima, rascándote el brazo o mirándote. Debes detener estas interacciones rebeldes ya que estás permitiéndole ser maleducado.

Antes de ofrecerle cualquier cosa que él considere un premio (como comida, tu atención o juguetes), ordénale que se siente. Si te ignora, oblígalo a sentarse de manera calmada y continúa con la interacción.

Cada vez que el perro pida atención, ordénale que se siente hasta que sus modales mejoren hasta el punto en que se siente automáticamente cuando quiera algo.

Reserva los lugares altos para las personas

Existe la tentación de invitar al perro a que se acueste en la cama. Un cuerpo cálido en una noche fría es bastante tentador y, sin embargo, tu perro puede interpretar mal la situación. Los perros muy jóvenes y aquellos que se muestran agresivos deben ser entrenados. Si descansas en un lugar más alto que el perro, el equivalente a una colina o montaña, el nivel elevado produce respeto.

A medida que tu perro madura y el respeto que tiene por ti y por tus instrucciones aumenta, puedes invitarlo a que se te una cuando le des permiso (cualquier señal de agresión debe excluir este honor). Enséñale a sentarse y a esperar y después anímalo a que se acueste en un espacio a tu lado, golpeando ese lugar y diciendo "Arriba, arriba".

Tu perro puede acercarse milímetro a milímetro a tu almohada o a tu sofá. No le permitas hacerlo. Designa un área con anterioridad. Si el perro se emociona demasiado o se reacomoda, dile "Quítate" y dirígelo hacia la cama de él o al suelo.

Enfatiza tus derechos

La forma más común y pasiva en que los perros entienden la jerarquía es mediante la definición del espacio. Si te descubres pasando por encima de tu perro o cambiando de dirección para no incomodarlo, estás rindiéndole un homenaje. El liderazgo, así, se escapa de tus manos.

Para reclamar tu autoridad, enséñale al perro la definición de "Permiso". Cada vez que se cruce en tu camino (en un paseo, en las escaleras o en casa), calmada pero claramente di "Permiso" y quítalo de ahí. Puede que necesites desplazar al perro usando las rodillas o meter los pies debajo del cuerpo del perro hasta que se mueva. Si es necesario, hazlo. Uno de ustedes debe moverse, pero si tu objetivo es liderar, no te des por vencido. Para que tu perro coopere, no necesitas hacer nada más que seguir tu camino como si nada.

Si el lugar que tu perro ha escogido para descansar bloquea tu paso, debes aplicar la misma regla. Si caminas alrededor del perro, le estás diciendo que tú estás más pendiente de él que él de ti. ¿El resultado? Tu perro, de manera persistente, se ubicará en tu camino para así recibir tu atención. En este caso, es mucho más fácil enseñarle que se acueste en un mismo lugar siempre.

¿Tu perro se te cruza en las escaleras o se acomoda enfrente de la televisión o la calefacción cuando estás ahí? Estas acciones son tan inapropiadas como si un ser querido se acostara en medio de las escaleras o en el suelo de la cocina. Le debes enseñar buenos modales.

Utiliza los "Se acabó" para controlar el comportamiento rebelde

Llevar a tu perro a la cama o a una habitación pequeña no es castigo a no ser que su comportamiento inapropiado lo convierta en castigo. El acto calmado de escoltarlo a uno de estos lugares es una forma bastante aceptable de manejar las frustraciones comunes. Perder la calma es mucho peor que separarse y después reagruparse.

Si sientes que la frustración se avecina y el comportamiento de tu perro no mejora, no dudes en utilizar un "Se acabó". Toma uno de los juguetes favoritos de tu perro, dáselo y luego dirígelo con una instrucción verbal o cogiéndolo del collar y di, sencillamente, "Se acabó", a medida que lo haces retirarse. Tu autoridad para aislar al perro cuando se pone rebelde es tan respetable como necesaria. La duración del aislamiento la determinará el tiempo que necesite para calmarse. Estos momentos de silencio no deben pasar de 30 minutos, a menos que el perro esté descansando.

También puedes usar estos "Se acabó" para ayudar a los niños a controlar sus impulsos cuando están cerca de un perro o un cachorro. En este caso, sencillamente recuérdales a los niños que cuando la situación se sale de control, el perro tendrá que irse a pasar un tiempo en silencio (lo cual, en realidad, probablemente el perro sepa agradecer), pero si los niños colaboran contigo los premiarás.

He aquí algunos momentos en que el "Se acabó" puede ser útil:

- ✔ Si tu perro se está emocionando demasiado con una situación, aíslalo con un hueso o un juguete.
- ✔ Si estás en una situación fuera de casa que estimula demasiado a tu perro y lo incita a ladrar frenéticamente.
- ✔ Cuando las interacciones de los niños se te escapan de las manos.
- ✔ Si sospechas que la falta de atención del perro o su mal comportamiento se deben a que está exhausto. Los cachorros mordisquean bastante fuerte cuando están demasiado cansados.

Crea empatía con tu perro

Tu perro quiere ser comprendido y, sobre todo, respetado por sus experiencias de vida. Un poco de empatía puede mejorar sustancialmente la relación que tienes con él. Una vez que consigas imaginarte la vida desde la perspectiva de tu perro, puedes adaptar tus instrucciones y convertirte en el líder que querrías tener si estuvieras en la situación del perro.

Considera la vida desde la perspectiva de tu perro. ¿Por qué salta, por ejemplo? Si el perro salta cuando está saludando, está tratando de acercarse a tu rostro y esto es un ritual normal canino. Si le gritas o lo golpeas con las rodillas, esto creará una energía negativa entre ambos. No lo hagas; a cambio, considera la reacción de tu perro y lo que te puede estar tratando de decir para, después, darle una instrucción que satisfaga las necesidades de él y se mantenga la estructura familiar (ver la tabla 18-1 para ejemplos de posibles nuevas acciones).

Tabla 18-1 Posibles acciones para problemas de comportamiento

Comportamiento problemático	*Posible problema*	*Redirección de liderazgo*
Mordisquear los muebles.	Dolor de dientes.	Juguetes o huesos apropiados.
Subirse a los muebles de la cocina.	Interés en olores, aburrimiento, falta de dirección y atención, imita tu concentración.	Juguetes apropiados, lanzar una bola, asignarle un área en cada habitación.

(Continúa...)

Tabla 18-1 (Continuación)

Comportamiento problemático	*Posible problema*	*Redirección de liderazgo*
Hacer sus necesidades dentro de casa.	Identificar lugares.	Sacarlo rutinariamente a un área específica.
Ladrar.	Alerta territorial.	Intercepción calmada, usa la instrucción "Silencio" y dile que venga a tu lado de nuevo.

Organiza el espacio y las actividades

Un buen líder, al igual que un buen padre o capitán, organiza el espacio y las actividades de aquellos de los que es responsable. La organización debe dejar poco espacio para los cuestionamientos y debe producir seguridad y calma.

Ayuda a tu perro a saber dónde ir y qué hacer en cada situación, desde el tiempo que está en familia, en las comidas e incluso durante la llegada de visitantes. Considera la manera en que tu vida fluye y organiza un plan de acción para cada situación. ¿Qué debe hacer tu perro, por ejemplo, cuando llegues a casa? ¿Adónde debe ir o qué debe hacer cuando estés viendo la televisión o jugando con los niños? Ten en cuenta la tabla 18-2 y cópiala o añádele situaciones.

Tabla 18-2 Organizar las actividades del perro

Cuando…	*Espacio*	*Actividad*
Estés comiendo…	En la cama para perros o debajo de la mesa.	Masticar un hueso o un juguete.
Lleguen visitantes…	Ponte lejos.	Lánzale un juguete o haz que se siente.
Lleguen los niños o tu pareja…	Postura normal de saludo.	Lánzale un juguete, que se yerga sobre las cuatro patas o que se acueste para acariciarle la barriga.
Tus niños estén jugando con juguetes atractivos para el perro…	En la cama para perros.	Jugar o morder un juguete.

(Continúa…)

Tabla 18-2 (Continuación)

Cuando...	*Espacio*	*Actividad*
Visitas a un amigo...	Lleva la cama, el plato del perro o la caseta.	Mantén a tu perro a tu lado y contrólalo con la correa hasta que se encuentre cómodo en el nuevo espacio. Ofrécele un juguete para que muerda cuando quieras que se quede quieto.

Practica el control de todo el cuerpo de tu perro

La prerrogativa y responsabilidad de un líder es supervisar el estado físico de los miembros de su grupo. Los perros saben esto y permitirán que un perro dominante examine por completo su cuerpo. En tu intento por asumir la autoridad, toca a tu perro diariamente desde la nariz hasta las patas.

La atención diaria que le prestes al cuerpo de tu perro te permite notar cualquier anormalidad en él, como parásitos o alteraciones de la piel. Llévalo al veterinario en caso de que sospeches algo.

Establece rutinas

Los perros disfrutan de lo predecible: participar en una experiencia cuando su papel se ha definido. Tu perro se siente más seguro en tu casa cuando las cosas son predecibles, cuando las distracciones son pocas y tu estado anímico es estable. Aunque puede que tú disfrutes más de un horario más flexible, tu perro no. Como un niño pequeño, él disfruta lo mismo comiendo que yendo a hacer sus necesidades o jugando.

Si trabajas durante el día y tu perro está solo en casa, contrata a una persona a la que puedas llamar en caso de que ocurra algo que te impida llegar a tiempo a casa y pídele que saque a pasear a tu perro. A pesar de que él no puede leer la hora, su reloj biológico le marca tu hora de llegada. Si no logras llegar a tiempo, tu perro puede convertirse en un ser destructivo.

Resalta lo positivo

Piensa en lo que significa jugar en un equipo. ¿Escogerías un capitán que menospreciara tus debilidades o que resaltara tus virtudes? Un líder benévolo juega un papel similar: enfatiza las cualidades positivas de tu perro y su comportamiento cooperativo y se convertirá en un miembro alegre del círculo familiar. Para cada comportamiento negativo con el que te encuentres, establece una alternativa positiva.

Índice

• A •

• B •

• C •

• H •

• I •

• J •

• K •

• L •

• M •

• O •

• P •

• Q •

• S •

• T •

• U •

• V •

• Z •